JN254827

小学校 理科教育法

 編著 森本信也・森藤義孝

大貫麻美・小川哲男・小野瀬倫也・甲斐初美
加藤圭司・黒田篤志・坂本憲明・佐藤寛之
辻　　健・宮野純次・三好美織・八嶋真理子
和田一郎・渡辺理文 共著

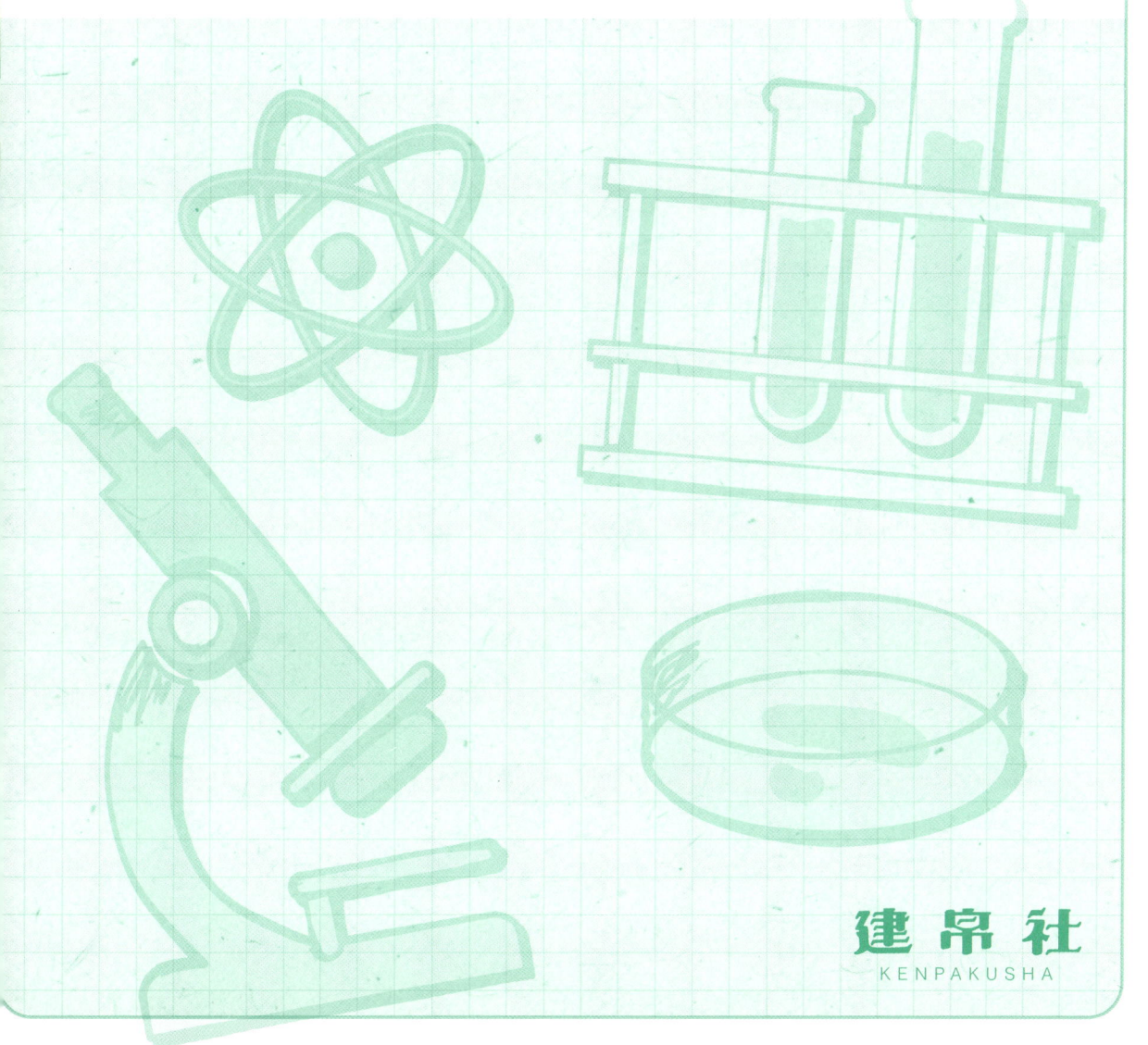

建帛社
KENPAKUSHA

はしがき

　本書は，教職大学院・大学・短期大学における初等教育課程の理科教育法，教科専門・理科のテキストとして，また，小学校現職教員の授業改善に役立つための書として編集した。平成29年に公示された学習指導要領は平成30〜31年の2年間の移行期間を経て，平成32年度から全面実施に移される。本書においては，移行期間，さらには全面実施に際して，効果的な小学校理科の指導計画を行い，実施するために必要と思われる情報を可能な限り掲載することを心がけた。

　すべての教科に共通して，今回の学習指導要領の特徴を示すキーワードは二つある。「資質・能力」の育成と「主体的・対話的で深い学び」の実現である。前者では三つの要素の育成が目指される。すなわち，「知識及び技能」「思考力，判断力，表現力等」「学びに向かう力，人間性等」である。後者ではいわゆるアクティブ・ラーニングの実現に向けた授業改善が目指される。特に，理科においては，問題解決的な学習を観察，実験を通して行う活動がその中心となる。また，深い学びの実現のために，「見方・考え方」を働かせることも新しい特徴といえる。理科では，「理科の見方・考え方」である。これは，「どのような視点で物事を捉え，どのような考え方で思考していくのか」という視点を子どもにもたせ，学習を進めさせることをねらいとしている。

　こうした視点を踏まえつつ，読者が小学校理科授業を計画することができるようにするために，本書では，小学校学習指導要領・理科の解説，小学校理科の指導内容の背景にある基本的な科学的知識，科学的知識を捉えるための観察・実験の方法，観察・実験で利用される有効な教材教具，そして，子どもの自然事象についての考え方の内容を具体的に示すこととした。その上で，自然科学と子どもをつなぐ営みとしての小学校理科授業について，その内容をデザインして学習指導案の形で表現し，授業実践を行い，各種の評価活動を通して授業を反省し，さらによりよい授業を創出していくプロセスを具体的に示すよう努めた。また，日々の授業のスムーズな運用を支えるための学習環境整備や年間指導計画の具体例を示すことで，教職に就いてからも活用できる情報の提供を心がけることとした。

　本書をもとにして，新しい小学校理科の学習指導の方法が多様に生まれ，意欲的に自然事象を探究しようとする子どもが輩出されれば，著者一同にとって望外の幸せである。上述した理科で育成を目指す資質・能力の具体的な表れだからである。

2018年3月

編　著　者

目　次

Ⅰ．小学校理科の目標と内容

Ⅱ．小学校理科にかかわる自然科学の基礎知識

Ⅲ．小学校理科にかかわる教材教具

Ⅳ．小学校理科の授業づくりとその実践

本書第Ⅲ章の図版（製品写真）に記載した記号は「ケニス株式会社」「株式会社ナリカ」の製品コード番号を示す。

I 小学校理科の目標と内容

1 小学校理科の目標および内容構成

1.1 小学校理科の目標

　小学校学習指導要領における理科の目標は，下記の枠で囲った文言である。これは，小学校理科全体の目標である。これらの目標は，後述するように，学年ごとに具体的に示される。文中，太字で示したキーワードの理解が，小学校理科全体および学年目標の理解には重要である。

> 　**自然に親しみ**，**理科の見方・考え方を働かせ**，見通しをもって観察，実験を行うことなどを通して，自然の事物・現象についての問題を科学的に解決するために必要な**資質・能力**を次のとおり育成することを目指す。
>
> (1)　自然の事物・現象についての理解を図り，観察，実験などに関する基本的な技能を身に付けるようにする。
>
> (2)　観察，実験などを行い，問題解決の力を養う。
>
> (3)　自然を愛する心情や主体的に問題解決しようとする態度を養う。

　以下にこれらについて解説をする[1]。

自然に親しみ　「**自然に親しみ**」とは，子どもがただ自然の事物・現象に対して慣れ親しむことではない。自然の事物・現象に意欲的にかかわり，学習への問題意識をもつことである。したがって，子どもに自然の事物・現象を提示する際には，事物・現象への興味・関心を喚起するとともに問題意識をもたせる活動を計画しなければならない。

理科の見方・
考え方を働かせ　問題意識をもった子どもを，自然の事物・現象について，主体的に学習に臨ませることが必要である。そのためには，事物・現象をとらえるための明確な視点を与えなければならない。子どもに学習の方向性を明確に示すのである。その視点を「**理科の見方・考え方**」という。「理科の見方・考え方」は「見方」と「考え方」に分けてとらえる。

　「見方」とは，自然の事物・現象を子どもにとらえさせるための視点である。「エネルギー」「粒子（物質）」「生命」「地球」（p.6〜9に示す図1，2），という理科の内容を構成する4領域からなる。「エネルギー」領域では，自然の事物・現象を量的・関係的視点からとらえさせようとする。「粒子（物質）」領域では，自然の事物・現象を質的・実体的視点からとらえさせようとする。「生命」領域では，自然の事物・現象を多様性と共通性の視点からとらえさせようとする。「地球」領域では，自然の事物・現象を時間的・空間的視点からとらえさせようとする。

　「考え方」とは，着目したことについて，子どもにどのように考えさせるのか，その思考の方法を指す。

　「理科の見方・考え方」は「粒子（物質）」の内容を事例にすれば，第3学年「物と重さ」では，「物の性質について，形や体積に**着目して**，重さを**比較しながら調べる**」というように示される。ここでは，子どもが粘土をいろいろな形にし，重さを比較することから，物の重さが保存されることを学習する。すなわ

ち，物のいろいろな形に着目させ（見方），それぞれの重さを比較させる（考え方）ことで，この学習は成立する。これが「見方」と「考え方」についてのとらえ方である。

「考え方」は，学習指導要領では学年ごとに示される。言い換えれば，学年ごとに指導すべき視点が重点化されているのである。第3学年は「比較する」である。第4学年は「関係付ける」である。例えば，「空気と水の性質について，体積や圧し返す力の変化に着目して，それらと圧す力とを関係付けて調べる」と示されている。第5学年は「条件を制御する」である。例えば，「振り子の運動の規則性について，振り子が1往復する時間に着目して，おもりの重さや振り子の長さなどの条件を制御しながら調べる」と示される。第6学年は「多面的に考える」である。例えば，「水溶液について，溶けている物に着目して，それらによる水溶液の性質や働きの違いを多面的に調べる」と示される。

見通しをもって観察，実験を行うことなどを通して

「理科の見方・考え方」により，学習内容を焦点化して示された子どもは，明確な見通しのもとで学習を進めることができるようになる。「**見通しをもって観察，実験を行うことなどを通して**」とはこのことを示している。言い換えれば，子どもが自然の事物・現象に触れ，見いだした問題を追究するために予想や仮説をもって観察，実験を行うことを意味している。具体的にいえば，物が水に溶けることを調べるのに，子どもが「物は溶けて見えなくなっても水の中に残っていると思う」「温度を上げればもっと溶けると思う」等の予想や仮説をもって観察，実験を行うことである。予想や仮説をもって観察，実験を行うことにより，子どもは意図的に自然の事物・現象へ働きかけ，そこから知識を自ら構築していくことを学習する。

予想や仮説をもって観察，実験を行うと，予想や仮説どおりの結果が得られたり，異なる結果が得られたりする。そのとき，子どもは自分の考えに基づく知識を強化したり，修正したりする。このことを通して，子どもは理科学習では常に自分の考えを見直すという態度を身に付けることができる。知識は与えられるのではなく，子どもが自然の事物・現象へ自ら働きかけることで得られることを学習する。子どもが主体的に学習にかかわる，見通しをもった観察，実験は，彼らの長時間にわたる学習意欲の向上にも寄与する。

自然の事物・現象についての問題を科学的に解決する

子どもが問題を解決する際，科学的に解決という視点が活動において満たされなければならない。「**自然の事物・現象についての問題を科学的に解決する**」とはこのことを意味する。具体的には，自然の事物・現象についての問題解決においては，**実証性，再現性，客観性**という科学の基本的な条件を重視しながら，その活動を指導しなければならないのである。

ここでいう実証性とは，予想や仮説は観察，実験などにより検証されるということを意味する。再現性とは，時間や場所を変えて観察，実験を行っても同じ条件のもとでは，同じ結果が得られるということを意味する。客観性とは，実証性や再現性という条件を満たすことで，多くの人により承認され，受け入れられるということを意味する。このような条件を踏まえながら，子どもには，自然の事

資質・能力の育成

物・現象について考えを構築させなければならない。こうした活動を繰り返すことで，子どもは，科学的に問題を解決するために必要な条件を学習していく。

　こうした学習の成果として子どもに育成される学力は「**資質・能力の育成**」として示される。資質・能力は3つの要素からなり，(1)〜(3)として示されている。(1)は「知識及び技能」，(2)は「思考力，判断力，表現力等」，(3)は「学びに向かう力，人間性等」を示している。(1)〜(3)は以下のようにとらえられる。

　(1)における知識理解とは，子どもが自然の事物・現象についての性質や規則性を理解することを意味する。この過程では，子どもがもつ自然の事物・現象についてのイメージや素朴な概念を観察，実験などを通して，科学的で，より妥当性の高い考えへと子どもが自ら更新していくことが重視されなければならない。また，観察，実験に関する技能の習得は，観察，実験器具を適切に取り扱う技能の育成のみを意味しない。観察，実験の結果を文章，表，グラフ等に的確に表現することも含まれている。

　(2)では，問題解決の過程で育成される力が示されている。問題解決の過程とは，子どもが問題を見いだし，予想や仮説をもって観察，実験などを行い，結果を整理し，その結果を基に考察し，結論を導き出すという一連の活動である。小学校理科では，この過程を学年ごとに重点化して指導することが目標とされる。そのため，育成を目指す問題解決の力は学年ごとに異なる。

学年ごとに育成される問題解決の力

　第3学年では，複数の自然の事物・現象の差異点や共通点をとらえさせながら，「問題を見いだす力」の育成を目指す。第4学年では，既習の内容や経験を基に，「根拠のある予想や仮説を発想する力」の育成を目指す。この力の育成には，自然の事物・現象と，既習の内容や生活経験とを関係付けたりすることが必要である。

　第5学年では，「予想や仮説を基に，解決の方法を発想する力」の育成を目指す。この力の育成のためには，自然の事物・現象に影響を与える要因を予想し，どの要因が影響を与えるかを調べる際，条件を制御するという考え方を用いることが必要である。第6学年では，「妥当な考えをつくりだす力」の育成を目指す。この力の育成のためには，自然の事物・現象を多面的に考えることが必要である。観察，実験の結果を基に，予想や仮説，観察，実験の方法を振り返り，再検討したり，複数の観察，実験結果から得た結果を基に考察することなどが考えられる。これら問題解決の力の育成においては，他学年で育成される力との関連性，さらには中学校において育成される力とのつながりにも留意して指導がなされなければならない。

　(3)では，生物愛護，生命尊重の態度を育成するとともに，このことを踏まえて，自然環境と人間との共生についての手立てを，子どもが考えられるようにすることことを目指している。また，子どもが主体的に問題解決する態度の育成も目指される。これは，上述した一連の問題解決の活動を，子どもが自らの意思，判断に基づいて行うことによって育成される。

　上述した(2)・(3)について，小学校および中学校の各学年で育成される内容は図3（p.10）で示される。

1.2　小学校理科の内容構成

（1）A，Bからなる２つの内容の区分

　　小学校理科の内容は，「**A　物質・エネルギー**」と「**B　生命・地球**」という２つの内容の区分から構成されている。図１，2に示すようにAの内容は中学校理科の第１分野，Bの内容は第２分野と系統的につながっている[2]。

（2）A　物質・エネルギー

エネルギー概念，
粒子概念

　　小学校理科の各学年で学習する内容は，図１に示すように，Aでは，それぞれ，「**エネルギー**」「**粒子（物質）**」という２つの内容を柱にして，その系統化が図られている。さらに，これら２つの内容は細かく分けられる。「エネルギーの捉え方」「エネルギーの変換と保存」「エネルギー資源の有効利用」である。また。粒子（物質）については，「粒子の存在」「粒子の結合」「粒子の保存性」「粒子のもつエネルギー」に分けられる。

　　これらの内容は，図から明らかなように，中学校での学習と関連し，発展していく。例えば，第４学年の「空気と水の性質」では，空気は圧し縮められるが水は圧し縮められないことから，子どもは空気（後に気体の概念）と水（後に液体の概念）の違いを，空気の粒と粒との間には空間があり，水の粒と粒との間はギッシリ詰まっている等のイメージにより説明したりする。これは，粒子の存在を子どもなりに考えた結果である。この考えは中学校における原子や分子の概念の素地になる。図１はこの例のようにとらえる必要がある。

（3）B　生命・地球

生命概念，
地球概念

　　Bでは，図２に示すように「**生命**」「**地球**」という２つの内容を柱にして，その系統化が図られている。Aと同様に２つの内容は細かく分けられる。「生物の構造と機能」「生命の連続性」「生物と環境の関わり」である。地球については，「地球の内部と地表面の変動」「地球の大気と水の循環」「地球と天体の運動」に分けられる。

　　これらの学習は，Aでも説明したように中学校での学習と関連し，発展していく。例えば，第３学年の「身の回りの生物」で，植物にはいろいろな種類があるが，そこには根・茎・葉という共通の体のつくりがあることを，子どもは観察を通して見いだす。これは植物全体にいえることであり「生物の構造と機能」についての，最も基本的な見方である。この視点は，中学校で学習する生物に共通した構造である細胞概念の素地となる。A同様に，Bについても図２はこの例のようにとらえる必要がある。

図1　小学校・中学校理科の「エネルギー」「粒子」を柱とした内容の構成

校種	学年	エネルギー		
		エネルギーの捉え方	エネルギーの変換と保存	エネルギー資源の有効利用
小学校	第3学年	**風とゴムの力の働き** ・風の力の働き ・ゴムの力の働き　**光と音の性質** ・光の反射・集光 ・光の当て方と明るさや暖かさ ・音の伝わり方と大小	**磁石の性質** ・磁石に引き付けられる物 ・異極と同極　**電気の通り道** ・電気を通すつなぎ方 ・電気を通す物	
	第4学年		**電気の働き** ・乾電池の数とつなぎ方	
	第5学年	**振り子の運動** ・振り子の運動	**電流がつくる磁力** ・鉄心の磁化，極の変化 ・電磁石の強さ	
	第6学年	**てこの規則性** ・てこのつり合いの規則性 ・てこの利用	**電気の利用** ・発電（光電池（小4より移行）を含む），蓄電 ・電気の変換 ・電気の利用	
中学校	第1学年	**力の働き** ・力の働き 　（2力のつり合い（中3から移行）を含む）　**光と音** ・光の反射・屈折 　（光の色を含む） ・凸レンズの働き ・音の性質		
	第2学年	**電流** ・回路と電流・電圧 ・電流・電圧と抵抗 ・電気とそのエネルギー（電気による発熱（小6から移行）を含む） ・静電気と電流（電子　放射線を含む） **電流と磁界** ・電流がつくる磁界 ・磁界中の電流が受ける力 ・電磁誘導と発電		
	第3学年	**力のつり合いと合成・分解** ・水中の物体に働く力（水圧，浮力（中1から移行）を含む） ・力の合成・分解 **運動の規則性** ・運動の速さと向き ・力と運動 **力学的エネルギー** ・仕事とエネルギー ・力学的エネルギーの保存	**エネルギーと物質** ・エネルギーとエネルギー資源（放射線を含む） ・様々な物質とその利用（プラスチック（中1から移行）を含む） ・科学技術の発展	**自然環境の保全と科学技術の利用** ・自然環境の保全と科学技術の利用 〈第2分野と共通〉

実線は新規項目。破線は移行項目。

粒　　子			
粒子の存在	粒子の結合	粒子の保存性	粒子のもつエネルギー
		物と重さ ・形と重さ ・体積と重さ	
空気と水の性質 ・空気の圧縮 ・水の圧縮			**金属，水，空気と温度** ・温度と体積の変化 ・温まり方の違い ・水の三態変化
		物の溶け方（溶けている物の 均一性（中1より移行）を含む） ・重さの保存 ・物が水に溶ける量の限度 ・物が水に溶ける量の変化	
	燃焼の仕組み ・燃焼の仕組み	**水溶液の性質** ・酸性，アルカリ性，中性 ・気体が溶けている水溶液 ・金属を変化させる水溶液	
物質のすがた ・身の回りの物質とその性質 ・気体の発生と性質		**水溶液** ・水溶液	**状態変化** ・状態変化と熱 ・物質の融点と沸点
物質の成り立ち ・物質の分解 ・原子・分子		**化学変化** ・化学変化 ・化学変化における酸化と還元 ・化学変化と熱	
		化学変化と物質の質量 ・化学変化と質量の保存 ・質量変化の規則性	
水溶液とイオン ・原子の成り立ちとイオン ・酸・アルカリ ・中和と塩			
化学変化と電池 ・金属イオン ・化学変化と電池			

図2　小学校・中学校理科の「生命」「地球」を柱とした内容の構成

校種	学年	生命		
		生物の構造と機能	生命の連続性	生物と環境の関わり
小学校	第3学年	**身の回りの生物** ・身の回りの生物と環境との関わり ・昆虫の成長と体のつくり ・植物の成長と体のつくり		
	第4学年	**人の体のつくりと運動** ・骨と筋肉 ・骨と筋肉の働き	**季節と生物** ・動物の活動と季節 ・植物の成長と季節	
	第5学年		**植物の発芽, 成長, 結実** ・種子の中の養分 ・発芽の条件 ・成長の条件 ・植物の受粉, 結実　　**動物の誕生** ・卵の中の成長 ・母体内の成長	
	第6学年	**人の体のつくりと働き** ・呼吸 ・消化・吸収 ・血液循環 ・主な臓器の存在　**植物の養分と水の通り道** ・でんぷんのでき方 ・水の通り道		**生物と環境** ・生物と水, 空気との関わり ・食べ物による生物の関係(水中の小さな生物(小5から移行)を含む) ・人と環境
中学校	第1学年	**生物の観察と分類の仕方** ・生物の観察 ・生物の特徴と分類の仕方 **生物の体の共通点と相違点** ・植物の体の共通点と相違点 ・動物の体の共通点と相違点 (中2から移行)		
	第2学年	**生物と細胞** ・生物と細胞 **植物の体のつくりと働き** ・葉・茎・根のつくりと働き (中1から移行) **動物の体のつくりと働き** ・生命を維持する働き ・刺激と反応		
	第3学年		**生物の成長と殖え方** ・細胞分裂と生物の成長 ・生物の殖え方 **遺伝の規則性と遺伝子** ・遺伝の規則性と遺伝子 **生物の種類の多様性と進化** ・生物の種類の多様性と進化 (中2から移行)	**生物と環境** ・自然界のつり合い ・自然環境の調査と環境保全 ・地域の自然災害 **自然環境の保全と科学技術の利用** ・自然環境の保全と科学技術の利用〈第1分野と共通〉

実線は新規項目。破線は移行項目。

地　球		
地球の内部と地表面の変動	地球の大気と水の循環	地球と天体の運動
	太陽と地面の様子 ・日陰の位置と太陽の位置の変化 ・地面の暖かさや湿り気の違い	
雨水の行方と地面の様子 ・地面の傾きによる水の流れ ・土の粒の大きさと水のしみ込み方	**天気の様子** ・天気による1日の気温の変化 ・水の自然蒸発と結露	**月と星** ・月の形と位置の変化 ・星の明るさ，色 ・星の位置の変化
流れる水の働きと土地の変化 ・流れる水の働き ・川の上流・下流と川原の石 ・雨の降り方と増水	**天気の変化** ・雲と天気の変化 ・天気の変化の予想	
土地のつくりと変化 ・土地の構成物と地層の広がり（化石を含む） ・地層のでき方 ・火山の噴火や地震による土地の変化		**月と太陽** ・月の位置や形と太陽の位置
身近な地形や地層，岩石の観察 ・身近な地形や地層，岩石の観察 **地層の重なりと過去の様子** ・地層の重なりと過去の様子 **火山と地震** ・火山活動と火成岩 ・地震の伝わり方と地球内部の働き **自然の恵みと火山災害・地震災害** ・自然の恵みと火山災害・地震災害（中3より移行）		
	気象観測 ・気象要素（圧力（中1の第1分野から移行）を含む） ・気象観測 **天気の変化** ・霧や雲の発生 ・前線の通過と天気の変化 **日本の気象** ・日本の天気の特徴 ・大気の動きと海洋の影響 **自然の恵みと気象災害** ・自然の恵みと気象災害（中3より移行）	
		天体の動きと地球の自転・公転 ・日周運動と自転 ・年周運動と公転 **太陽系と恒星** ・太陽の様子 ・惑星と恒星 ・月や金星の運動と見え方

図3　思考力，判断力，表現力等及び学びに向かう力，人間性等に関する学習指導要領の主な記載

校種	資質・能力	学年	エネルギー	粒　子	生　命	地　球
小学校	思考力、判断力、表現力等	第3学年	（比較しながら調べる活動を通して）自然の事物・現象について追究する中で，差異点や共通点を基に，問題を見いだし，表現すること。			
		第4学年	（関係付けて調べる活動を通して）自然の事物・現象について追究する中で，既習の内容や生活経験を基に，根拠のある予想や仮説を発想し，表現すること。			
		第5学年	（条件を制御しながら調べる活動を通して）自然の事物・現象について追究する中で，予想や仮説を基に，解決の方法を発想し，表現すること。			
		第6学年	（多面的に調べる活動を通して）自然の事物・現象について追究する中で，より妥当な考えをつくりだし，表現すること。			
	学びに向かう力、人間性等		主体的に問題解決しようとする態度を養う。			
					生物を愛護する（生命を尊重する）態度を養う。	

※各学年で育成を目指す思考力，判断力，表現力等については，該当学年において育成することを目指す力のうち，主なものを示したものであり，他の学年で掲げている力の育成についても十分に配慮すること。

校種	資質・能力	学年	エネルギー	粒　子	生　命	地　球
中学校	思考力、判断力、表現力等	第1学年	問題を見いだし見通しをもって観察，実験などを行い，【規則性，関係性，共通点や相違点，分類するための観点や基準】を見いだして表現すること。			
		第2学年	見通しをもって解決する方法を立案して観察，実験などを行い，その結果を分析して解釈し，【規則性や関係性】を見いだして表現すること。			
		第3学年	見通しをもって観察，実験などを行い，その結果（や資料）を分析して解釈し，【特徴，規則性，関係性】を見いだし表現すること。また，探究の過程を振り返ること。			
			見通しをもって観察，実験などを行い，その結果を分析して解釈するとともに，自然環境の保全と科学技術の利用の在り方について，科学的に考察して判断すること。		観察，実験などを行い，自然環境の保全と科学技術の利用の在り方について，科学的に考察して判断すること。	
	学びに向かう力、人間性等		【第1分野】物資やエネルギーに関する事物・現象に進んで関わり，科学的に探究しようとする態度を養う。		【第2分野】生命や地球に関する事物・現象に進んで関わり，科学的に探求しようとする態度，生命を尊重し，自然環境の保全に寄与する態度を養う。	

※内容の(1)から(7)までについては，それぞれのアに示す知識及び技能とイに示す思考力，判断力，表現力等とを相互に関連させながら，3年間を通じて科学的に探究するために必要な資質・能力の育成を目指すものとする。

1.3　学年目標と指導内容の構成についての基本的な考え方

　各学年目標においては，それぞれの学年ごとに，当該の目標が達成できるようにするために，下記の枠で囲った文中に太字で示したように，次の(1)〜(5)が共通して取り上げられている。(1)〜(5)が学年目標にどのように反映されているのかを，第3学年「物と重さ」の目標を事例にして説明する。

(1)　「〜について」で示される学習の対象。

(2)　「〜に着目して」で示される，「見方・考え方」のうち，「見方」。

(3)　「〜しながら調べる活動」で示される，「見方・考え方」のうち，「考え方」。

(4)　アで示される資質・能力のうち，知識と技能の内容。知識はさらに細かく(ア)(イ)というように示される。

(5)　イで示される資質・能力のうち，思考力，判断力，表現力等の内容。

　物の性質について **(学習の対象)**，形や体積に着目して **(見方)**，重さを比較しながら調べる **(考え方)** 活動を通して，次の事項を身に付けることができるよう指導する。

ア　次のことを理解するとともに，観察，実験などに関する技能を身に付けること。**(資質・能力のうち，知識と技能の内容)**

(ア)　物は，形が変わっても重さは変わらないこと。**(知識の内容)**

(イ)　物は，体積が同じでも重さは違うことがあること。**(知識の内容)**

イ　物の形や体積と重さとの関係について追究する中で，差異点や共通点を基に，物の性質についての問題を見いだし，表現すること。**(資質・能力のうち，思考力，判断力，表現力等の内容)**

2 小学校理科の指導計画において留意すべき重点事項

　小学校学習理科の指導において主に留意すべき事項として(1)～(6)を挙げることができる。

　具体的な内容を下記に示す[3]。

（1）主体的・対話的で深い学びの実現

主体的・対話的で深い学び

　主体的・対話的で深い学びの実現は，すべての学校種におけるすべての教科の指導において重視すべき事項である。小学校理科授業において，このことは次のように考えられる。指導計画の作成において留意することが必要である。

　小学校理科の目標の項で説明したように，理科授業は，子どもが自然の事物・現象から問題を見いだし，見いだした問題について予想や仮説をもつことから始まる。次いで，見通しをもった観察，実験を行うのである。

主体的な学び

　このように，教師の細かな指示のもとではなく，子どもが自ら学習を進めることを理科における**主体的な学び**という。そのため，子どもが問題を見いだし，予想や仮説をもてるように指導することが必要である。

　第5学年「物の溶け方」の学習で，食塩を水に溶かして目に見えなくなったとき，食塩水の重さは変化するかを問うことなどは，その事例である。見えなくなったので重さはなくなる，少しはなくなる，変わらない等，子どもは多様な予想をする。そして，予想を検証するために，溶解前，食塩水と水の重さを測定する，溶解後，食塩水の重さを測定する。ここでは，子ども自身が明確な学習上の見通しをもった問題解決が実現されている。理科授業で実現すべき，主体的な学びである。

対話的な学び

　この学習では，子ども一人一人が自らの学習の視点を明確にするために，多様な予想や仮説をもつことが重要であった。それぞれの予想や仮説について子どもは根拠をもって説明をする。子どもは互いの予想が異なっていても，それぞれの予想や仮説がどのような根拠のもとでなされたのかを理解できる。言い換えれば，実験では何を検証すべきなのかが明確になる。その結果，溶解における物の保存という考えが，どのような根拠により成立するのかを理解することができる。こうした学習を支えるのが，対話である。

　予想や仮説を立てるとき，実験結果についての考察をするとき，すべて対話が必要である。予想や仮説において互いの考えの違いを理解したり，考察において皆で合意できる内容を確認することは，すべて対話がなければ成立しえない活動である。これを理科授業で実現すべき**対話的な学び**という。このとき子ども一人一人が考えを述べ合うことが重要であった。それゆえ，主体的な学びがなされるとき，同時に対話的な学びもなされるのである。

深い学び

　溶解における学習の成果として子どもに育成される資質・能力の主な内容は，次のように考えられる。第3学年「物と重さ」では，粘土などを教材にして物は形が変化しても，新たに加えたり，取ったりしなければ重さは変わらないことが学習された。食塩は目に見えなくなっても，食塩水中で細かくバラバラになっただけで，粘土のときと同じように重さは変わらないと子どもが判断するとき，子

どもは粒子（物質）に関する概念を関連付けて理解できた考えられる。図1，2における科学概念が学年間で関連性をもって理解されたとき，理科授業での**深い学び**の成立という。

（2）問題解決の力の育成

問題解決の力　　上述した学習では，思考力，判断力，表現力等，すなわち図3に示す学年間での**問題解決の力**の関連性も，子どもの理解には見ることができる。言い換えれば，前の学年で育成された問題解決の力の育成が十分なされているのかを評価した上で，次の学年での指導が構想されなければならない。

上の例に即していえば，第4学年で育成された根拠のある予想や仮説の発想が，ここでの学習には必要である。その上で，第5学年で予想や仮説を基に解決の方法を発想，という問題解決の力を関連付けて育成することが必要である。

また，図3に示されたように，高学年においては，中学校理科で育成される力の素地とするための指導も視野に置くことも必要である。

（3）障害のある子どもへの指導上の留意点

インクルーシブ
教育システム　　すべての教科の指導において，**インクルーシブ教育システム**の構築が必要である。障害のある子どもと障害のない子どもとが可能な限り共に学べる学習上の環境をつくることが必要であり，これは，インクルーシブ教育システムの基本的な考え方であり，2006年に国連で採択された「障害者の権利に関する条約」において初めて提唱された考え方である。

理科授業の計画においても，この考え方を踏襲することが必要である。以下の諸点は，留意すべき内容の事例である。こうした点を毎年教員が指導上の留意点として引き継いだり，新たな項目として加えていくことが必要である。

・学習への見通しをもてるようにするために，観察，実験の目的を明確に示す。
・観察，実験の方法を視覚化したプリントなどを掲示したり，配布したりする。
・燃焼や薬品を扱うなど危険性を伴う観察，実験の実施においては，教師が活動を把握できる場所において行わせる。
・時間をかけて観察することが難しいとき，観察のポイントを示したり，ICT教材を活用したりする。

（4）道徳などとの関連を図った指導

理科と道徳との
関連　　理科と道徳との関連性に留意した学習活動を計画することが必要である。その際，考えられるべき視点として次の事項が挙げられる。

・栽培や飼育活動により自然を愛する心情や生命を尊重し，自然環境の保全に寄与する態度を育成する。
・問題解決する活動を中心とした学習活動が，道徳的な判断力や真理追究の態

度を育成することに留意する。

（5）コンピュータや情報通信ネットワーク等を活用した指導

プログラミング

　コンピュータや情報通信ネットワーク等を活用した指導は，理科授業において，機器の充実とともに多くの学校において充実が図られ，授業改善に結び付いている。引き続きこうした活動が推進されなければならない。

　小学校理科授業における新たな活動として，子どもに**プログラミング**を体験させ，論理的思考力を身に付けるための学習が挙げられる。こうした活動を通して，日常生活で使用するコンピュータや問題解決における必要な手順についての気付きを向上させることが必要である。

（6）自然災害との関連を図った指導

自然災害

　天気，川，土地などの学習においては，**自然災害**に関する基礎的な理解を図れるよう留意することが必要である。自然の事物・現象についての適切な理解が，自然災害への対応につながることを理解させるのである。特に，下記の単元の指導においては，こうした点について留意することが必要である。

　第4学年「B(3)雨水の行方と地面の様子」，第5学年「B(3)流れる水の働きと土地の変化」，第6学年「B(4)土地のつくりと変化」。

〈引用文献〉
1） 文部科学省：小学校学習指導要領解説　理科編，2017，pp.12-18
2） 前掲書1），pp.19-20
3） 前掲書1），pp.90-99

II 小学校理科にかかわる自然科学の基礎知識

1

A区分「物質・エネルギー」に関する基礎知識

1.1 物　質

（1）金属と非金属

様々な金属

　地球上にある元素のうち約7割は金属である。金属には，金，銀，銅，鉄，アルミニウムなどのほか，カルシウムやバリウムなども含まれる。私たちの生活を見渡せば，建造物，家具，機械，乗物，線路，硬貨，缶，電池，携帯電話，食品含有物，医療への利用など，様々な金属が日常にあふれている。

金属の基本的性質

　金属に共通する基本的な性質を表に示す。すべての金属は電気を通すが，スチールやアルミ缶の表面などが塗装されている場合は紙ヤスリなどで削らないと電気伝導性は観察できない。なお，銀や銅は電気伝導性が大きい。展性によって金属箔ができる。熱伝導は，主に銀，

表　金属（固体）に共通する性質

電気伝導性	電気を通す
展性・延性	たたくと薄く広がる（展性）・伸ばすと細くなる（延性）
金属光沢	磨くと光を受けて輝く
熱伝導性	金属だけの性質ではないが放射状に熱が伝わりやすい

銅，金，アルミニウム，鉄の順になる。この熱伝導性は金属の性質だけに当てはまる性質ではないから，金属は熱伝導性に富むという言い方が適切である。なお，金属は常温で固体のものが多いが，水銀のように常温で液体のものもある。

非　金　属

　水素，酸素や硫黄などの元素およびこれらの元素を含む化合物（水やガラスなど）には金属の性質が見られない。これらを非金属という。電気を通さない物質は絶縁体（不導体）と呼ばれる。鉛筆の芯や導電性プラスチックなどは電気を通すが，その他の性質がないので金属には分類されない。

金属とイオン

　金属は酸やアルカリの水溶液に溶けると，金属中にある電子を放出してイオンになる。塩酸に鉄を入れると，鉄は電子を2つ放出して鉄イオン Fe^{2+} となり，放出された電子は水溶液中の水素イオン H^+ が受け取り水素が発生する。アルミニウム（Al）は周期表の中で両性元素の位置にあり，酸にも塩基にも反応してイオンとなる。なお，金属にはイオンになりやすさの度合いがあり，これをイオン化傾向という（例えば，$Na > Mg > Al > Zn > Fe > Cu > Ag$ の順）。銀，金などはイオンになりにくい。

人と金属の利用

　人類は，紀元前より自然界の鉱石から金属を取り出し，青銅器，鉄器による生活を営み，18世紀以降は Al をはじめとした多くの金属を利用可能としている。Al は軽量で使いやすいが還元のエネルギーを要するためリサイクルが重要である。

　さびは空気中の酸素や水分と金属とが反応してできる。湿った空気中では赤さび（酸化鉄）ができ腐食の原因となる。鉄を強熱すると黒さび（四三酸化鉄）ができ表面被膜となって鉄の腐食を防ぐため，調理具などに利用される。同様に，Al の酸化皮膜（アルマイト）はサッシや食器などの耐性を高める。そのほかでは，カイロは，鉄がさびるときの発熱を利用している。銀は硫化して表面が黒くなりやすく，金はさびにくい。鉄に別の物質を含む合金の利用も多い。ステンレス鋼は，鉄にクロムとニッケルを含む合金で名前のとおりさびにくい。純度が高い合金は鋼といい，日用品，ばね，レールなど用途に応じて広く使用されている。

（2）重さと体積

重　さ

　重さとは，地球が物体を引く力，つまり，物体に働く重量の大きさのことである。重さは，ばねばかりや台ばかりではかることができる。地球上では，同一の物質に働く重力の大きさはほぼ一定である。しかし，地球上でなければ重さは一定ではなくなる。例えば，月面上では重力の大きさが地球上の約6分の1であるため，月面上で重さをはかった場合は，重さは約6分の1となる。そのため，地球上で重さが6N（ニュートン）の物体を月面上ではかると約1Nとなる。補足するが，地球上では100gの物体に働く重力の大きさ（重さ）が，約1N（正確には0.98N）である。台ばかりの体重計で考えると，地球上で60kgと表示された人が月面上で体重計にのると10kgと表示される。一方で，月面上ではなく宇宙空間にある国際宇宙ステーションの中では，無重力状態であるため，重さは0となる。そのため，ばねばかりや台ばかりは，無重力状態では用いることができない。

質　量

　物体の重さは，場所によって変わるが，物体そのものの量は変わらない。場所の影響を受けずに変わることのない，物体そのものの量を質量という。質量は，上皿てんびんではかることができる。上皿てんびんは，左右の皿にのせた物体の重さのつり合いから質量をはかるものである。地球上で左の皿に質量が600gの物体をのせてつり合わせるには，右の皿に600gの分銅をのせる必要がある。この実験を月面上で行うと，同じ結果となる。月面上でも600gの質量の物体とつり合わせるためには，600gの分銅が必要である。これは，上皿てんびんのつり合いが重力に影響を受けないためである。そのため，上皿てんびんは物体そのものの量である質量をはかることができる。なお，無重力状態では上皿てんびんは用いることができない。

　小学校理科では，重さと質量の意味を区別せずに，重さという言葉を使っている。中学校理科では，重さは物体に働く重力の大きさを意味し，質量は物体そのものの量を意味するものとして区別して使う。

密　度

　物質によって体積が同じでも質量は異なる。これは，物質の種類によって密度が異なっているからである。密度とは，物質$1\,\mathrm{cm}^3$当たりの質量である。密度は次の式で求められる。密度$(\mathrm{g/cm}^3)$＝物質の質量(g)／物質の体積(cm^3)

　水$100\,\mathrm{cm}^3$の質量は$100\,\mathrm{g}$であるため，密度は$1\,\mathrm{g/cm}^3$である。代表的な物質の密度は表のとおりである。液体に物体が浮くか沈むかは，その物質の密度が液体の密度よりも大きいか，小さいかで決まる。例えば，水の中に氷を入れると浮く。これは水よりも氷のほうが，密度が小さいからである。つまり，水よりも密度が大きい物質は水に沈み，密度が小さい物質は水に浮く。日常の現象でいえば，料理などで実感することであるが，油は水に浮く。これは水に比べて，食用油の密度が小さいためである。

表　物質の密度（20℃）

物　質	密度（g/cm³）
金	19.3
水銀	13.5
銅	8.96
鉄	7.87
アルミニウム	2.70
氷（0℃）	0.917
エタノール	0.789
二酸化炭素	0.00184
酸素	0.00133
水蒸気（100℃）	0.00060

（3）空気と水の性質と水の状態変化

空気の性質
　　空気は無色透明の混合気体である。成分には，体積比で窒素78％，酸素21％，アルゴン0.9％，二酸化炭素0.03％が含まれており，その他にも微量の希ガスなどが含まれている。小学校理科の燃焼の実験や呼吸の実験で子どもが実感することであるが，空気中の酸素の体積比が少しでも違えば，燃焼や呼吸に大きな影響がある。そのため，現在の空気の構成比は，人間が活動する上で都合のよいものである。空気には重さがあり，海面において面積1cm²当たり約10Nの圧力を及ぼす空気がその上空に存在し，この圧力が1気圧である。0℃，1気圧で平均分子量は約29g/mol，密度は1.29kg/m³である。比熱は1.006J/gK，熱伝導率は2.41×10^{-2}W/mK であり，固体や液体の物質よりも温まりやすく熱が伝わりにくい。

水の性質
　　水は常温で無色透明，無味無臭の液体である。化学式は H_2O である。水素原子2個と酸素原子1個が共有結合している。0℃，1気圧で分子量は18g/mol，密度は1.00×10^3kg/m³である。比熱は4.2J/gK，熱伝導率は0.561W/mK であり，空気より温まりにくくて熱を伝えやすい。

水の状態変化
　　物質には固体，液体，気体の三態があり，図1のように温度や圧力の条件によって変化する。水の場合は，氷，水，水蒸気と呼んでいるものがそれである。それだけではなく，液体の水については，常温付近のものを水と呼び，高温のものをお湯や熱湯と呼んでいる。温度の違いだけではなく，水が空気中で極小の粒になったものを霧や湯気と呼んでいる。

　　また，物質の三態は，図2のように分子の粒子が集合する形によっても決定される。固体の氷は粒子が規則正しく並んで

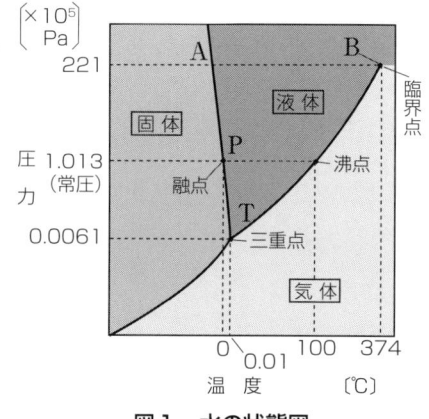

図1　水の状態図

でおり，細かく振動している状態である。液体の水は，粒子がゆっくり移動している状態である。気体の水蒸気は，粒子が自由に飛び回っており，液体の水のときよりも速く移動をしている。密度は，水，氷，水蒸気の順番に大きくなる。これは，他の物質と比べて水の特徴として挙げることができる。そのため，固体である氷が液体の水に浮く。この現象は特異な現象である。これは，水が極性分子で酸素側と水素側に生じた電気的な偏りにより，分子間で水素結合が生じているため，分子間のすきまが大きくなるためである。1気圧で沸点は100℃，融点は0℃である。また，4℃のときに最も比重が大きくなる。

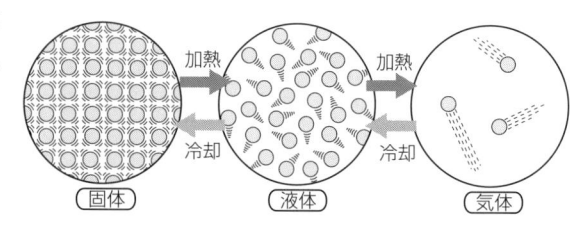

図2　固体・気体・液体の粒子モデル

（4）物質の水への溶解

溶　解

　液体が他の物質を溶かして均一な混合物になる現象を溶解という。塩化ナトリウム（NaCl）の水への溶解を例に，物質の水への溶解について考える。まず，NaClは図1のような結晶構造をしており，粒子的な観点からとらえれば，NaCl結晶はこうした球形の粒子の集まりということになる。一方で，こうした構造は，電

イ オ ン

荷を帯びた粒子であるNa⁺（ナトリウムイオン）とCl⁻（塩化物イオン）が互いに引き合い，Na⁺Cl⁻の姿で結合することで生じている。これは，エネルギーの観点からいい換えれば，NaCl結晶はNa⁺とCl⁻が引き合うことでエネルギーが低い状態となり，安定化することで形づくられている

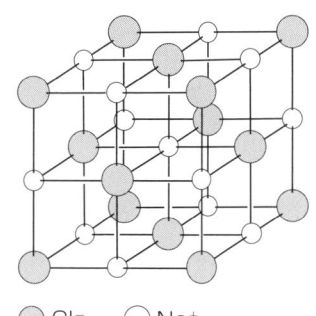

○ Cl⁻　　○ Na⁺

図1　NaClの結晶構造

と説明できる（Cl⁻同士のように同符号の電荷は反発し合うが，これはエネルギーが高い不安定な状態を意味する）。

　こうしたNaCl結晶が水の中に入れば，たちまち周囲は水分子（H₂O）に取り囲まれ，結晶は崩されて，無秩序に散らばろうとする。このとき，水分子が図2のように酸素（O）側が負電荷を帯びているために陽イオンのNa⁺を引きつけ，水素（H）側が正電荷を帯びているために陰イオンのCl⁻を，異符号の電荷が引き合い，水分子がイ

水　　和

オンを取り囲んだ水和構造をとる。これは，異符号の電荷が引き合うことでエネルギーが下がる，つまり安定化することを意味する。

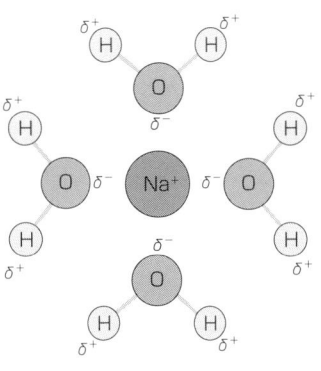

図2　水和した陽イオン

　このようにNaClは，水中でばらばらとなって無秩序に散らばること，および水分子に取り囲まれて水和構造をとるなどの複数のエネルギー因子の関連から，NaCl結晶での存在よりも，エネルギー的により安定である水への溶解が自発的に生じるのである。

溶　液
溶　質
溶　媒
飽和水溶液

　このとき，成分物質が一様に混ざって全体が均一になった状態の液体を溶液といい，NaClのように溶かされる物質を溶質，水のように溶かす物質を溶媒と呼ぶ。ある温度の一定量の水に，NaClを溶かしていくと，ある量でそれ以上溶けなくなる。このときの溶液を飽和水溶液という。飽和水溶液では，NaCl結晶が溶解する速度と析出する速度が等しくなっており，溶質と溶液の平衡が成立している。また，溶媒に溶質がどれだけ溶けているかを示す値が溶解度であり，一般

溶 解 度

に溶媒100 gに溶けることのできる溶質のグラム数で示す。溶解度は温度によって変化し，溶解度と温度の関係を示したグラフを溶解度曲線という。

溶解度曲線

　固体の溶解度が温度の高低によって大きく変化する場合，この性質を利用することで固体物質を精製することができる。これを再結晶と呼んでいる。

再 結 晶

（5）酸性・アルカリ性・中性

酸，酸性

　　塩酸や硫酸，炭酸，酢酸などのことを酸と呼ぶ。酸は，水に溶けて水素イオン（H^+）を生じ，次のような共通した性質を示す。これを酸性という。

　　①うすい水溶液は，すっぱい味（酸味）がする。

　　②青色リトマスを赤色に変え，BTB溶液を黄色に変える。

　　③金属（マグネシウム，亜鉛，アルミニウム，鉄）と反応して水素を発生する。

　　食べ物にも酸が含まれているものがある。食酢に含まれる酢酸のほか，ヨーグルトに含まれる乳酸，リンゴにあるリンゴ酸，レモンにあるクエン酸などがある。

アルカリ，アルカリ性

　　一方，水酸化ナトリウム，水酸化カルシウム（消石灰），アンモニアなどのことをアルカリと呼ぶ。アルカリという言葉は，アラビア語のkali（灰）に由来する。アルカリは，水に溶けて水酸化物イオン（OH^-）を生じ，次のような共通した性質を示す。これをアルカリ性という。

　　①うすい水溶液は，苦味をもつ。

　　②赤色リトマスを青色に変え，BTB溶液を青色に変える。

　　③フェノールフタレイン溶液を無色から赤色に変える。

　　④手先につけるとぬるぬるする（皮膚のたんぱく質を溶かす）。

　　石灰水は水酸化カルシウムの飽和水溶液であり，水酸化ナトリウム水溶液と同様に強いアルカリ性を示すため，取り扱いに注意が必要である。

中性，中和

　　酸の水溶液とアルカリの水溶液を混ぜ合わせると，酸の性質とアルカリの性質を互いに打ち消し合う変化が起こる。例えば，BTB溶液を数滴加えたうすい塩酸に，こまごめピペットを用いてうすい水酸化ナトリウム水溶液を滴下していくと，水溶液の色は，黄色→緑色→青色と変化する。緑色になった水溶液は，酸性もアルカリ性も示さず中性である。この水溶液を蒸発皿にとり，おだやかに水分を蒸発させて残ったものをルーペで観察すると，立方体の塩化ナトリウムの結晶が見られる。この変化を化学反応式で表すと次のようになる。

　　　$HCl + NaOH \rightarrow NaCl + H_2O$

　　水素イオンと水酸化物イオンに着目すると，次のイオン反応式で表される。

　　　$H^+ + OH^- \rightarrow H_2O$

　　つまり，酸の水溶液中の水素イオンとアルカリの水溶液中の水酸化物イオンが反応して水となり，酸性もアルカリ性も示さない中性の水溶液ができる。このように，酸とアルカリが反応して塩と水ができる変化を，中和という。

指示薬，pH

　　水溶液の酸性，中性，アルカリ性は，リトマス紙やBTB（ブロモチモールブルー）溶液，pH（potential hydrogen の略，ピーエイチまたはペーハーと読む）試験紙（万能試験紙），フェノールフタレインなど，指示薬の色の変化で知ることができる。pH試験紙のpHとは，水素イオン指数のことで，溶液中の水素イオンの濃度を基準として，0〜14までの範囲の数値で示される。pH＜7のとき酸性，pH＝7のとき中性，pH＞7のときアルカリ性である。指示薬のかわりに，ムラサキキャベツの葉やアサガオの花，ブドウやナスの皮などの汁を用いて，水溶液の性質を調べることもできる。

（6）燃　焼

燃　焼

物質が光と熱を出しながら激しく酸素と化合する現象を燃焼という。

　平らにした粘土の上にろうそくを立てて火をつけ，底のない集気びんをかぶせてふたをする。しばらくすると，ろうそくの火は消える。ところが，平らにした粘土の一部を切り取り，底のない集気びんの下に隙間をあけておくと，ろうそくは燃え続ける。このとき線香のけむりを近づけると，けむりは集気びんの中に吸い込まれ，空気が下から上へ流れていることがわかる。ろうそくが燃え続けるには，新しい空気が必要であるといえる。

　ろうそくを燃やす働きのある気体は何だろうか。これを確かめるために，空気の主成分である窒素と酸素を別々の集気びんに集め，それぞれの中でろうそくを燃やしてみるとよい。窒素中では火は消えてしまうが，酸素中では明るく輝いて燃える。このことから，ものを燃やす働きがあるのは酸素であることがわかる。

図　ろうそくの燃焼

燃焼の条件

物質が燃焼するためには，次の条件が必要である。

　①可燃物の存在……燃える物質があること

　②酸素の存在……酸素の供給が十分であること

　③温度……温度が発火点（物質を空気中で加熱したときに，炎がなくても発火する最低の温度）・引火点（物質を熱しながら，これに炎を近づけた瞬間に引火させることができる温度）以上に高いこと

　３つの条件のうちどれか１つでも条件がそろわないと，火は消える。例えば，ガスバーナーの元栓を閉めると，燃える物質がなくなるために火は消え，アルコールランプにふたをかぶせると，酸素の供給が不十分になるために火が消える。

燃焼後に生成する物質

　ところで，火のついたろうそくを集気びんの中に入れてふたをすると，ろうそくの火は消え，集気びんの内側がくもる。集気びんの内側のくもりが水滴によるものであることは，塩化コバルト紙が青色から赤色に変化することでわかる。また，この集気びんに石灰石を入れてよく振ると白濁する。このことから，二酸化炭素ができていることがわかる。このように，ろうそくが燃えると，ろうそくの成分元素である炭素や水素が空気中の酸素の一部と結びつき，二酸化炭素や水ができる。木片や紙なども同様に，成分元素として炭素や水素が含まれているため，燃えると二酸化炭素や水が生成する。一方，集気びんに集めた酸素中でスチールウール（鉄）やマグネシウムリボンを燃焼させても，集気びんはくもらず，石灰水も白濁しない。スチールウールやマグネシウムリボンには，成分元素として炭素や水素が含まれていないためである。それぞれの燃焼後には，酸化鉄や酸化マグネシウムが生成する。燃焼により生成する物質は，燃やすものに含まれる成分元素により異なっている。

1.2　エネルギー

（1）光

光の性質

光は表に挙げる性質をもっている。

表　光の性質

性質	説　明
直進	光源から出た光は直進する
反射	鏡に光を当てたときのように，光がはね返る現象（図1：入射角＝反射角）
屈折	光が空気からガラスに斜めに入射する時のように，物質の境目で折れ曲がって進む現象

光について，小学校学習指導要領では，「ア(ア)日光は直進し，集めたり反射させたりできること」「ア(イ)物に日光を当てると，物の明るさや暖かさがかわること」を学習することになっている。

ここでは，直進と反射を扱う。(ア)では，凸レンズを使って光を集められることについても扱うが，凸レンズによる物の見え方について，光の屈折を使った説明は中学校の学習内容である。

(イ)では，平面鏡を使用して日光を反射させ，光を重ね合わせ，明るさや暖かさの違いを調べる。図1のように「入射角＝反射角（反射の法則）」の関係があるが体験的に理解するにとどめる。

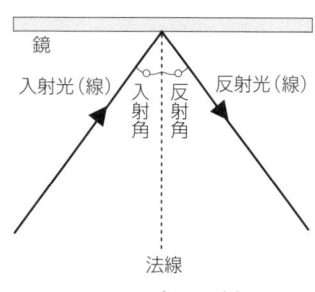

図1　光の反射

光は電磁波

光（可視光線）は，人間の目を刺激して明るさを感じさせる波長が約380 〜 770ナノメートルの電磁波である。この波長より短いものを紫外線，長いものを赤外線と呼ぶが，可視光線と紫外線，

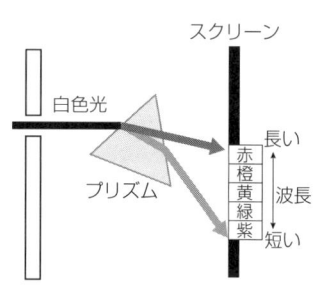

図2　プリズムによる分光

赤外線を含めて光として扱われることが多い。太陽光は様々な波長の光が混ざった多色光であり，白色に見える。図2のようにプリズムを使って太陽光を分離すると，波長が短い側から長い側に向かって紫，緑，黄，橙，赤へと連続的に色は移り変わる。

これは，虹が見える原理と似ている。虹は水滴の中で光が屈折と反射をして分離されることによって観察される。日本では虹を7色と表現する場合が多いが，国や民族によって何色に分けるかは異なる場合がある。

粒子性と波動性

反射のように，ボールが壁に当たってはね返るように振る舞うことを，光の粒子性という。また，スリットを通したときのように物体の裏側に回り込む性質もある。これを光の波動性という。このように光は，物体，波の性質を併せもつ

光エネルギー

が，エネルギーの1つ（光エネルギー）であり，物体に熱エネルギーとして蓄積されたり，光電池などによって電気エネルギーに変換して使うことができる。

（2）音

　小学校理科における音の学習は，学習指導要領（平成29年告示）にて復活した第3学年の内容である。以下が追加された学習内容であり中学校につながる。

> ア(ウ)　物から音が出たり伝わったりするとき，物は震えていること。また，
> 　　　　音の大きさが変わるとき物の震え方が変わること。

　音波とは，可聴周波の弾性波であり，聴覚に関連して扱うときは音と呼ばれる。空気中の波の場合を指すことが多いが，液体・固体中のものを含め，周波数が可聴周波以上の超音波や可聴周波以下の超低周波音まで，あわせて音波と呼ぶこともある。固体中の音波には横波も含まれる[1]。縦波は疎密波であり，空気中を伝わる音はこれにあたる。横波は，波を伝える媒体のずれ（進行方向と直角）が伝播するので，空気中を伝わる音には横波は含まれない（図1）。人が音を聞くことができるのは，空気中を伝わる粗密波が鼓膜を揺らすからである（図2）。

縦　　波
疎密波
横　　波

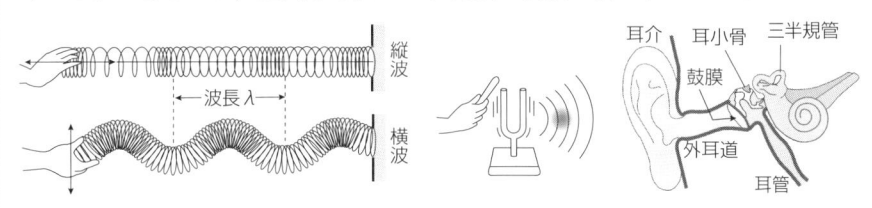

図1　縦波と横波　　　　　図2　音の発生と感覚器官

　音は，大きさ・高さ・音色によって区別することができ，音の3要素と呼ばれる。音の大きさを数値で表すとき，デシベル（dB）という単位が用いられる。おおよその目安として，普通の会話が60dB，地下鉄の車内が80dB，のように表現される。同じ物体が発する音であれば，振幅が大きいほど大きな音になる。

デシベル

振　　幅
振動数
ヘルツ

　音源が速く振動すると音は高くなる。1秒間に振動する回数を振動数（周波数）といい，単位をヘルツ（Hz）で表す。人が聞こえる音（可聴音）は約20〜20,000Hz の範囲である。20,000Hz 以上の音を超音波といい，犬や猫，イルカなどの動物はそれを聞くことができる。

　ピアノとリコーダーでは，同じラの音でも音色が違う。「同じ音」とは，周波数が同じということである。楽器が発する音波はいろいろな音が混ざっているため，オシロスコープやパソコンで調べると同じラの音でも波形が異なっていることがわかる。音階で1オクターブ上がると振動数は2倍になる。

波　　形
音　　階
伝播速度

　空気中における音波の伝播速度は以下のように表される。気温が高いほど伝播速度が大きくなることがわかる。

　温度 t℃ の空気中の音波の伝播速度 c（m/s）：$c = 331.5 + 0.61t$

　光の速さは，約30万Km/秒であるので，発音体からの距離が大きいほど光と音にずれが生じる。花火の閃光と爆発音，雷光と音がずれて聞こえる等の現象はこのためである。

〈引用文献〉
1）長倉三郎・井口洋夫・江沢洋他編：理化学辞典 第5版，岩波書店，1998，p.204

（3）乾電池・光電池

電池の原理

　電池とは化学エネルギー等を電気エネルギーに変換する装置である。私たちにとって一番なじみのある電池とは，マンガン電池やアルカリ電池のような乾電池であり，小学校理科においても，一番初めに扱う電源装置として乾電池を利用する。この電池の基本的な原理の発明は1800年にボルタによってなされた。

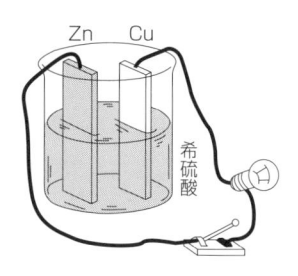
図1　ボルタの電池

　ボルタの考案した電池では，図1のように，銅板（Cu）と亜鉛板（Zn）を導線でつなぎ，2つの金属間に電解液（電気を通す液体，例えば，食塩水や希硫酸など）を入れると，この2つの金属がそれぞれ電極となり，電位差（＝電圧と考えてよい）が生じる。このように，電解質中に2つの異なる金属を入れることで，電解質中のイオンと電極の原子の間で電子がやり取りされ，電位差が生じて電流が発生する。

【図1のボルタ電池でスイッチを入れたときに起こる反応】
　電解液（希硫酸）につけた亜鉛板の亜鉛原子が亜鉛イオンとなって溶けだし，亜鉛板状に電子が発生する。→亜鉛板に発生した電子が，導線や豆電球中を通り，銅板に移動する（豆電球中を電子が通ることで，豆電球が点灯する）。→電解液中の亜鉛イオン濃度が高くなると，電解液につけた銅板から電解液中の水素イオンが電子を受け取り，水素が発生する。このようにして，電子が水素イオンに受け取られると，さらに，亜鉛板から電子が銅板に移動する（電流の向きは，「電子の移動する向き」と逆向き）。

乾電池

　また，小学校の理科学習で用いられるマンガン乾電池は，図2のように，電池のマイナス極が缶の容器を兼ねた構造でできている。マンガン電池は，装置のスイッチを入れたままの状態で過放電すると，缶に穴があき，液漏れすることがある（短時間に繰り返し使うという用途に適している）。一方，アルカリ電池は液漏れしにくい構造となっているので，連続して使うという用途に適している。どちらの電池も使用すると蓄えていたエネルギーがなくなる電池であり，このような電池を一次電池という（充電できる電池は，二次電池という）。

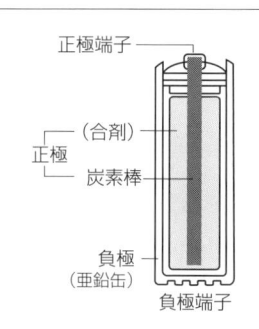
図2　マンガン電池

光電池

　一般に太陽電池と呼ばれている光電池は，照明器具として用いられている発光ダイオード（LED）と同様に，ダイオードの一種であり，p型とn型の2種類の半導体を接合させて（つなぎ合わせて）つくられている。光電池が「光を受けて，発電する」ことと，発光ダイオードが「電気が流れることで，発光する」ことからもわかるように，光電池は，発光ダイオードに電流が流れて発光する過程と逆の過程で，光エネルギーを電気エネルギーに変換することで発電している（つまり，電気を蓄えておくことはできない）。

〈参考文献〉
・パナソニックホームページ：電池のしくみ，https://www.panasonic.com/global/consumer/battery/academy/jp/sikumi.html

（4）電気回路

電気回路

　電池，電球やLED等の電気部品を使用する際は，導線でつなぎ合わせることで電気回路を構成し使用する。つまり，電気エネルギーを発生させる電池と電気エネルギーを消費する（他のエネルギーに変換する）電気部品とを，電気エネルギーを伝える導線でつなぎ合わせたものが電気回路である。

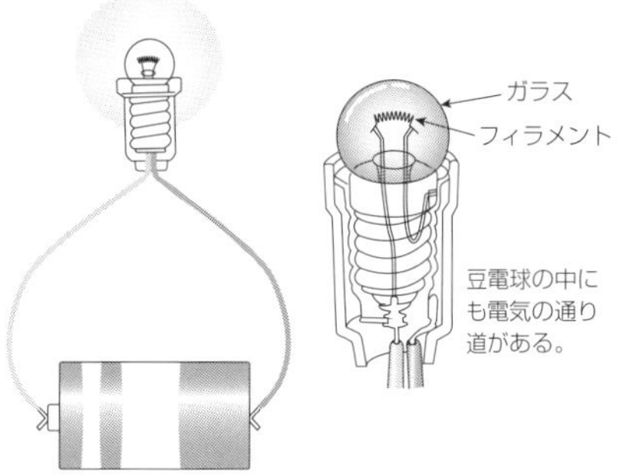

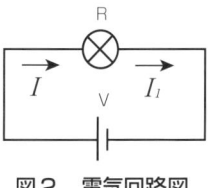

図1　回路

　電気回路は，「電池のプラス極→電気部品→電池のマイナス極」と1周したときに成立，すなわち電流が流れる。

　図1のように，ソケットの中においても電気の通り道があって，回路を成立させている。図2は，図1を電気回路図を用いて表したものである。電気回路図とは，このとき電池を含めた電気部品をどのようにつなぎ合わせたのかを示したものとなる。また，豆電球の電気抵抗をR（Ω），乾電池の電圧をV（V），回路に流れる電流をI（A）とすると以下の関係があり，オームの法則という。

図2　電気回路図

オームの法則

$$V = I \cdot R$$

（オームの法則）

電気用図記号

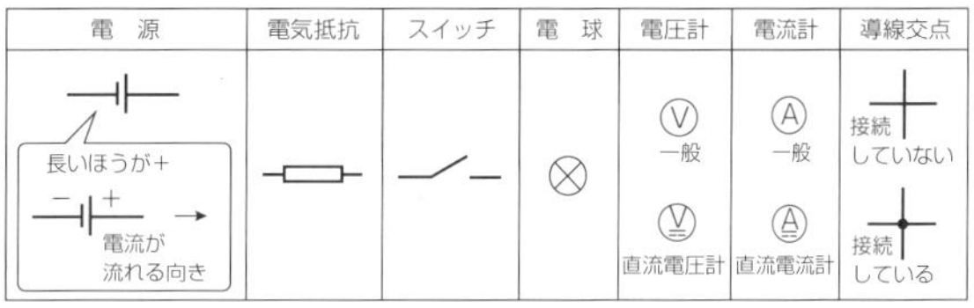

電源	電気抵抗	スイッチ	電球	電圧計	電流計	導線交点
				Ⓥ 一般	Ⓐ 一般	接続していない
			⊗	Ⓥ 直流電圧計	Ⓐ 直流電流計	接続している

図3　電気用図記号

　電気回路において導線は，理想的に電気抵抗がないもの（電気抵抗値が0）として考えるが，実際には，導線においても電気抵抗が生じている。このことは，導線に電気を流し続けると発熱する（熱エネルギーに変換される）ことからも理解できる。

　小学校では，図4，図5のように乾電池の直列つなぎと並列つなぎの違いについて学習する。直列つなぎの場合，豆電球にかかる電圧Vは，以下のようになる。

$$V = V_1 + V_2$$

　オームの法則に当てはめると，理論上電圧に比例して流れる電流も多くなるので，豆電球は明るくなる。一方，並列つなぎの場合，豆電球にかかる電圧に変化がないため，豆電球の明るさは変わらない。違いは，電池が長持ちするということである。ここでの学習は，例えば，水流モデルのようなイメージ図を描かせるなどして，子どもなりに理論化させるのが有効である。

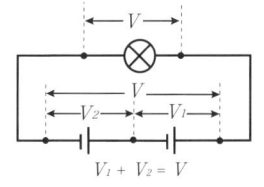

図4　乾電池の直列つなぎ

水流モデル

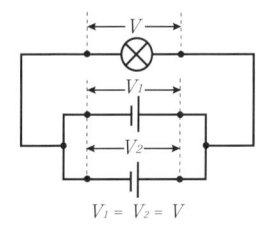

図5　乾電池の並列つなぎ

（5）磁　　石

様々な磁石

　磁石はもともと，磁鉄鉱などとして天然に産出されるが，人類は，より強力な磁石を人工的につくるために努力を重ね，これまでに，フェライト磁石，アルニコ磁石，ネオジム磁石などがつくられてきた。これらは，鉄，ニッケル，コバルトの３種類の金属やそれらの合金でできており，鉄，ニッケル，コバルトなどを引きつける。このような磁石の性質を利用してモーターやスピーカーがつくられている。

磁界（磁場）

　永久磁石の周りには，磁力が働く空間が存在している。これを磁界（磁場）と呼ぶ。棒磁石の周りの磁界の様子は，その周りに方位磁針を配置し，Ｎ極の針の振れる向きをつないでみることでとらえられる。図のとおり，棒磁石の周りに配置した方位磁針のＮ極が指

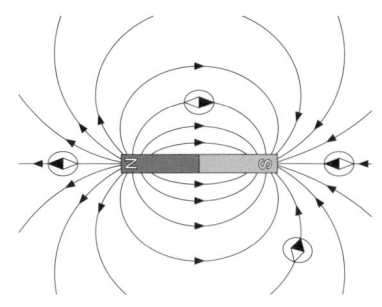

図　棒磁石の周りの磁力線
（方位磁針は黒塗りのほうがＮ極）

磁 力 線

し示す向きを順次つないでできる線を磁力線と呼ぶ。永久磁石の磁力線は，Ｎ極からＳ極へと向かう。磁力線の間隔が狭まっている場所は磁力が強く，広がっている場所は磁力が弱い。したがって，永久磁石では，Ｎ極とＳ極の付近が最も磁力の強い場所となる。なお，地球上では，方位磁針のＮ極は北（North）を指す。それは，地球全体が磁石になっており，北極付近がＳ極になっているからである。

　磁石の最大の特徴は，磁気をもつ点にある。すべての物質は，原子でできている。原子は，原子核とその周りを運動している電子によって構成される。周知のとおり，導線に電流を流すと，導線の周りに磁界が生じる。したがって，すべての物質は，本来，磁石の性質をもちうる。しかし，実際には，鉄をはじめとするごく一部の物質だけが，顕著な磁気をもつ。それは，鉄などの一部の金属では，原子が規則正しく並んで結晶を構成し，それぞれの原子の周りで電子の運動が同じ向きにそろいやすいからである。このようにして，小さな結晶の単位で電子の

磁　　区

運動がそろい，小さな磁石をつくることになる。これは，磁区と呼ばれる。もちろん，磁区の単位で磁界の向きがそろったとしても，それぞれの磁区がランダムに磁界をつくれば，物質全体として顕著な磁気的性質を表すことはできない。しかしながら，上述の鉄などは，結晶全体に外部からの磁界を規則正しく作用させることにより，その磁界の向きに合わせて磁区が整列し，物質全体として一定の

磁　　化

磁力をもつようになる。このような現象を磁化と呼ぶ。棒磁石の一方の極だけを用い，くぎなどの鉄でできた物質を一定の向きにこすると，容易に磁化させることができる。それは，棒磁石の磁界の影響を受け，針などを構成する物質の磁区が徐々に規則正しく並ぶようになるからである。磁石の磁区は，落とすなどの衝撃や，熱を加えたりすることで配列が乱され，全体としての磁気的性質を発揮できなくなる。永久磁石をしまっておくときは，磁区の配列がランダムにならないように，２つの永久磁石の異極同士をくっつけるか，あるいは鉄片でつないでおくとよい。

（6）電 磁 石

電 磁 石

　小学校高学年の授業では，鉄くぎや鉄ねじなどにエナメル線を巻いて，電磁石をつくる活動が展開される。この電磁石はコイルに電流が流れたときにできる磁界によって鉄を磁化し，磁石をつくるものである。電流を流したときだけ磁石になり，電流を切ったときに磁石ではなくなる。永久磁石と比較して，都合のよい磁石といえる。

電磁石の特徴

　このように，永久磁石と比較して，電磁石の特徴は，電気が通じている間だけ磁石になることである。また，電流の向きによって，N極とS極が入れ替わることである。小学校学習指導要領には，第5学年の「A　物質・エネルギー」に「⑶電流がつくる磁力　電流がつくる磁力について，電流の大きさや向き，コイルの巻数などに着目して，それらの条件を制御しながら調べる活動を通して，次の事項を身に付けることができるよう指導する」と示されている。

電磁石のつくり方

〈電磁石のつくり方〉

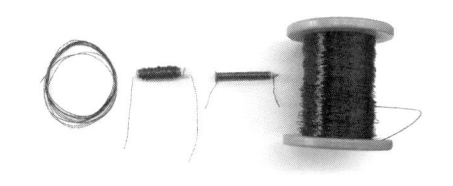

①長さ7cm程度の鉄くぎが，楽に通る太さのプラスチックパイプを用意する。ビニルストローでもよいが，材質は肉厚のものがよい。これを4～5cmくらいの長さに切り取り，ボビンにする。

②両端をアルコールランプなどで温め，やわらかくして，板に押しつけて口を広げ，エナメル線を巻き重ねても，はずれないようにする。

③巻きはじめは，エナメル線の端を15cm程度残して，ボビンに1巻ずつ，締めつけるように巻き重ねていく。巻き終わりも15cm程度残しておく。

④鉄くぎをそのままコイルに通し，鉄芯にすると，この鉄心は電流を切っても磁気が残り，永久磁石になりやすい。

⑤コイルの両端は，2cm程度，紙やすりでこすり，エナメルをていねいにはぎとる。

　ここでは，磁力の強さと電流の大きさや導線の巻数などに着目して，条件制御しながら，それらを調べる活動が展開される。一般的には「鉄くぎやクリップが何本つくか」といった方法で調べるが，砂鉄を使ったり，おもりを下げるなどの工夫もある。

　また，子どもは，磁力を増すには電池の数を増やすとよいことに目が向きやすいが，巻数を増やすことには気づきにくい。そのため，電磁石をつくるときは，いろいろな巻数の電磁石をつくっておくとよい。

　「電流の大きさ」「電流の向き」「コイルの巻数」「磁石の極」などの視点から電磁石の性質をまとめるようにする。電流を通すための配線，電流を断絶するためのスイッチなど，電流の回路についての基礎的な知識や技能を身に付けさせる。

（7）発電・蓄電・電気による発熱

発電の原理
（電磁誘導）

　火力発電，原子力発電，水力発電，風力発電，地熱発電や太陽光発電などの様々な発電方法をよく耳にする。しかしながら，太陽光発電以外は，最終的には発電機を用いて発電しており，この発電機は私たちが工作などで用いるモーターが動く原理とは逆の原理で発電している。この原理とは，イギリスのファラデーが19世紀に発見した電磁誘導である。

　電磁誘導では，コイル内の磁界を元の状態から変化させることにより，その磁界の変化を妨げる（打ち消す）向きに電圧（誘導起電力）が生じ，電流（誘導電流）が発生する現象である（図1）。

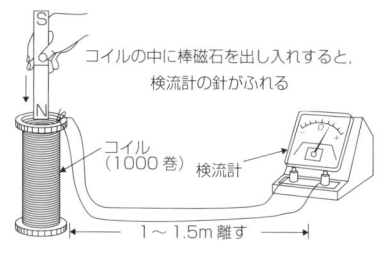

コイルの中に棒磁石を出し入れすると，検流計の針がふれる

コイル（1000巻）　検流計

1〜1.5m 離す

発電所でつくり
出す電気

　発電所でつくり出す電気は，交流という＋と－の極が交互に入れ替わる電気で，実際は，電圧値も一定ではなく変化している（一般の家庭用電源では，変化する電圧の値を平均化して100［V］としている）。

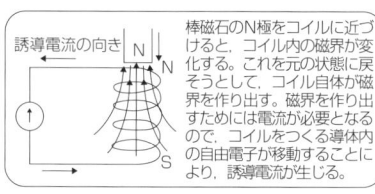

誘導電流の向き

棒磁石のN極をコイルに近づけると，コイル内の磁界が変化する。これを元の状態に戻そうとして，コイル自体が磁界を作り出す。磁界を作り出すためには電流が必要となるので，コイルをつくる導体内の自由電子が移動することにより，誘導電流が生じる。

図1　電磁誘導の原理

　また，電化製品に表示されているヘルツ（［Hz］，周波数）という単位は，交流電源の＋と－の入れ替わりが1秒間に何回生じるかを示しており，東日本（50［Hz］）と西日本（60［Hz］）では発電機の仕様が異なるため，周波数も異なっている（両方の周波数で使用可能な電化製品も多い）。

蓄電とは

　発生させた電気をためる現象が蓄電である。蓄電とは電気部品へ直流電流を流し電気（電荷）を蓄えることであり，身近な現象としては，充電池（バッテリー）やコンデンサーへの充電がある。ここではコンデンサーの仕組みについて述べる。

　図2のように，コンデンサーは2枚の電極板の間に誘電体（絶縁体）をはさみ込む構造となっている。電極板間に誘電体を入れると，より多くの電気（電荷）を蓄えるようになる。電極板間に電圧をかけると，静電気力により，それぞれ電極板に正電荷と負電荷が蓄えられる。コンデンサーに蓄電可能な電気量Q［C（クーロン）］は，コンデンサーの静電容量をC［F（ファラド）］，電極板間にかけた電圧をV［V］とすると，$Q = C \times V$と求めることができる。

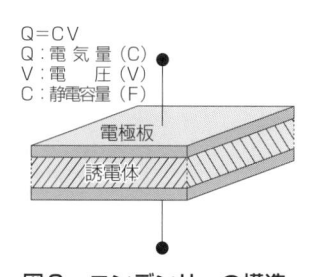

$Q = CV$
Q：電気量（C）
V：電　圧（V）
C：静電容量（F）

電極板

誘電体

図2　コンデンサーの構造

電気による発熱

　「電気をつかう」ということは電気エネルギーを他のエネルギーに再変換していることに他ならない。その再変換で最も生じやすいエネルギーは熱エネルギーである（このことは，電気抵抗が「電熱線」と呼ばれることからも理解できる）。

　一般に，電気抵抗値がR［Ω］の導体（物質）の両端にV［V］の電圧をかけて，I［A］の電流をt秒間だけ流し続けるとき，電流による仕事量（電力量）W［J（ジュール）］は，$W = VIt = I^2Rt$と求めることができる。電流を流した導体が熱以外のエネルギーを発生させない場合，この値が電気による発熱量となる。

■(8) 振り子

振り子

　軽いひもにおもりをつるして左右に揺らすと，重力の作用で，揺れを繰り返す。このように，周期的な運動を繰り返すものを振り子と呼ぶ。振り子には，後述する単振り子の他に，ばね振り子や円錐振り子がある。これらはどれも，単振

単振動

動と呼ばれる周期的な運動を行う点で共通している。

　図1に示すように，軽いひもの上端を固定し，下端に小さなおもりを取りつけ，ひもの上端を含む鉛直面内でおも

単振り子

りを左右に振動させるようにした振り子を，単振り子と呼ぶ。図1の中で，単振り子を固定しているひもの上端から質量 m〔kg〕のおもりの重心までの長さ ℓ〔m〕を振り子の「長さ」，図の中の θ で表現された角度〔°〕を振り子の「振れ幅」，振り子が1往復するのに要する時間〔s〕を振り子の「周期」，そして重力加速度を g〔m/s^2〕とする

周　　期

と，θ の値が限りなく小さければ，振り子の周期 T〔s〕は，「$2\pi\sqrt{\ell/g}$」となり，それが振り子の長さのみで決まる

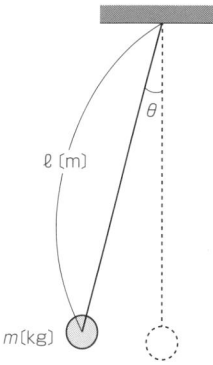

図1　単振り子

振り子の等時性

といった規則性を導出することができる。このように，振り子の周期が振れ幅に関係せず，振り子の長さだけで決まるという規則性は，「振り子の等時性」と呼ばれる。ただし，実際には，振れ幅 θ が周期に影響しており，それが20°を超えると，その効果が無視できないほど大きくなってしまうため，上述の周期の規則性を示す場合には，振れ幅を20°未満に抑えて実験を行うことが必要である。

　このように，振り子の周期は，振り子の振れ幅が20°未満で十分に小さいとき，振り子の長さのみで決まる。例えば，円周率 π を3.14，重力加速度を9.8〔m/s^2〕とすると，振り子の長さが0.25〔m〕の振り子の周期 T〔s〕は，「$2 \times 3.14 \times \sqrt{0.25/9.8}$」となり，およそ1〔s〕となる。

　これまでに見てきた振り子の周期的運動は，エネルギーの観点から見ても興味深い。エネルギーは，物体が他の物体に仕事をする能力であり，ジュール〔J〕の単位で表される。例えば，重力に逆らって高い位置に移動させられた物体は，位置エネルギーをもち，それは，物体の質量を m〔kg〕，基準点からの高さを h〔m〕，重力加速度を g〔m/s^2〕とすると，mgh〔J〕

となる。また，運動している物体は運動エネルギーをもち，それは，物体の質量を m〔kg〕，速度を v〔m/s〕とすると，$1/2\,mv^2$〔J〕となる。これら位置エネルギーと運動エネルギーの和を力学的エネルギーと呼び，摩擦や空気抵抗などによるエネルギー

力学的エネルギーの保存

の消失がなければ，力学的エネルギーの保存が成り立つ。振り子の運動の場合，図2に示すとおり，おもりが a → b → c へと振れる過程で位置エネルギーと運動エネルギーの間での移り変わりが生じるが，その総和は常に一定になる。

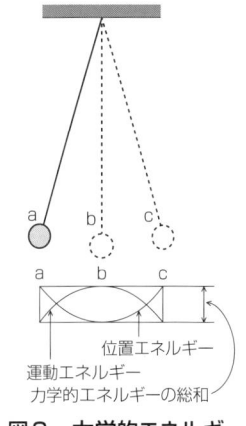

図2　力学的エネルギー

（9）て　こ

て　こ

定点を通る軸の周りで自由に回転できるようにした棒を「てこ」と呼ぶ。てこを用いることで，小さな力を働かせ，大きな力の働きを生み出すことができる。てこには，図1に示すとおり，回転の中心となる「支点」，力を働かせる位置としての「力点」，そして，力点に加えた力が他の物体に力を働かせる位置としての「作用点」の3点がある。

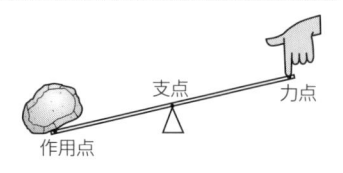

図1　てこ

図2のとおり，点O（支点）を中心に水平になっている棒の点Aと点Bのそれぞれに，重さが w_1 と w_2 のおもりをつり下げたとする。このとき，点Aには，点Oを軸として棒を左に回転

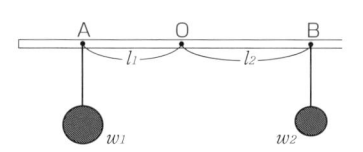

図2　てこの原理

させようとする力が働いており，点Bには，点Oを軸として棒を右に回転させようとする力が働いている。ここで，点Oを軸として点Aを左に回転させようとする力の働きは，その点に働く力の大きさ，つまり，おもりの重さ w_1 だけでは決まらず，点Oと点Aの距離 l_1 にも関係し，その働きの大きさは，「点Aに働く力の大きさ w_1 」×「支点Oから点Aまでの距離 l_1 」によって決まることになる。このように，2つの量の積によって求められる「棒を回転させようとする力の働

力のモーメント

き」のことを，「力のモーメント」と呼ぶ。図2に示されているてこの場合，点Aを左に回転させようとする力のモーメント w_1l_1 と，点Bを右に回転させようとする力のモーメント w_2l_2 が等しく，$w_1l_1 = w_2l_2$ となっているため，棒はどちらに

てこの原理

も回転せずにつり合っている。これを「てこの原理」という。なお，図2は，$l_1 < l_2$，$w_1 > w_2$ で棒がつり合っている状態を示している。このように，てこの原理により，小さな力 w_2 でも，支点からの距離 l_2 を大きくしていくことで，支点を中心に棒を回転させる働きを大きくすることができる。

てこには，支点，力点，作用点の3点が存在している。そして，これらの点の位置関係の違いにより，てこを3種類に分類することができる。図3に示すとお

てこの種類

り，第1種のてこは，くぎ抜き，はさみ，ペンチのように，3点が「作用点−支点−力点」のように配置されたものである。次に，第2種のてこは，栓抜きや空き缶つぶしのように，3点が「支点−作用点−力点」のように配置されたものである。最後に，第3種のてこは，ピンセットや糸切りばさみのように，3点が「支点−力点−作用点」のように配置されたものである。

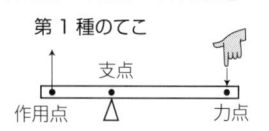

第1種のてこ	第2種のてこ	第3種のてこ
支点が作用点と力点の間にある	作用点が支点と力点の間にある	力点が支点と作用点の間にある

図3　3種類のてこ

（10）熱伝導と対流

熱

　　温度の高い物体と低い物体を接触させ，しばらくすると，温度の高い物体の温度は下がり，温度の低い物体の温度は上がる。そして，やがてこの2つの物体の温度が等しくなり，熱平衡の状態になる。このように，2つの物体の間で，一方の温度が下がり，他方の温度が上がる原因として，温度の高い物体から温度の低い物体へ，熱が移動したと考えることができる。

　　物体は，分子や原子などの運動エネルギーと，これらの間に働く力としての位置エネルギーをもっている。このように，2つの物体がしばらくの間接触していると，分子などの不規則な運動が起こり，高温の物体から低温の物体へと内部エ

熱の移動

ネルギーの一部が移動する。このような移動が，熱の移動と呼ばれる現象である。

　　物体の一部に加えられた熱が，物質の移動を伴わずに，その物体の他の部分へ次々に伝わっていく場合，これを熱伝導という。これに対し，物体の内部エネル

熱 伝 導
熱の放射

ギーが電磁波のエネルギーに姿を変えて他へ移る現象を熱の放射，あるいは輻射という。また，温度差による密度の差のために起こる浮力によって生ずる流体の

対　　流

移動を対流という。

　　これらをまとめて，熱の移動方法ということがあるが，熱伝導だけが本来の熱の移動であり，放射は電磁波のエネルギーの伝播，対流は温度差のある物質が入れ替わる現象であり，別の事柄である。

　　小学校中学年においては，金属や水および空気を温めたり冷やしたりしながらそれらの変化の様子を調べ，金属，水および空気の性質を調べる学習が位置づけられている。この中で，熱伝導や対流の視点では，金属は熱せられた部分から順に温まること，水や空気は熱せられた部分が移動して全体が温まることが具体的な内容である。

金属の熱伝導

　　小学校の理科で，金属の熱伝導を調べるには，金属棒の全体にろうをぬり，金属棒の端からアルコールランプで加熱し，ろうの溶け出す位置や順序に目を向けさせ，熱せられた部分から順に温まることをとらえさせる。

水の対流

　　また，水の対流を調べるには，水を入れたビーカーにおがくずや味噌などを溶かし，アルコールランプの先端で温めたときの様子を観察する。アルコールランプでビーカーの下端を熱すると，おがくずや味噌が，熱せられたところから上へ上がり，ぐるぐると回る様子を観察させ，水は熱せられた部分が移動して全体が温まることをとらえさせる。

　　空気が温まっていく様子を調べるには，暗箱の端に，熱いお湯を入れたビーカーを置き，暗箱の上から線香などを使って煙を入れたとき，煙が回って動く様子を観察させる。

（11）放　射　線

　1895年，ドイツの物理学者であるレントゲンは，黒い紙でおおわれたクルックス管から出た「未知のもの」が写真フィルムを感光させることに気づき，これをX線と名づけた。1896年，フランスの科学者であるベクレルは，黒い厚紙でくるんだ写真乾板の上にウランの化合物を置いておくと，光を当てなくても乾板が感光することから，ウラン元素から物質を通り抜ける能力の高い「何か」が出ていることを発見し，放射線と名づけた。放射線には，X線の他に，プラスの電気をもったアルファ（α）線，マイナスの電気をもったベータ（β）線，電気をもたないガンマ（γ）線，中性子線などがある。X線とγ線は，光の一種，α線は高速のヘリウムの原子核の流れ，β線は高速の電子の流れ，中性子線は高速の中性子の流れである。

X　　　線
α　　　線
β　　　線
γ　　　線
中性子線

　これらの放射線には，共通して次の性質がある。

　　①目に見えない
　　②体を通り抜ける能力（透過力）がある
　　③原子をイオンにする性質（電離作用）がある

　放射線を出す物質を放射性物質といい，放射線を出す能力を放射能という。放射線は食物，岩石，温泉など身近な物質から放出されており，宇宙からも降り注いでいる。これは，自然放射線といわれるもので，私たちは1年間に数ミリシーベルト（mSv）程度の放射線を浴びている。シーベルト（Sv）とは，放射線が人体に与える影響を表すときの単位である。1シーベルトの1,000分の1が1ミリシーベルトである。例えば，胸部X線撮影1回の放射線量は約0.1mSvである。また，放射性物質が放射線を出す能力（放射能の強さ）を表すベクレル（Bq）という単位もある。

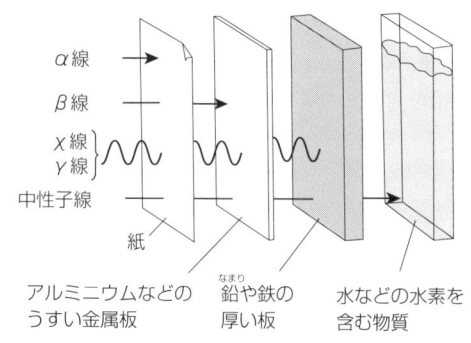

図　放射線の種類と透過力

半　減　期

　放射性物質はウラン以外にもあり，放射線を出して別の原子に変わっていく。その減り方には規則性があり，ある時間が経過するともとの原子の数は，はじめの半分になる。この時間を半減期という。半減期は放射性物質の種類によって決まっており，その性質から遺跡や過去の地層からの出土品に含まれる放射性物質の割合をもとに年代を推定できる。

　放射線はその性質を利用して，医療（例：X線撮影，がん治療，器具の滅菌），農業（例：殺菌・殺虫，発芽防止など），工業（例：非破壊検査，タイヤゴムの強化）など様々な場面で活用されている。しかし，生物が一度に多量の放射線を浴びる（被曝する）と，回復できないまでに細胞やDNAが傷つけられ，健康被害を生じることもある。放射線や放射性物質の扱いは厳重に行われなければならない。

B区分「生命・地球」に関する基礎知識

2.1 生　命

（1）昆虫の成長と体のつくり

節足動物
外骨格

　昆虫は，節足動物に属しており，かたい殻でおおわれた外骨格で体の内部を保護しているのが特徴である。外骨格をもつ節足動物は，体の成長に伴って，脱皮を行わなければならない。そのため，脱皮中に敵に襲われたり，体が大きくなればなるほどうまく脱皮ができずに，脱皮途中で死んでしまったりすることもある。そこで，昆虫の多くは，表のように，変態を行うことで，幼虫，さなぎ，成虫のそれぞれの時期のそれぞれの役割に特化した体のつくりになっている。これにより，昆虫は，様々な環境に適応し，生息範囲を大幅に広げながら多様化し，100万種以上まで種類を増やしてきたのである。

昆虫の育ち方
卵，幼虫，さなぎ，
成虫，変態

　小学校第3学年「昆虫」単元においては，まず，昆虫の卵から成虫までの育ち方には一定の順序があり，その順序には，卵から孵化したあと，幼虫，さなぎ，成虫と姿を変える完全変態と，さなぎにならずに幼虫から成虫に姿を変える不完全変態の2つがある（ただし，原始的なトビムシなどの昆虫は無変態のものもある）ことについて学習する。さらに，昆虫の成虫の体のつくりは，触覚や目，口などの感覚器官が集中している頭，2対4枚のはね（ただし，原始的なトビムシや進化の途中ではねを失ったアリのようにはねのない昆虫，ハエのように1対2枚のはねをもつ昆虫もいる）と3対6本のあしがあり，運動器官が発達している胸，内臓がおさまっていて節でできている腹の3つに分かれていることについて学習する。

頭，胸，腹

完全変態
不完全変態
昆虫の成虫の体の
つくり

　これらの学習には，完全変態の代表であるモンシロチョウやカブトムシと不完全変態の代表であるトンボやバッタなどの複数の昆虫について，卵や幼虫から成虫までの飼育および観察を通じて，育ち方の順序性や成虫の体のつくりの共通性と多様性を見いださせることが求められる。しかし，不完全変態のバッタやコオロギは，セミやトンボと比べて，羽化が明確でないため，幼虫と成虫の区別がわかりづらい。そこで，他の昆虫で成虫になるとはねがつくられて飛行可能になることから，はねが不完全で跳ねて移動しているのは幼虫で，はねをばたつかせながら移動できるようになっているのが成虫であることに気づかせるとよい。また，カブトムシなどの甲虫類では，胸の途中にくびれがあるため，胸と腹の境を誤ることがあるため，あしやはねがついている部分が胸であることに気づかせるとよい。

表　昆虫の変態（完全変態の場合）

変態	各時期の役割と体のつくり
幼虫	卵が産みつけられた場所にある草の葉や落ち葉，朽ちた木などの栄養価の低いものを大量に食べながら，何度も脱皮を繰り返し，体を大きく成長させる時期であるため，栄養摂取に特化した体のつくりになっている。また，比較的脱皮しやすい薄い殻でおおわれている。
さなぎ	幼虫の間に摂取した栄養をもとに，成虫になるための最後の脱皮に向け，体のつくりを大幅に変える時期であるため，栄養摂取の機能は必要なく，移動できないような体のつくりになっている。脳や神経などの一部の組織を除いたすべての組織がつくり替えられる。
成虫	生殖や産卵のための交尾器が発達し，生殖行動や産卵行動のために広範囲を移動できるよう，多くははねのある体のつくりになっている。また，飛行に適した軽い体でなければならないため，蜜や樹液など栄養価が高いものを少量だけ食べるか，あるいは，ほとんど食べない。

〈参考文献〉

・八杉龍一他編：岩波　生物学辞典　第4版，岩波書店，2005

（2）動物の誕生と成長

誕　生

　誕生とは，母体や卵から子が生まれることを指す言葉でもあり，生殖により生命が生じた瞬間を指す言葉でもある。ヒトを含む多くの動物では有性生殖により生じた受精卵から生命が始まる。

受精卵

　受精卵は，たった1つの細胞である。その受精卵が，細胞成長を伴わない細胞分裂（卵割）を繰り返し，細胞数を増やして個体を形成していく。卵割は卵黄を栄養分として行われていく。卵割の様式は卵黄の量により異なる（図1）。小学校理科で初期

発　生

発生の観察に多く使用されるメダカなどの魚類は盤割である。ヒトは等割であるため詳細は異なるが，細胞数が増加する様子や細胞が分化していく過程はメダカの受精卵でも観察できる（p.77）。ヒトの受精卵の卵割は子宮に着床する前から始まっている（図2）。ヒトを含む哺乳類では，胚発生の過程で胎盤が形成され母体から栄養分の供給を得られるようになる。

　胚が孵化，出生した後にも成長は続く。個体として

成　長

成長するためには，外界から栄養分を摂取する必要がある。両生類や無脊椎動物の幼生や幼虫には，成体との競争を避けられるよう，成体とは著しく異なった形態と生活様式をもつものが少なくない。こうした幼生

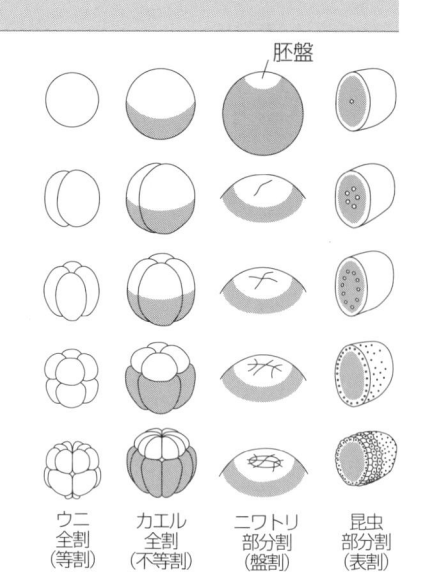

図1　卵の種類と卵割の様式
（岩波書店辞典編集部編：科学の事典　第3版，岩波書店，1985，p.1059）

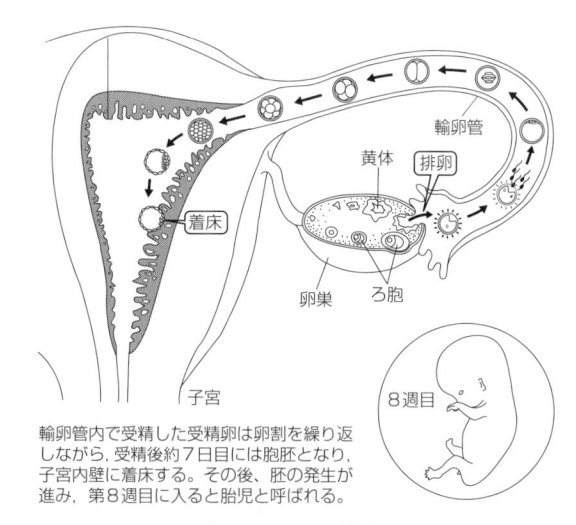

輸卵管内で受精した受精卵は卵割を繰り返しながら，受精後約7日目には胞胚となり，子宮内壁に着床する。その後，胚の発生が進み，第8週目に入ると胎児と呼ばれる。

図2　ヒトの発生
（鈴木孝仁監修：視覚でとらえるフォトサイエンス生物図録 三訂版，数研出版，2016，p.118）

や幼虫が成体になることを変態と呼ぶ。小学校理科ではモンシロチョウなどの昆虫を飼育し，継続的な観察を行う過程で，幼虫がさなぎを経て成虫になる完全変態の様子などを学ぶ。

（3）人体のつくりと働き

骨と関節

　　第4学年「人の体のつくりと運動」では，骨や筋肉のつくりと働きに着目する。ここではまず，自らの体に直接触れ，骨の位置や筋肉の存在を調べる活動が考えられる。また，他者や他種と比較，関連づけることなどを通して，根拠のある予想や仮説を発想し，表現したり，映像資料や模型から学んだりする活動なども考えられる。表現には，人体イラスト上の曲がるところへ丸をつける（関節への気づき）などが考えられる。関節はその可動域によって図1のように大別される。

筋　　肉

　　体を動かすことができるのは筋肉の収縮による。動きの強度，速度，方向性は「てこの原理」（図2）により変化する。理科で「てこ」を学ぶのは第6学年だが，そのときに想起できると人体の構造に関する理解が深まる。子どもが描く筋肉の図では，1つの骨の両端に筋肉が接続していることがあるので，留意が必要である。

生命を維持する働き

　　第6学年「人の体のつくりと働き」では，人や他の動物の体のつくりと呼吸，消化，排出および循環といった生命を維持する働きを多面的に調べる活動が行われる。内部構造に関する描画をした上でそれらを学習過程で振り返ることで，自らの学びの軌跡を確認することが可能である（図3）。

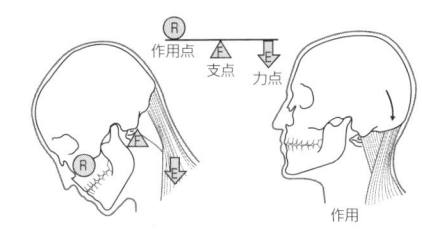

第1のてこ：力点と作用点は支点の両側にある。

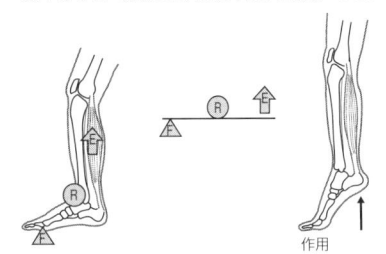

第2のてこ：作用点は力点と支点の間にある。

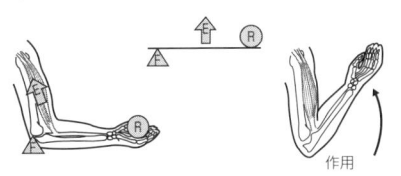

第3のてこ：力点は作用点と支点の間にある。

図2　3種類のてこ

（F.H.マティーニ他：カラー人体解剖学，西村書店，2003，p.201）

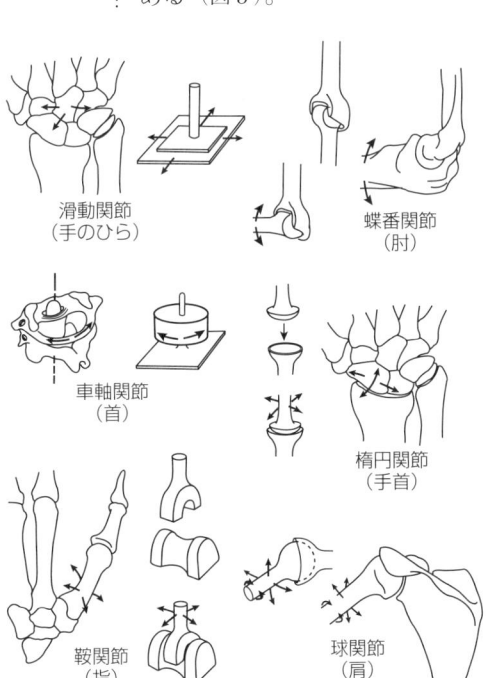

滑動関節（手のひら）

蝶番関節（肘）

車軸関節（首）

楕円関節（手首）

鞍関節（指）

球関節（肩）

図1　関節の構造分類

（F.H.マティーニ他：カラー人体解剖学，西村書店，2003，p.173）

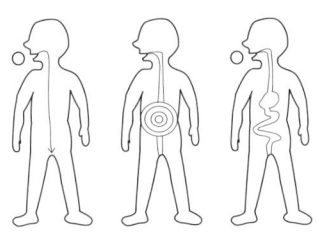

図3　食べ物の通り道（子どもの予想例）

（4）水中の微生物

微 生 物

　微生物とは，ほとんど肉眼で観察できないような微小な生物に対する便宜的な総称である。一般的に，アメーバやゾウリムシのような原生動物やミドリムシのような単細胞藻類，細胞群体を形成するボルボックスのような多細胞藻類などの原生生物を中心とした真核生物の一部と，ユレモやネンジュモのような細菌などを含む原核生物が含まれる。特に，水中の微生物については，河川や湖沼，海洋などの水中で，遊泳力をもたないか，もっていても水の動きに逆らって位置を保

プランクトン

てないために浮遊生活をしているような生物の生態群であるプランクトン（浮遊生物）のうち，顕微鏡を用いて観察可能な生物を指すことが多い。したがって，プランクトンという名称は，分類学上の類型化ではなく，水の動きに逆らって遊泳可能な生物の生態群であるネクトン（遊泳生物）や，水底で生活する生物の生態群であるベントス（底生生物）と並んで，生活様式から類型化した分類の名称である。

植物プランクトン
動物プランクトン

　プランクトンは，クロロフィルをもち光合成を行うことができる独立栄養生物である植物プランクトンと，それらの植物プランクトンを摂取する従属栄養生物である動物プランクトンに大別できる。肉眼でもぎりぎり確認できる程度の大きさの植物プランクトンには，ミカヅキモやアオミドロなどが挙げられる。同様の大きさの動物プランクトンには，ゾウリムシやアメーバなどが挙げられ，肉眼でも明らかに浮遊している様子が見られるような動物プランクトンにはミジンコが挙げられる。20μm以下のプランクトンのほとんどは植物プランクトンである一方で，ウニのような棘皮動物やエビなど節足動物の幼生も動物プランクトンに含まれることから，植物プランクトンよりも動物プランクトンのほうが比較的大きいといえる。

　顕微鏡を用いて水中の微生物を観察する場合は，やみくもにプレパラートを作成して顕微鏡で観察するのではなく，まずは，プランクトンネット等を用いて微生物を濃縮して採集した水をビーカー等に移して静かに置いたときに，水中に浮遊している生物やかろうじて遊泳している生物，水面に集まっている生物等がいないかを肉眼で観察するとよい。それらをスポイトで吸い取ってプレパラートを作成し，顕微鏡で観察することで，スケール感覚を養うことも可能である。

〈参考文献〉
・八杉龍一他編：岩波 生物学辞典 第4版, 岩波書店, 2005

【植物プランクトン】　【動物プランクトン】

ミカヅキモ
100倍

アオミドロ
100倍

ミジンコ
15倍

ゾウリムシ
100倍

クンショウモ
200倍

ミドリムシ※
200倍

アメーバ
100倍

※ミドリムシは，葉緑体をもち光合成を行う一方で，べん毛による運動も行うため，植物プランクトンと動物プランクトンのいずれの特徴ももっている。

図　水中の微生物の例

（5）植物の成長と体のつくり

藻　類
コケ植物
シダ植物
種子植物
根・茎・葉

植物は，原生生物の藻類，コケ植物のように，根・茎・葉の区別のない水中環境に適した体のつくりを，陸上環境へと適応させていく中で，根や維管束，葉脈を発達させ，シダ植物や種子植物のように，根・茎・葉へと分化した体のつくりへと進化してきたと考えられている。その結果，現在では，多様な植物が自然界に存在しているのである。このように，小学校理科で植物の根・茎・葉のつくりに着目させているのは，植物の水中から陸上への適応戦略であるという中学校段階での学習につながるからである。

花　粉

さらに，種子植物は，水中で受精しなければならないシダ植物とは異なり，花粉による受粉と花粉管の伸長による受精という乾燥状態に適した生殖を行うことが可能となった。このことから，中生代以降に，陸上では，種子植物が繁栄し，現在に至るまで，多様化してきたのである。

被子植物

小学校で栽培する植物は，種子植物のうち被子植物が中心である。被子植物は，種子植物の大部分を占め，裸子植物とは異なり，胚珠が子房につつまれているのが特徴である。被子植物は，単子葉類と双子葉類に分類できる。単子葉類と双子葉類における，根・茎・葉のつくりは，表のとおりである。表からもわかるが，単子葉類よりも双子葉類のほうが根や維管束，葉脈がより分化したつくりに

単子葉類
双子葉類
植物の体のつくり

なっていて，より効率的に水を体内に取り入れることができるようなつくりになっている。

小学校理科では，植物の体のつくりの共通性と多様性について学習するだけではなく，植物の育ち方の順序性についても取り扱うことになっている。

植物の種子が発芽すると，まず，種子のへその部分から根が出てきて，種子の中にしまわれている子葉が出てきて，その子葉の間から，本葉が出てくる。子葉は，本葉が成長するにつれて，しぼんで落ちることにも気づかせることで，植物の発芽や成長にでんぷんが必要であることについても理解させることが重要である。

表　根・茎・葉のつくり

	単子葉類	双子葉類
子葉の数	1枚	2枚
葉のつくり（葉脈）	平行脈	網状脈
茎の断面のつくり（維管束）	ばらばら	輪の形
根のつくり	ひげ根	主根と側根

（6）植物の発芽・成長・結実

重複受精

多くの種子植物は，有性生殖により種子をつくり子孫を増やす。種子には新しい植物体となる胚がある。被子植物では胚珠内にある中央細胞と卵細胞のそれぞれが精細胞と受精する（重複受精）。受精を終えた卵細胞が胚を形成し，中央細胞は胚乳になる。

有胚乳種子・無胚乳種子

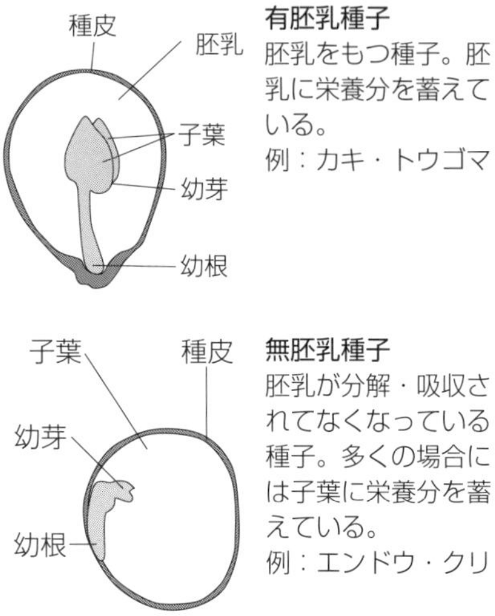

植物は，発芽や初期の成長に必要な栄養分を種子に蓄えるが，胚乳に栄養分を蓄えている有胚乳種子と，胚乳が分解・吸収され，なくなっている無胚乳種子とがある（図1）。多くの無胚乳種子は子葉に栄養分を蓄えている。

発芽条件

種子は完成すると一般的にはすぐには発芽せず休眠する。小学校理科では発芽に必要な条件として，水，空気（酸素），適切な温度を扱う。植物種によってはその他に低温処理や光の照射等を必要とするものもある。

植物体は茎と根の先端部に分裂組織をもつ。茎の先端にある茎頂端分裂組織からは，茎と葉，花が生じる。1枚の葉，芽，葉と葉の間の茎（節間）をまとめた単位をファイトマーという。植物体は基本単位であるファイトマーが繰り返し積み重なることによってできていく[1]。

植物ホルモン

植物ホルモンの1つで，成長の促進等に関与するオーキシンの最適濃度は茎と根で異なる。果実の形成にもオーキシンやジベレリンといった植物ホルモンが関与する。植物ホルモンは，特定の遺伝子の発現を制御す

種皮
胚乳
子葉
幼芽
幼根

有胚乳種子
胚乳をもつ種子。胚乳に栄養分を蓄えている。
例：カキ・トウゴマ

子葉
種皮
幼芽
幼根

無胚乳種子
胚乳が分解・吸収されてなくなっている種子。多くの場合には子葉に栄養分を蓄えている。
例：エンドウ・クリ

図1　有胚乳種子と無胚乳種子
（鈴木孝仁監修：視覚でとらえるフォトサイエンス生物図録 三訂版，数研出版，2016，p. 130）

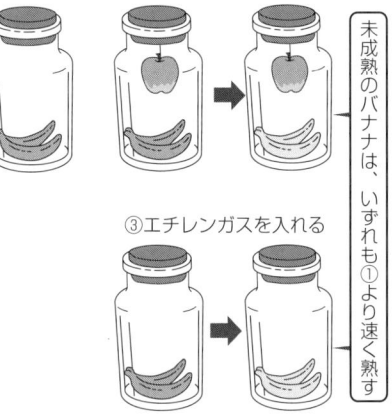

①未成熟の青いバナナ（対照実験）　②成熟したリンゴ（エチレンを出す）と未成熟のバナナ

③エチレンガスを入れる

未成熟のバナナは，いずれも①より速く熟す

図2　エチレンによる果実の成長促進
（鈴木孝仁監修：視覚でとらえるフォトサイエンス生物図録 三訂版，数研出版，2016，p. 205）

ることで，植物の環境応答，成長，花の形成，種子の成熟など多様な場面にかかわる。ある果実のエチレンが他の果実の成熟にも影響を与える事例を知っている子どももいるであろう（図2）。植物も動物と同様に，環境の変化を受容体で感知し，反応しているのである。

〈引用文献〉
1）鈴木孝仁監修：視覚でとらえるフォトサイエンス生物図録 三訂版，数研出版，2016，p. 130

（7）植物の養分

　植物の種子には，発芽してからしばらくの間，胚が成長するために必要な養分が蓄えられているが，その後の個体の生育には，新たな栄養を摂取，生成する必要がある。植物の生育に必要な元素やその働きを表に示す。

　外界から取り入れた単純な物質から，体を構成する複雑な物質を合成する過程は同化と呼ばれるエネルギー吸収反応である[1]。植物が行う光合成は，この同化の一種である。

光 合 成

　光合成により植物は，気孔から取り込んだ二酸化炭素（CO_2）と，根から吸収した水（H_2O）から炭水化物（$C_6H_{12}O_6$）を合成する

炭酸同化

（炭酸同化）。多くの植物は，無機窒素化合物（硝酸塩やアンモニウム塩など）由来の NO_3^- や NH_4^+ などを水とともに根から取り込み，それらを用いて，アミノ酸，た

窒素同化

んぱく質などを合成する（窒素同化）。マメ科の植物の根に共生している根粒菌という細菌は，空気中の窒素を直接取り入れアミノ酸などの窒素化合物を合成することができる。この働きを窒素固定という。これらの細菌と共生する植物は，細菌の働きによって生じた窒素化合物を利用するため，荒地での生育も強い。

　たんぱく質やでんぷんなど高分子の同化物質はアミノ酸やスクロースなどの低分子物質に変えられ，師管を通って移動する。貯蔵器官ではそれらをまた高分子物質として保存する。ジャガイモの葉やイモではヨウ素でんぷん反応があるのに師管で反応がないのはこのためである。

表　植物の生育に必要な元素

元　素		働　き	欠 乏 症
必要十元素	C	炭水化物・脂肪・たんぱく質の成分	
	H		
	O		
	N	たんぱく質・核酸などの成分	成長停止，黄変，落葉
	Mg	クロロフィルの成分，酵素の補助因子	光合成阻害，黄白化
	Ca	細胞壁の成分	細胞分裂異常，奇形葉
	K	炭水化物，たんぱく質の合成に必要	分裂組織の発育低下
	S	アミノ酸（シスチン・システインなど）の成分	若い葉から黄変
	P	核酸・リン脂質・ATP の成分	成長不良
	Fe	シトクロムの成分	呼吸阻害，黄白化
微量元素		Mn，Cu，Zn，B，Mo（モリブデン）など	

（鈴木孝仁監修：視覚でとらえるフォトサイエンス生物図録 三訂版，数研出版，2016，p.59）

〈引用文献〉

1）鈴木孝仁監修：視覚でとらえるフォトサイエンス生物図録 三訂版，数研出版，2016，p.38

■（8）生物と環境とのかかわり

生 態 系

　生物群集（生物要素）とそれらをとりまく環境（非生物要素）を１つのシステムとしてとらえたものを生態系という。地球環境で生命活動を営む多様な生物は，その周囲の主な環境要因である水と大気（空気）と密接なかかわりがある。

水とのかかわり

　生命は海から誕生し，水は生物に欠かせないものである。地球表面の水の大部分は海水（約97.5%）で，海洋にある。残りは淡水で，地下水，雪氷，河川，湖沼，大気中の水蒸気などとして存在する。これらの水は姿を変えながら，大気の中で循環している。海や地表などから蒸発した水蒸気は上空で冷やされて水滴（雲）になり，雨や雪となって地上に戻る。この循環の中で生物は生きている。

空気とのかかわり

　大気（空気）の層は地球の大きさに比べると非常にうすいが，生物の生育環境を守っている。地表付近の水や大気の循環は，地表から約十数 km までの対流圏で行われ，様々な気象変化を生じている。雲はこの範囲内にある。目安として，飛行機が安定飛行する高度の下が対流圏である。対流圏の上の大気層は，成層圏（オゾン層を含む），中間圏，熱圏となっている。大気の役割は主に，①生物の呼吸に必要な酸素と植物の光合成に必要な二酸化炭素の供給，②大気による適温の維持（例えば，大気がない月の昼夜の表面温度は，昼が約130℃，夜明け直前には約マイナス150℃になることがある），③大気循環による気候緩和，④オゾン層による紫外線の吸収，⑤宇宙からの飛来物（隕石など）の消滅などがある。大気組成については，原始地球からの変化と生物のかかわりを調べると面白い。

個体レベルでのかかわり

　個体レベルでは，生物の体内には水分を含み（ヒトは６割程度），細胞を構成する要素，物質の運搬と排出（酸素や栄養分，老廃物を溶かして運ぶ），体温調節（発汗や蒸散）など生命活動の基盤となっている。また，生物は呼吸，光合成，蒸散などの働きで水や空気と密接な関係をもつ。呼吸では生命活動のエネルギーを生み出す。植物の光合成では水や二酸化炭素から酸素とでんぷんをつくり出し，食物連鎖の起点となっている。なお，食物連鎖では分解者の役割も大切である。

循環とバランス

　このように，生物と自然環境との関係をとらえる際には，生物個体レベルでの水環境，大気環境とのかかわりを知り，地球規模レベルでの循環とバランスの中で生物相互がかかわり合って生きていることを理解する必要がある。そして，人間の与える影響と環境保全などを考察させたい。

　近年は，このバランスがくずれてきていることが問題視されている。例えば，二酸化炭素などの温室効果ガスの増加（地球温暖化）による気候変動による生活への影響も大きい。その他，様々な環境問題（例えば，酸性雨，オゾン層の破壊，森林（熱帯林）の減少，野生生物の減少，砂漠化，水質汚濁（海洋汚染），ごみ問題）がある。人間と環境とのかかわりには課題が山積している。

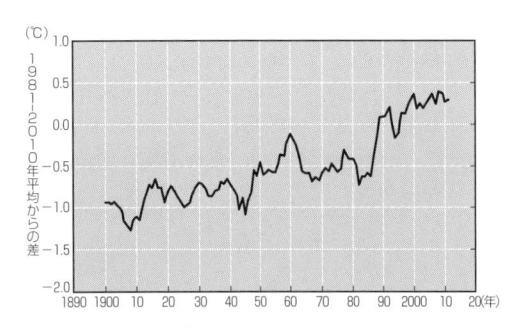

図　地球の温度上昇（気象庁ホームページより）

〈参考文献〉

・環境省：平成28年版 環境・循環型社会・生物多様性白書

2.2　地　　球

（1）月・太陽・星

位置・動き・形

　月・太陽・星については，地上から見ることができるこれらの天体の「位置と動き」について，月と星ではさらにその「形」について，観測を主たる根拠としながら理解できるようになることを目指す。ここでいう「位置と動き」とは，主に日周運動の視点からとらえられる現象を指す。また「形」については，月は，満ち欠けによって変わる見かけの「形」を指し，星は，季節や時間によって見える位置に違いがあっても，星座として変わらない配置で見ることができるその「形」を指す。

　小学校では，3つの天体のうち太陽から学習が始められる。太陽の動きや時間による位置変化については直感的に把握している子どもも多いが，特定の時刻における影の位置や長さの違いに着目することから，その原因を太陽の位置に求

影の位置と長さ

め，時間を定めて継続的に観測をする中で1日の動きがとらえられるように学習を進めていく。観測においては，遮光板を用いるとともに目標物を決めるなどして，より正確な記録が取れるように指導することが重要である。

　月は，昼夜を問わず観測できること，その「形」（見え方）が変わること，見えなくなる時期もあることがあり，地球の周りを回る衛星だと理解していても現象を的確に説明できない子どもが多い。

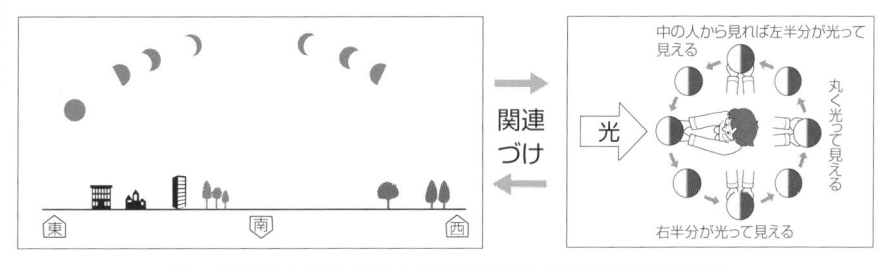

図　月の形の変化に関する観察事実とモデル実験の関係

モデル実験と観察事実の関連づけ

　モデル実験と観察事実を関連づける際は，太陽の位置をポイントに据えて考えていくことになる。例えば，モデル（図の右側）で半月の場合，太陽–地球–月の位置が90°で直行する関係にあることを確認する。そして，同じ半月が地上から見えた場合は，地球上に立っている自分と月を結ぶ線とおよそ90°の角度をなす位置に太陽があると考えていく。このような関連づけができるようになると，モデルが表そうとしていることもより実感的にとらえられるようになるので，モデルと観察事実とを関連づける言語活動は，授業の中で十分に時間を割いて実施すべきである。

　小学校で扱う星は，季節によって見られる星座の違いや星座を構成する星の位置関係が不変であることを扱うなど，定性的な範囲にとどまっている。観測経験が乏しい現代の子どもには，小学校段階での星座観測を奨励したい。なお，都心

ICT 機器の活用

部で十分に観測ができない場合は，ICT 機器を用いるなどして天文シミュレーションのソフトウエア画像を操作することも効果的である。

（2）天　気

地球上の空気の動き

　気象現象は複数の要因が複雑に関係し合いながら生起している。小学校理科では，典型的な例を初歩的に扱いながら，普段身の回りで起きている気象現象に興味・関心を抱かせることが大切である。

　図1のように，地球上の大気は赤道付近では暖かく，上昇気流となり，気圧が低い。一方，極付近では冷たい空気が下降気流となり気圧が高い。実際には地球の自転などの影響で低緯度，中緯度，高緯度で大気の循環が起きている。日本付近では，高圧帯から低圧帯に向かう風が自転の影響を受け西から東に向かう偏西風が吹いているため，天気は西から東に変わる。

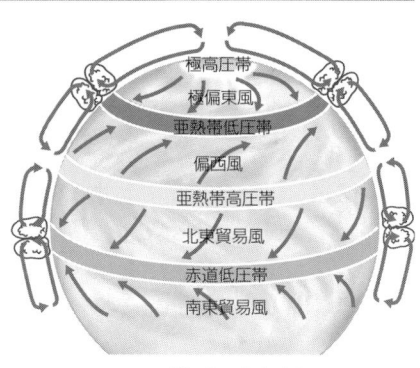

図1　地球の大気循環

温度曲線

　晴れの日であれば，気温の日周変化として，午後2時をピークとした山型の温度曲線が描かれる（図2）。気温の上昇とともに大気の飽和水蒸気量が大きくなるので，同じ量の水蒸気を含んでいても湿度は下がる。雨の日は，太陽が出ない分，気温の変化の幅が狭く，結果として湿度も高めで変化が少ない。

データの関連づけ

　このように，気温や湿度のデータと実際の天気を関連づけてとらえさせることが重要である。

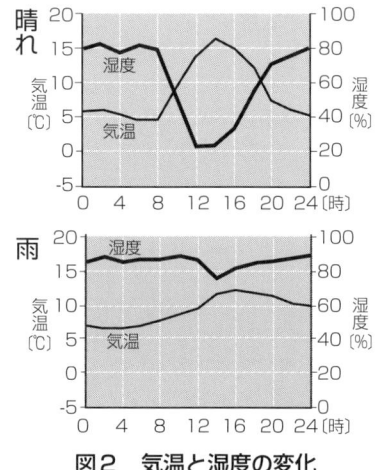

図2　気温と湿度の変化

雲のでき方

　気温，湿度，天気などの気象要素の記録とともに雲の形や動きは，身近で興味をもたせやすい。日本付近における雲の動きの原因は，図1のとおりである。雲の成因は，大気が上昇することに伴う膨張と温度の低下によって，露点に達し，水滴が生じることにある。空気が上昇する原因は，低気圧，暖かい空気と冷たい空気がぶつかり合うとき（図3上，温暖前線），山に沿って空気が上昇するときなど，いろいろな原因がある。

気象用語

　子どもは，天気予報などで日常的に気象に関する情報に接している。例えば，天気予報で「晴れ時々くもり」といえば，「くもり」の状態が断続して起こり，その合計期間が予報期間の2分の1未満，と決められている。また，「猛暑日（最高気温が35℃以上）」などの用語も聞くようになった。日常的に話題として取り上げたい。

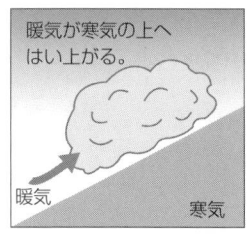

図3　空気の上昇

（3）土

　小学校における「土」の学習は，1989年度版学習指導要領まで小学校第3学年で扱われていた。2017年の学習指導要領改訂では，この学習内容は小学校第4学年に位置づけられており，地温と気温の関連への気づきから地面に目を向ける小学校第3学年「太陽と地面の様子」単元と，侵食・運搬・堆積が生じる川などに見られる石や土を，主にその大きさや形などの側面からとらえていく小学校第5学年「流れる水の働き」単元をつなぐ位置づけとなっている。

　ところで私たちは，土に対して農作物の栽培や家畜類の飼育等における重要な自然環境要素ととらえる一方で，「汚い」「嫌い」という否定的感覚も併せもっている。また，近年では，都市化が進み露地として直接土に触れられる場所が減少している中で，計画的な学習指導を行ってきていないことから，植物栽培などの限られた経験から土を直感的にとらえている可能性が推察される。このような現状から，土については以下のような特徴的な認識があることが指摘されている。

土に関する認識
土質力学的視点

・土は，小さな粒でやわらかく湿っており茶褐色である。〈土質力学的な視点〉
・土は，ずっと以前から土である。〈生成に関する不変的な視点〉
・土は，川で石などが運ばれ小さく（細かく）なることでできる。〈生成メカニズムの視点〉
・土は，動植物の死骸を分解したり水を浄化したりする。〈機能や作用の視点〉
　また，十分に認識されていない土に対する認識の側面として，

土壌学的視点

・動植物の腐朽分解物（＝有機物）を含んだ混合物の視点〈土壌学的な視点〉
・固結して岩石になるなどの循環的な発想〈生成から変化への動的な視点〉
・土の生成に関する岩石の風化作用の要因の理解〈生成メカニズムの視点〉
などが挙げられる。このような土に対する認識の実態を踏まえた上で，第4学年の学習では，水のしみ込み方の視点から，粒の大きさの違いを中心にとらえることになる。そして，土とは何か，どのようなものかに関して小学生なりの言葉で説明できるようになることを目指すことになる。

水のしみ込む速さ
の実験

　水のしみ込み方については，異なる土質でのしみ込む速さの比較を，図のような実験装置で調べることが多い。この実験では，構成粒子の大きさによって土中の空間的な隙間に違いが生じることがとらえられなければ，水のしみ込む速さの違いを適切に説明することはできな

輪ゴム
ガーゼ
ストッキング等

図　ペットボトルによる
水のしみ込む速さの
実験

粒子的なイメージ
と水のしみ込み方

い。よって，土に対する粒子的なイメージを十分につくることが重要になる。そこで実験を行う前に，手触りやルーペを用いた粒の観察を十分に行う必要がある。小学校理科では，主に構成粒子の視点から土をとらえていくが，有機物を含む混合物としての認識も視野に入れることによって，生態系に関する認識の基礎をつくることも重要である。

〈参考文献〉
・秦明徳・松本一郎：「理科における土教材開発の視点」，島根大学教育学部附属教育支援センター「教育臨床総合研究」，9号，2010，pp.111-122

（4）岩石・礫・砂・泥・火山灰

野外観察の重要性

　道路整備や急傾斜地等の安全対策が進む昨今，都市部では，崖や切り通しなどから直接土地の様子を観察することが難しくなっている。このため，土地の構成物である岩石や礫・砂・泥そして火山灰については，映像資料を用いたり標本や市販のサンプル資料を観察させたりすることが少なくない。サンプル資料は，実際に手にとって観察できる利点がある一方，特定の産地のものがおさめられていることや，特に火山灰は噴火後比較的早い時期に採集されたものがおさめられている場合が多いことなどから，近隣の土地から採集できるものとは，色や粒子の大きさ等の点で異なる場合が少なくない。このことから，サンプル資料では主に構成粒子の大きさに着目した観察を進めるとともに，できるだけ地域の露頭に出かけて野外の実際の様子を観察させたい。野外での観察が困難な場合は，近隣の

科学館や博物館の活用

科学館や博物館の展示資料や，学校で保管されているボーリング資料などの活用も検討したい。なお，野外観察，特に崖や急傾斜地へのアプローチを行う場合は，子どもの安全確保と土地の所有者への承諾が必要であることに留意すべきである。

　岩石は，成因（火成，堆積，変成）によって区分されるが，それらの砕屑物である礫・砂・泥は，粒度（構成粒子の大きさ）によって区別される。図は，地学

礫・砂・泥の粒度区分

における粒度区分を表したものであるが，地盤工学で規定される粒度区分とは若干の違いがあることに留意すべきである。

　岩石は，小学校学習指導要領下では主に堆積岩が取り扱われる。これは，流水

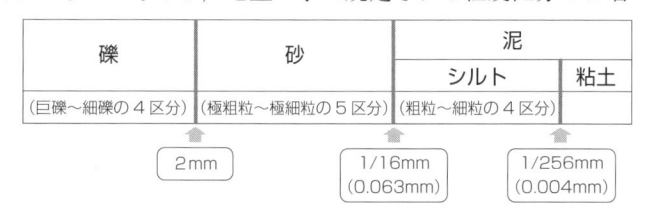

礫	砂	泥	
		シルト	粘土
（巨礫～細礫の4区分）	（極粗粒～極細粒の5区分）	（粗粒～細粒の4区分）	

2mm　　1/16mm (0.063mm)　　1/256mm (0.004mm)

図　ウェントワースの粒度区分（Wentworth, 1922）

の3作用における堆積作用との関連性が意識されていることによるものであり，

礫岩，砂岩，泥岩

主に礫岩，砂岩，泥岩を扱う。特に，構成粒子が粗い（大きい）礫岩は，含まれる礫のまるみの程度（円磨度）に着目することによって，河床の礫との類似性を見いだし，流水作用と関連づけていくこと，すなわち，岩石の成因としての堆積作用をとらえることができる。

　火山灰は，実際の露頭から採取できるような場合であれば，ぜひ観察させ，その構成物の特徴をとらえさせるとともに，火山の噴火と土地のつくりの関連性の理解を目指したい。火成岩は中学校で扱われるため，火山灰と火成岩の組成の関連性を目的として行う，蒸発皿を用いた火山灰中の鉱物粒の洗い出しと観察（椀

椀がけ法

がけ法）も主に中学校で扱われるが，小学校でもこの椀がけ法による火山灰の観察が奨励されている。小学校では，火山灰中に角張った粒子が多く含まれていることを中心に観察させ，中学校の学習につなげていくように指導すべきである。なお，実際の露頭で火山灰を採集できた場合，鉱物粒の洗い出しを行っても十分に鉱物粒を採集できない場合がある。これは，噴火後（堆積後）時間が経過して風化と粘土化が進んでいる場合が考えられるので，火山灰の状態を十分に確認した上で，観察させることが必要である。

（5）流水の働き

第5学年「流水の働き」単元は，これまで「地球」概念における「地球の内部」に関して，小学校における初出の学習内容という位置づけであった。2017年改訂の小学校学習指導要領では，この区分に対して新単元「雨水の行方と地面の様子」が第4学年に加えられた。この単元の追加によって，地表面に降った雨が集まって水の流れができ，それらがさらに集まる中で水量が増えて川になり，川は，山肌を削ったり土砂を運んで積もらせたりして，土地の様子を変えていくといった，地球表面の変動をよりトータルに，かつダイナミックにとらえることができる構成になった。

**地球表面の変動に
かかわる流水作用**

「流水の働き」単元で主に扱われるのは，「侵食・運搬・堆積」の3つの流水作用である。これらは，川の場所とともにそこで観察される特徴によって，表のように整理して指導される場合が多い。ただこれは，あくまでもその場所で相対的に卓越している作用を，特徴的な観察事実と対比して示しているにす

侵食・運搬・堆積

表　川の場所と流水の3作用の関係

場所	特徴（観察事実）	流水作用
上流	・ゴツゴツした大きな石 ・狭い川幅 ・急な傾斜と速い水の流れ	侵食
中流	・角が取れた丸い石 ・上流より広がった川幅 ・比較的緩やかな流れ	運搬
下流	・砂や泥が中心 ・広い川幅 ・平らでゆっくりとした流れ	堆積

ぎないのであって，安易に一般化してとらえられることがないよう十分に留意すべきである。加えて，流水の3作用は，大雨などで水量が大幅に増えた際に顕著に表れるととらえるべきである。川は，晴天などが続き水量も多くなく穏やかな状態では，流速や流量と地形の間におよその平衡が保たれているため大きな変化は生じない。しかし，大雨などで水量が大幅に増えるとその平衡が崩れ，流水の3作用が顕著に現れるとともに，結果として地形を大きく変えていく。このような非連続的な作用であることに留意すべきである。

**流速・流量と
地形の「平衡」**

学習指導においては，流水の作用をとらえていくために，簡易の流水実験器や学校内の築山などを用いたモデル実験を行う場合が多い。学習指導要領からは，第4学年において雨水に注目しながらその行方と地面の特徴的な形状を大まかに扱うので，雨水が流れた後の地面の特徴についての見方を活用しながら，第5学年の「流水の働き」におけるモデル実験の観察を進められるように学習展開を構想したい。漠然と流水による地形変化を観察させ，特徴的な部分から子どもが侵食・運搬・堆積の各作用をとらえることは，それほど容易なことではない。この点からも，モデル実験の「どこ」の「何を」見て，どのようなことを知ろうとするのかを，観察前に十分に意識づけていくことが必要である。

**観察視点としての
地形変化**

近年の異常気象として"ゲリラ豪雨"が挙げられるが，これは，川の増水・氾濫による浸水被害や山間部の急傾斜地における土砂崩れとそれによる家屋などの倒壊被害など，大きな災害をもたらしている。防災教育への発展を目指すとき，「流水の働き＝災害」という理解の図式は適切ではないが，この学習が日常生活に密接にかかわっていることをとらえさせることは必要であろう。川を起点としながら地域の自然をとらえ，さらに周辺の地質・地形や気象現象にも視野を広げていくような，まさに「地球」概念の構築に資する理科授業実践が望まれる。

防災教育への発展

（6）地　層

野外観察の重要性

　私たちの足下を構成する大地。この内部の構造（特に層構造）とその成り立ちは，崖などで見られる縞模様や各層の構成物などを観察することから，およそその特徴を把握することができる。このことから，野外における実際の露頭の観察が奨励されるのである。しかし，観察できた露頭の様子をもとに地層の空間的な広がりや，それらの層が流水や火山灰等の風による運搬・堆積作用によってできたことまでをとらえることは，それほど容易なことではない。なぜなら，崖に見られる縞模様を，表面的あるいは限定的なものとしてとらえている子どもが，少なからず認められるからである。

空間概念

　地層の空間的な広がり（空間概念）は，
　　・切り通しやL字型に切り立った崖などに見られる，縞模様の連続性の観察
　　・層理面の一部削り出しによる，板状の構造の観察

ボーリング・コア
堆積構造モデル

　　・複数地点のボーリング・コアの比較による，同じ土質の連続性の確認
　　・サンドイッチ状の堆積構造モデルをもとにした，地層の広がりに関する推論
　このような観察事実や資料（モデルなどを含む）を関連づけて考えることで，徐々に地層の空間的な広がりが実感的にとらえられるようになる。そして，空間的な広がりの理解を確かに支える実験として，流水による堆積作用のモデル実験（図2）がある。この実験では，水槽の中に堆積し

地層のでき方の
モデル実験

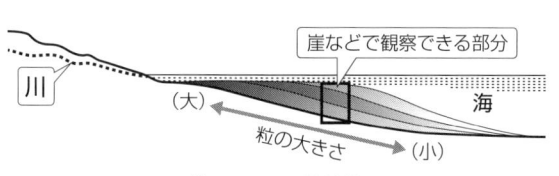

図1　海における堆積作用の図

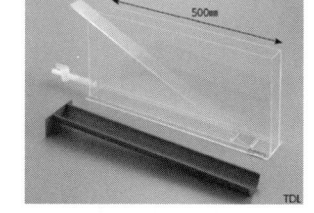

図2　地層のでき方のモデル
　　　実験器

ていく土や砂の層の堆積状況を三次元的な広がりでとらえることができるため，空間的な広がりを成因の視点から理解することができる。

　この実験は，水槽の大きさに対して流し込む水や土砂の量が相対的に多いと明確な層が見られないことがしばしばある。海底で比較的緩やかに堆積するような環境をこのモデル実験で再現していることを念頭に置き，子どもに実験させる場合は，流し入れる水と土砂の量やその速さ（傾斜角度）に十分留意すべきである。

　実験後は，水槽内でできた層を海底の堆積層に結びつけながら，崖などで見られる地層は，海底の広い範囲に堆積した層状の堆積物の一部分を見ている可能性が高いことを，野外での観察事実などと結びつけながらとらえさせたい。

時間概念の分化・
精緻化

　また，土地ができることに関する時間概念については，長大な時間の経過だけをイメージさせがちだが，先のモデル実験が示すように，海底への土砂の流入から堆積までの時間は，そこまでの時間を要するものではない。よって，海底に土砂が供給され堆積するまでの時間と，複数回にわたって土砂が流入するとともにそれらが固結し，さらに地上で実際に地層として観察できるようになるまでの経過時間の違いを，可能な範囲で意識させるようにすべきである。

（7）地　　震

地震大国といわれる日本。その名のとおり，21世紀に入っても大規模地震が頻発し，大きな被害を引き起こしている。地震の発生に関しては，プレートの日本周辺における沈み込みや，各地にある活断層が大きく関与している。地震発生のメカニズムや特徴については，近年の知見をもとに図のように整理されている。

日本付近で発生する地震は，大きく「プレート境界の地震」「沈み込むプレート内の地震」「陸域の浅い地震」の３つに区分され，以下のような特徴がある。

プレート境界の地震

・プレート境界の地震：海側のプレートが陸のプレートの下に沈み込む際，陸のプレートの引きずり込みに耐えられなくなって，はね上がるような動きとして発生するもの

プレート内の地震

・プレート内の地震：プレートの進行方向に向かって力が加わることが原因で発生するもの

陸域の浅い地震

・陸域の浅い地震：陸域のプレート内に蓄積した力が，断層となって解放される際に発生するもの

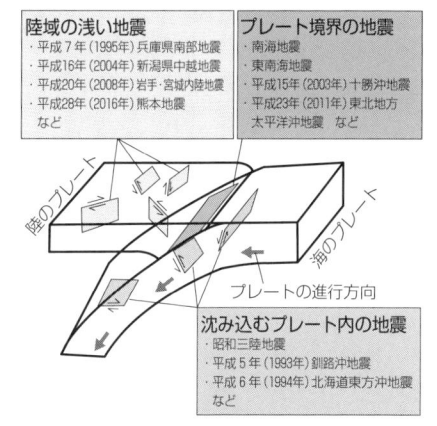

陸域の浅い地震の場合，地表面に長い地割れが観察されることがあるが，これ

トレンチ構造

は地震断層と呼ばれるもので，近年，この断層をトレンチ構造（断層を調査するための溝）にして展示する施設が増えてきている。地震による土地の変化の具体的事項を実際の規模とともに知ることができるので，近隣にこのような施設がある場合は，学習指導に活用することをぜひ検討してほしい。

小学校第６学年「土地のつくりと変化」の単元では，土地を変化させる要因として地震を扱うことにとどまり，地震波の特徴や伝搬のメカニズム，地震を発生させる内部エネルギーなどは扱わない。このため，土地のでき方や変化の視点では，地震という現象を通じて，土地が比較的短時間にその姿を変えることが理解できることを目指すことになる。流水による堆積作用と土地の変化，火山の噴火による火山灰などの堆積作用と土地の変化とは異なり，土地が揺さぶられて変化することを扱う点に留意すべきである。

緊急地震速報

防災の観点では，地震早期警報システムの１つとして2007年から気象庁を中心に緊急地震速報が運用されている。このシステムは，震源に近い観測点で得られ

P波とS波

た初期微動（P波）の大きさから，主要動（S波）の到達時間や地震の規模を予測し知らせるものである。生活に密着した科学的な情報にも目を向けることで，理科を学ぶ意味をさらに実感させることが重要である。

〈参考文献〉
・気象庁ホームページ「地震発生のしくみ―日本周辺で地震の起こる場所―」，日本付近で発生する地震の図　http://www.data.jma.go.jp/svd/eqev/data/jishin/about_eq.html

図　日本付近で発生する地震の３つの区分け

（8）火　山

わが国の火山の数

　環太平洋火山帯に位置するわが国には，現在111の活火山（火山噴火予知連絡会が認定）がある。これは，世界の活火山（約1,550）の７％に及ぶ数である。火山は，かつて噴火活動の有無を規準に「活火山」「休火山」「死火山」の３つに類別していた。その後，火山の活動寿命は非常に長く，数百年程度の休止期間はほんの束の間の眠りのようでしかないという考え方が国際的に広まり，今日では，噴

活 火 山

火記録のある火山や噴火の可能性のある火山をすべて「活火山」と呼んでいる。

　わが国では，特に東北地方太平洋沖地震（東日本大震災）があった2011年以降，火山活動が活発になる兆候が表れている。2011年の鹿児島・新燃岳，2013年の小笠原・西之島，2014年の長野・御嶽山，2015年の鹿児島・口永良部島や長野・浅間山，2018年の群馬・草津白根山などは記憶に新しい。他にも鹿児島・桜島は断続的に噴火を繰り返しているし，神奈川・箱根山（大涌谷）や山形・蔵王なども噴火の危険性が高まった時期があった。このため現在では，防災上の観点から図

のように国の監視体制が整備されており，多くの火山についてその監視情報をインターネット上で確認することができる。

　第６学年「土地のつくりと変化」単元における火山の学習は，主に噴火による土地の変化を扱うため，噴

火 山 灰

出物としての火山灰や火砕流堆積物に注目することに

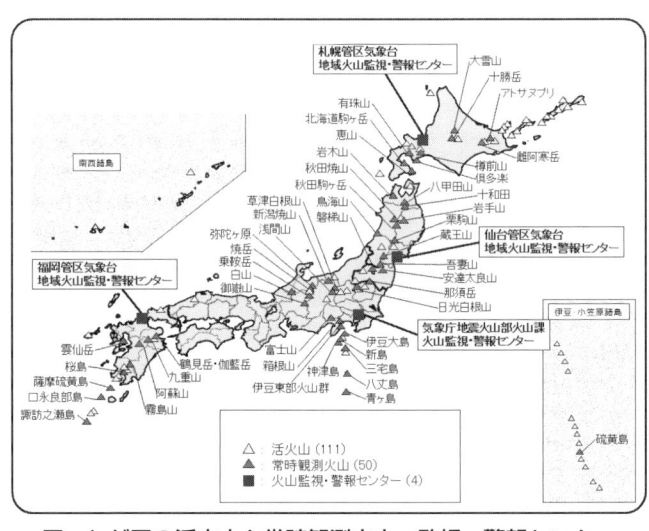

図　わが国の活火山と常時観測火山，監視・警報センター
（気象庁ホームページ「地震・津波と火山の監視　火山の監視」
http://www.jma.go.jp/jma/kishou/intro/gyomu/index92.html）

なる。火山灰が土地を変化させることに関しては，「灰」という言葉のイメージから降り積もる量の多さや，積もった際の土地の変化について過小評価しがちになる。このような実態を踏まえ，火山灰の堆積については，写真や動画，デジタルコンテンツなどを活用してリアルな実態をとらえさせたい。関東地方では，南

関東ローム層

部では富士山や箱根山起源，北部では浅間山や赤城山等が起源の火山灰層（関東ローム層）が厚く堆積しているので，それらを扱うことで火山噴火による大地の変化をより身近に感じられるようになる。

温泉・地熱発電

　火山は，噴火による災害に注目が集まりがちだが，温泉の恵みや美しい景観，近年では地熱発電も進められるなど，私たちの生活を豊かにしてくれるものでもある。地学的な自然の恩恵という側面にも目を向けつつ学習指導を展開したい。

（9）津　波

プルーム
マントル
プレート
海　嶺
海　溝

津　波

図1のように，太平洋ハワイ島の地下では，プルームというマントルの上昇流があり，一部は地上に噴出して火山となっている。このように，地球上では新しくプレートが生み出される場所（海嶺）がある一方で，沈み込みが起きている場所（海溝）がある。

日本列島の太平洋側には日本海溝がある。プレートの沈み込みが起こる場所では，大陸のプレートが引きずり込まれ，これがはね上がるときにプレート境界型地震が発生し，これに伴い津波が発生する場合がある（図2）。震源が浅く，マグニチュード7を超えると，津波が発生するおそれがある。

大陸のプレートのひずみが限界に達し先端がはね上がると，それに伴い海水が盛り上がったり沈降したりする。そして津波が発生し，陸へ押し寄せる。気象庁は，地震発生時に地震の規模や位置を推定し，沿岸で予想される津波の高さを求め，基準に従って大津波警報，津波警報または津波注意報を，津波予報区単位で発表する場合がある。震源が近い場合，津波警報が発表される前に第1波が到達してしまう場合もある。

・大津波警報：予想される津波の高さが高いところで3mを超える場合

・津波警報：予想される津波の高さが高いところで1mを超え，3m以下の場合

・津波注意報：予想される津波の高さが高いところで0.2m以上，1m以下の場合であって，津波による災害のおそれがある場合

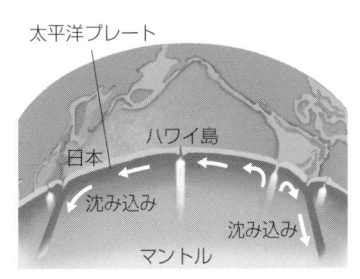

図1　プレートの動き

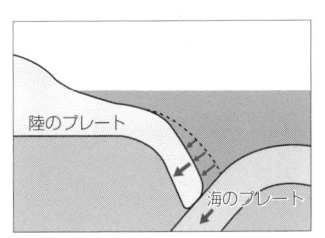

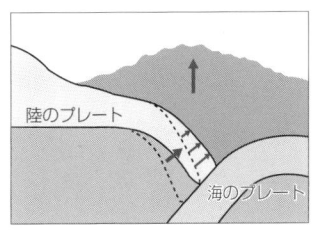

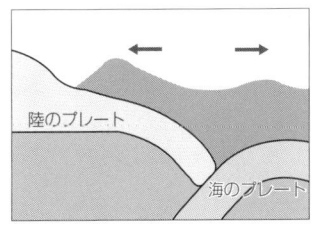

図2　津波の発生
（地震調査推進本部 http://www.static.jishin.go.jp/resource/figure/figure005032. より作成）

津波は，水深が浅くなるに従って高くなる。また，速さは水深の深いところでは速く，浅いところでは遅くなるため，沿岸部では後続の波が合わさりさらに高さが増す。津波の第1波が最も高いわけではなく，第2波，第3波が最大となることもある。また，引き波で始まるだけではなく，押し波でくることもある。海岸付近で強い揺れを感じたら，直ちに高台へ避難する。津波警報などが発表されている間は，海岸付近など低地に近寄らないことが大切である。

III 小学校理科にかかわる教材教具

1.1　電気と磁気

（1）磁　　石

方位磁針

　方位磁針の針は永久磁石であり，N極が北を指す。子どもによっては方位磁針の針が磁石であると認識していない場合がある。大きな磁針（台付）や水に棒磁石を浮かべるなど磁石を自由に動かせるようにし，示す向きを方位磁針と比べながら針が磁石であることを押さえたい。方位磁針の磁力低下や近くの鉄製品などによる影響で北を示さない場合があることには留意する。

図1　方位磁針
（ケニス　1-118-195）

図2　磁針（台付）
（ケニス　1-118-170）

様々な磁石

　強磁性である鉄やニッケルなどを含む鋼製磁石（はがね）の他，フェライト，アルニコ，ネオジム磁石なども永久磁石であり，現在は様々な形（棒型，円型，U型など）がある。フェライト磁石は日本で最初につくられ，鉄の酸化物などでできている。身近な利用も多い。フェライト磁石は着磁の仕方によって磁極ができ，丸形の一例を図4に示す。アルニコ磁石は，アルミニウム，ニッケル，コバルトなどを原料として，その頭文字をあわせた呼び名とする強い磁石である。ネオジム磁石

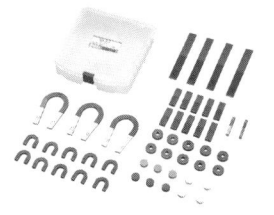

図3　様々な磁石
（ナリカ　B10-3284）

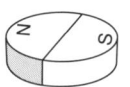
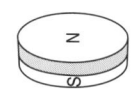

図4　フェライト磁石の磁極

磁石による学習

は，希土類のネオジムと鉄などからできており，強い磁力を実感させる教材として適しているが，衝撃に弱く割れやすい。磁鉄鉱などに合成ゴムを添加してできたゴム磁石の磁力は弱いが，切って磁石の磁区（N，S配列）を確認できる。どこを何回切っても両端はN，S極となるが，まん中を切ったとき，端のほうを切ったときなど問い方を工夫しながら予想を確かめさせたい。くぎの磁化では軟鉄の場合が多く残留磁気が少ないので次第に磁力はなくなる。鋼製の縫い針やドリルの刃などは残留磁気が多く，永久磁石になりやすい。なお，子どもは磁石につくものと電気を通すものを混同することがあるので，学習を通して金属概念の適切な形成を図りたい。保管には保持鉄片をつけるなど留意する。方位磁針を含めて金属棚への直接収納は避ける。磁力低下は磁化用コイルなどで磁化する。

電　磁　石

　磁石には永久磁石の他に，電磁石がある。電磁石はコイルに電流を流すと磁石の性質をもつが，電流を流さないときには磁石の性質はなくなる。市販の電磁石では小さな電気で大きな磁力を発生させるものがあり，両側から引き合って磁力を実感できる。

磁界の観察

　磁界や磁力線の観察には，鉄粉や鉄線を巻いて観察する他，市販の磁界観察槽や磁気プローブなど利用できる。カード・シートで確認したり，観察槽をスクリーンに投影できたりするものもある。

図5　磁界観察槽
（ケニス　1-118-163）

（2）乾電池と光電池

マンガン乾電池と
アルカリ乾電池

マンガン乾電池，アルカリ乾電池は化学反応を利用した使い切りの電池（1次電池）である。通常，乾電池は1次電池を指す。円筒形の単1から単4形まで大きさは違うが，規格電圧はいずれも1.5Vであり，大きいほうが長時間使用できる。角型9Vの乾電池もある。マンガン乾電池は正極に二酸化マンガン，負極に亜鉛，電解質水溶液に塩化亜鉛などを用いている。アルカリ乾電池（アルカリマンガン乾電池の略称）は電解質水溶液として強いアルカリ性の溶液を使用している。乾電池は，その名が示しているように，化学電池に含まれる電解質水溶液がこぼれないように（かためて）実用化を図ったものであり，1880年代の後半にドイツのガスナーや日本の屋井先蔵による製造が確認されている。乾電池使用上の留意事項を表に整理して示す。

表　乾電池を使用する上での留意事項

1	マンガン乾電池は，休ませながら使うと回復して長もちする。
2	アルカリ乾電池は連続使用でき，比較的長寿命であるが，液漏れをしたときに強アルカリ性の物質に触れる危険性などがあるので，小学校の実験ではマンガン電池の使用が好ましい。
3	長時間使わないときは，放電や腐食を避けるために取りはずす。
4	違う種類の乾電池，新旧の乾電池を一緒に使わない。
5	同種の乾電池2個を直列つなぎにしても電圧が2倍にはならない（電池の内部抵抗や豆電球などの抵抗による電圧降下のため。1個の電池でも電圧降下が生じる。新しい電池のほうが内部抵抗は小さく影響が少ない）。
6	乾電池を導線だけでつなぐとショート回路となり，過大電流が流れ，発熱して危険である。
7	回路から長時間取りはずさなかったり，ショートさせたり（金属と直接接触させることも含む）すると液漏れの原因になる。
8	表示の使用推奨期限に注意する。
9	乾電池は充電器で充電しない。
10	火の中に投げ入れない。廃棄には留意する。

その他の乾電池と
充電池

負極がリチウムであるリチウム電池や一時生産されていたオキシライド電池も乾電池であり，リチウム電池は3V以上の電圧がある。オキシライド電池に代わって普及したエボルタは現在，乾電池と充電池（2次電池）の両方がある。エネループは乾電池と同形の充電池（ニッケル水素電池）である。パソコンや携帯電話などに使用されているのも充電池（リチウムイオン電池）である。

光　電　池

化学電池以外の電池として，太陽の光エネルギーを電気エネルギーに変える光電池がある。電気を蓄えている電池というより発電装置であり，充電はできない。光電池は，太陽光パネルや人工衛星部品の他，身近では電卓，時計などに利用されている。現在は，光電池と充電池を組み合わせてつくられているものがある。

子どもには，光→電気→音，運動などのエネルギー変換を実感させたい。セットが市販されているが，接続は極性に注意する。モーターは光電池用とする。光を当てる白熱電球は100W以上が望ましい。なお，光電池の直列・並列つなぎは乾電池と逆の結果になる（光電池の性質によって並列が多く電気を流す）ことがあり，混乱するので取り扱いに関しては十分留意が必要である。

〈参考文献〉
・長倉三郎他編：岩波 理化学辞典 第5版，岩波書店，1998
・http://panasonic.jp/battery/drycell/

図　光電池実験セット

（3）豆 電 球

懐中電灯などに使用されていた豆電球はLED の普及で日常から姿を消しつつあるが，エネルギー変換や電気の流れを回路として学習させることに適している。

豆電球の規格と使用

豆電球には規格があり（右表），豆電球の金具（口金）の部分に表示されている。

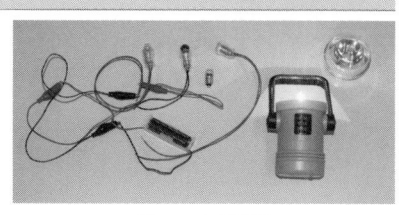

図1　豆電球

用途に応じて適切に使用する必要がある。この電圧値を大きく超える乾電池または電源を用いると豆電球の中のフィラメントが切れる。小学校第3学年の乾電池1個（1.5V）を用いた回路では，1.5V の豆電球を用いる。同じ乾電池につないだとき，右表では規格の電圧値が大きい豆電球を使用するほど暗くなる。第4学年の電池2個の直列つなぎでは1.5V の豆電球のフィラメントは切れる可能性がある。乾電池の直列つなぎや並列つなぎの明るさを比べるときは2.5V の豆電球を使用するとよい。その際，同じ電圧表示の豆電球を使用する必要があるので，異なる豆電球の規格が混ざらないようにしておく。第6学年の手回し発電機を使用する場合には，手回し発電機の電圧に応じて選ぶ。手回し発電機が12V の場合，6.3V または12V の豆電球であれば回転を速くしても切れない。なお，予備実験ではフィラメントが切れていないか確かめておく必要がある。

表　豆電球の規格例

1.5 V	0.3 A
2.5 V	0.3 A
3.8 V	0.3 A
6.3 V	0.15 A
12 V	0.11 A

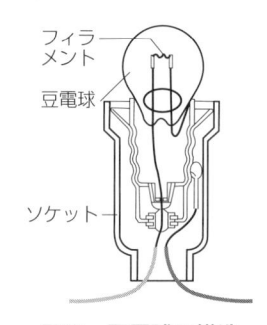

図2　豆電球の構造

電球の構造

家庭で使用されている白熱電球も LED の普及によって減少しているが，豆電球と同様の構造で，フィラメントに電気を流して発光，発熱させている。電球を発明したトーマス・エジソンが，フィラメントの素材として京都の竹（孟宗竹）を使用したことは有名であるが，現在の豆電球のフィラメントにはタングステンという金属の中では融点の高い物質が使用されている。フィラメントにつながっている導線は，一方が口金の部分，もう一方が豆電球下部のへその位置につながっている。このような構造を絵で示しながら，ソケットなしの豆電球だけでも輪（回路）になると点灯することを学習させたい。

豆電球による回路と電気の流れ

豆電球を乾電池でつないで点灯させると，子どもは回路中を電気がどのように流れるか想像する。電気の流れとしては一方向循環の考えが適切とされるが，一方向でも電気が消費（完全消費，部分消費）されたり，電池の＋極，－極の両方から電気が出て衝突して光ると考えたりする子どもが存在する。いろいろなつなぎ方の事象提示で予想・検証させるなど，工夫した授業展開がなされている。

〈参考文献〉

・R. オズボーン・P. フライバーグ（森本・堀訳）：子ども達はいかに科学理論を構成するか
　—理科の学習論—，東洋館出版社，1988

（4）発光ダイオード（LED）

発光ダイオードの種類

発光ダイオード（LED，電気用図記号は図1）は，消費電力の小ささや電球のような球切れがほとんど生じないことから，従来用いられてきた白色電球に代わる電気部品（光源）として，日常生活の中に次第に取り入れられてきている。この発光ダイオードには，赤色・黄緑色や青色等の種類があり，これらの色（光の波長）はダイオードをつくる際の2つの半導体素材の違いに起因するエネルギーの差によって決まる。

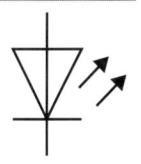

図1　LEDの
電気用図記号

教材としての特徴

小学校の理科授業で用いる教材としては，比較的安価な赤色や緑色等の発光ダイオード（図2）を用いて実験を行うことも多い。発光ダイオードは，豆電球と比べて衝撃に強いこともあ

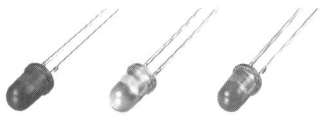

図2　LED （ナリカ P70-0240-1～3）

り，床や机に落とすことで破損してけがをするということがあまりない。つまり，発光ダイオードは，子どもに自由に扱わせても安全に関する心配は少ない。

また，発光ダイオードには極性があるので，端子に電源の＋側や－側とつながっている導線をつなぐと，電流を流す向きによって，発光するときとしないときがある。この発光ダイオードの性質を利用することで，小学校第4学年理科の「電気の働き」の学習での，電流の向きに関する子どもの理解を促進させる授業方略を考えることができる。そして，第6学年理科の「電気の利用」の学習においても，単純な電気回路での豆電球の点灯と発光ダイオードの点灯とを比較することで，消費電力に関する子どもの理解を促進させる教材として活用できる（豆電球の点灯では，光エネルギーと熱エネルギーが放出されるのに対して，発光ダイオードの点灯では，熱エネルギーがほとんど放出されない。この発光ダイオードの特徴と，電源を手回し発電機（ゼネコン）として発電したときの，各装置を点灯させるために必要な回転を得るための「手ごたえ」の違いから，消費電力について考える）。

上記のように豆電球と発光ダイオードの違いを比較する際には，回路を組み直さずに豆電球ホルダーを使用することが可能な豆電球型LED（図3）の活用も，子どもが別の要因を考えることなく，2つの装置の点灯から，消費電力等の理解を深めるための，有効な支援の手立てとなりうる（見た目の違いによらず，子どもが学習を進めていくことができる）。

図3　豆電球型 LED
（ナリカ　P70-0247）

使用における注意点

発光ダイオードを教材として用いることは，子どもの電気に関する学習内容の理解を深めるのに大いに役立つのだが，その使用においては注意すべき点もある。一番注意すべきことは，発光ダイオードが発光する向きとは逆向きに高い電圧をかける（電気を流す）と内部の構造が破損する点である。その他にも，発光色の違いにより，点灯のために必要とされる電圧が異なる点にも注意が必要である。

教材としての特徴を理解するためにも，予備実験等が不可欠である。

（5）電流計と検流計

電流計と その使い方

　電流計は，文字通り，電流を測定する実験器具である（回路用図記号はⒶ）。電流計は，電気回路中の測定しようとする部分に，図1のように直列に接続して使用する。

　このとき，電流計の＋端子は電源（電池）の＋極側の導線に接続し，また，－端子はスケールの大きい端子（5〔A〕，500〔mA〕，50〔mA〕のように－端子に測定できるスケールに違いがあれば，5〔A〕の端子）と電源（電池）の－極側の導線を接続するようにする。

図1　電流計のつなぎ方

電流計の仕組み

　学校で用いられている図2のような電流計は，小学校第5学年理科の「電磁石の働き」で学習するコイルに電流を流したときにできる磁界の変化（磁力の変化）の性質を基本的な仕組みとして利用している。つまり，電流計の内部にはコイルと磁石があり，コイルに流れる電流が大きくなるにつれて電磁石と磁石の間の磁力が大きくなり，針が動

図2　直流電流計
（ナリカ　A05-7011）

く仕組みになっている。この電磁石の性質を利用したおもちゃづくりの一例として，「かん電池チェッカー」（図3）が紹介されていたこともあり，小学校理科における「ものづくり」から，電流計の仕組みを理解することが可能である。

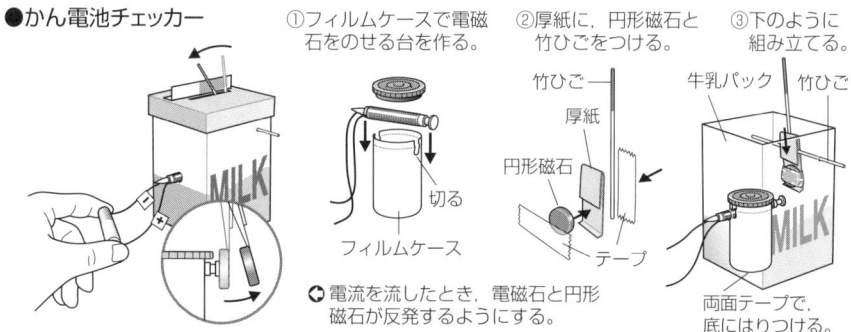

図3　小学校の理科の教科書で紹介されていた「かん電池チェッカーを作ろう」
（日高敏孝他：みんなと学ぶ小学校理科6年，学校図書，2007，pp.82-83）

検流計と その使い方

　また，電流計と同様に電流を測定する実験器具として，図4のような簡易検流計が用いられることも多い（検流計の回路用図記号は①）。検流計は電流計と異なり，電流の向きと大きさを測定する器具なので，端子のつなぎ方に注意する必要はない。しかし，内部の基本的な仕組みは電流計と同じなので，測定のスケールを切り替えるスイッチがある場合は，スイッチの向きに注意して使用する（電流計と同様に，検流計も電気回路中の測定しようとする部分に，直列に接続する）。

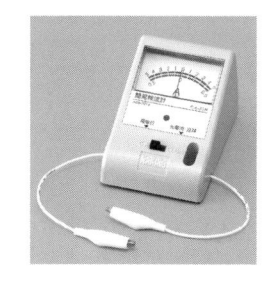

図4　児童用検流計
（ナリカ　A05-7016）

（6）コンデンサー

蓄電池

コンデンサーは，電気を蓄えたり放出したりする電子部品であり，蓄電器とも呼ばれる。

まず，コンデンサーは，図1のように空気や絶縁体をはさんで向かい合った2枚の金属板から構成される。そこに電池などをつないで電圧が加えられると，電気が流れ込み，一方の金属は＋（プラス）に，もう一方の金属は－（マイナス）に帯電する。このとき，金属板の間は絶縁されているので，電気は流れない。図2のように，途中で電圧を加えることをやめても，金属板は＋と－で引き合っているので，電気は金属板に残ることになる。

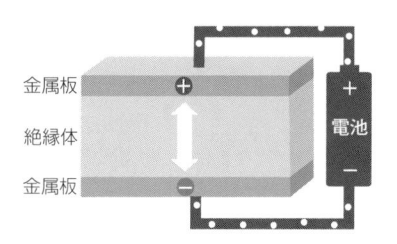

図1　コンデンサーの構造

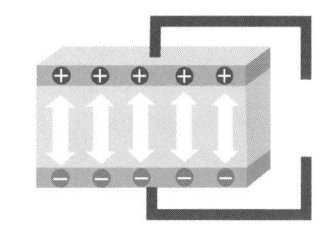

図2　コンデンサーの充電

静電容量

これが電気が蓄えられた状態であり，蓄えることができる電気の量を静電容量と呼ぶ。具体的には，静電容量は単位電圧当たりに蓄えられる電荷を意味し，ある物体に1ボルト（V）の電圧を加え，1クーロン（C）の電荷が蓄えられたときの静電容量は1ファラド（F）となる。静電容量は，金属板の面積が大きく，金属板の距離が狭いほど大きくなる。また，金属板の間に，電気を蓄える能力の高い絶縁体をはさむことによって，静電容量は大きくなる。これは，絶縁体には電気を

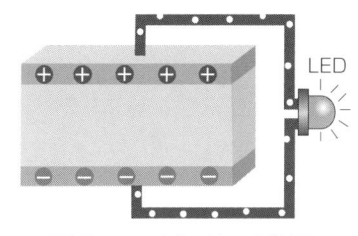

図3　コンデンサーの放電

誘電体

通さない代わりに電気をためる性質があるためである。そのような材料は，誘電体と呼ばれる。

次に，図3のようにコンデンサーに電池の代わりにLEDなどをつなぐと，電気の通り道ができて，電気はそちらに流れ込む。これが電気を放電している状態である。蓄えられた電気がなくなるまでLEDは点灯することになる。

コンデンサーは，様々な電子機器に使用されている。そこでは，電気の通り道で余分なノイズを取り除いたりする役割を果たしている。これは，コンデンサーに交流電圧を加えると，コンデンサーは充放電を繰り返すことになり，コンデンサーには交流電流が流れ続けるという性質が生まれるためである。充放電の繰り返しが速い，つまり，交流電圧の周波数が大きいほどコンデンサーには交流電流が多く流れることになる。このため例えば，回路に並列にコンデンサーを接続し，アースさせれば，高い周波数の交流ほどコンデンサーを通じて逃げてしまうので，低い周波数の交流だけを通過させる機能をもつフィルターができるわけである。

（7）手回し発電機

手ごたえ

　手の運動によって内部にあるモーターの軸を回転して発電する手回し発電機（ゼネコン，図1）では，エネルギー変換を体感できる。何もつながないで回すと軽いが，接続器具の電力に応じて手ごたえが大きくなる。また，コンデンサーを併用し，発電した電気を蓄えることができる。

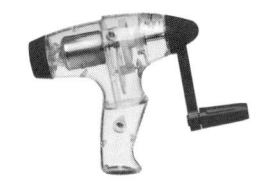

図1　手回し発電機（12V）
（ナリカ　B10-2632）

規格と使用

　手回し発電機には出力12V，3V などの種類がある。いずれも速く回転させるほど発電量が増すが，接続機器に規格以上の電圧をかけると故障するので注意する。例えば，出力12V の手回し発電機に規格1.5Vや2.5V の豆電球をつなげて速く回すとフィラメントが切れる。通常の電子オルゴールや2.3V のコンデンサーをつないだときもゆっくり回さないと壊れる。出力12V の場合，豆電球は6.3V 以上，コンデンサーは5.5V 以上，電子オルゴールは12V 用のものを使用するとよい。なお，LED にも耐電圧があり，発電機の出力に応じて豆電球と同程度のものを使用する。豆電球1.5V, 2.5V しか手元にない場合は回路中に負荷となる抵抗を適度に入れ，豆電球にかかる電圧を低減して使用する。

出力3Vの発電機

　出力3V の低出力タイプでは，接続機器は壊れにくくなっているが，1.5V の豆電球や通常の電子オルゴールを接続して高速回転させると壊れる場合がある。回す手ごたえは，6.3V の豆電球を使用したときより1.5V の豆電球のほうが重くなり，LED との違いを比べやすい。ただし，コンデンサーに蓄電する際は一定の電圧以上が必要となるため，発電機が3V の規格では電気がたまりにくい。なお，水の電気分解の際には12V 規格のほうが適している。

極　性

　手回し発電機には極性があり，ハンドルの回転方向で＋極と－極が入れ替わる。豆電球は極が入れ替わっても光るが，モーターは逆に回転し，LED は逆に回すと点灯しない。LED，電子オルゴール，コンデンサーには極性があるので，同極同士をつなぐ。市販のものには，極性切り替えがついているタイプもある。

**図2　手回し発電機と
コンデンサーの
接続(極性)**

**使用上の留意事項
など**

　その他，手回し発電機を使用する際の留意としては，①コンデンサーに蓄電した後は，手回し発電機をすぐに外さないと放電してしまう（手回し発電機が回り始める），②電気をためる条件をそろえるために回す回数や速さを決める（メトロノームやストップウォッチを利用するとよい）などが挙げられる。

　手回し発電機の直列接続で白熱電球の点灯を実感させることもできる。発電の原理は中学校での学習になるが，運動から電気をつくることを体感させ，その電気が光，熱，音，運動などのエネルギーに変換できることを日常生活や科学技術とつなげていきたい。また，手回し発電機は，災害時など非常用の懐中電灯やラジオ，携帯電話充電器などの電源として利用価値は高い。

1.2　熱と燃焼

（1）温 度 計

温度計の原理　温度計は，物質の温度変化に伴う物性の変化等の物理現象を利用して温度を測定する測定器具である。温度の測定に利用される物性としては，熱膨張，電気抵抗，熱起電力，色の変化などがある。室温付近の測定を中心とした用途で最も一般的に普及している温度計は，アル**液体温度計**　コール温度計や水銀温度計などの液体温度計である。これらは，ガラス細管内に封入された液体状態の物質の温度変化に伴う体積変化を利用した測定器具である。

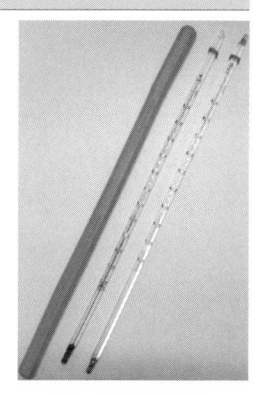

図　液体温度計

アルコール温度計　アルコール温度計は，以前はエタノールなどのアルコールが中に封入されていたが，沸点が78℃程度と低く，高温の測定に使用できないため，現在では，白灯油（ケロシン）などを赤や青で着色したものを封入し，それをアルコール温度計と呼んでいる。アルコール温度計の測定温度範囲は，−50℃から200℃程度であり，最小目盛りは，1℃程**水銀温度計**　度となっている。水銀温度計は，ガラス細管内に，広い温度範囲（融点−38.8℃～沸点356.6℃）で液体状態を保つ水銀が封入された液体温度計であり，測定温度範囲は，−30℃～300℃程度である。水銀温度計には，石英ガラス製で内部に窒素や炭酸ガスを封入し，750℃程度まで測定できるように工夫されたものもある。

温度計の使用　液体温度計では，液体状態の物質の温度による体積変化を利用して温度測定を行うことになる。したがって，ガラス細管内の物質の体積変化が終了するまで，1分程度の時間をおいて測定を行う必要がある。また，温度計では，ガラス細管内に封入されている液体物質が球部から液柱部まで広がっているが，これらのすべてが温度を測定する物質に囲まれていなければ，正確な温度測定ができない。地上からの高さ1.2～1.5mの空気の温度である気温の測定についてはあまり問題にならないが，液体の温度測定の場合は，球部から液柱部までのすべての部分が温度を測定する物質に触れるように留意する必要がある。なお，沸騰する水の温度を測定する場合は，温度計の球部から液柱部までのすべての部分が沸騰している水に囲まれるようにすべきであるが，それが困難なため，せめて，丸底フラスコを用いるなど，沸騰によって生じた水蒸気で温度計全体を囲むなどの配慮が必**誤　　差**　要である。ところで，温度計の場合，誤差が1目盛り以内にとどまるように定められており，最小目盛りが1℃であれば，実際の温度が50℃であっても，温度計によって49℃や51℃を指すものが含まれることになる。したがって，複数の温度計を同時に使用する場合には，同じ温度状態に置いたときに，ほぼ同じ温度を示す温度計を選択して使用するなど，器差に注意することが必要である。

デジタル温度計　デジタル温度計は，温度の変化によって抵抗値が変わる半導体素子サーミスタを利用した温度計であり，上述の液体温度計と比べると感度が高く，1万分の1℃程度の感度での温度測定が可能になっている。

（2）アルコールランプとガスバーナー

アルコールランプ

アルコールランプ（図1）には、ガラス製、トーチ型などいくつかの種類がある。小学校では、樹脂製のふたがついたガラス製のものが多く使用されている。

アルコールランプの使用前の準備

まず、使用前に容器にひび割れ、口元の欠け、隙間がないか確認しておく。アルコールランプには、アルコールを7～8分目（ショルダーのところ）まで入れる。ひび割れ、欠け、隙間のあるアルコールラン

図1　アルコールランプ

プ使用やアルコールの量が容器の3分の1以下での点火は、爆発のおそれがあるので絶対に行わない。特に、液量が少ない場合、容器内のアルコールと空気の混合気体ができることによる引火、爆発が起きることがあるので気をつける。

アルコールランプの火のつけ方・消し方

アルコールランプは、芯のひもへと吸い上げられたアルコールが、気化したものに火がついている。ひも自体が燃えているわけではない。芯の先は、5～6mmくらい出すのがよい。点火は、横から火を近づけ、消火は斜め上からふたをかぶせる。火が消えたとき、ふたを一度取り、冷めたら再度ふたをする。火を吹き消すなどはしてはいけない。

小学校第4学年の沸騰実験においては、長時間の加熱が想定されるが、もらい火、火をつけたままでのもち運び、アルコール補充などは、絶対に行ってはいけない。

ガスバーナー

ガスバーナー（図2）には、プロパンガス用、都市ガス用、天然ガス用がある。また、都市ガス用には、低カロリー用と高カロリー用がある。理科室で使うガスの種類に合ったものを購入、使用するようにする。

ガスバーナーの使用前の準備

ガス管にひび割れ、穴などがあいていないか確認する。次に、燃焼筒の中にごみな

図2　ガスバーナー

どが詰まっていないかを見る。最後は、内筒（下）であるガスの調整ねじ、外筒（上）である空気の調整ねじが軽く回るかを確認し、ゆるく閉めておく。

ガスバーナーの火のつけ方・消し方

ガスバーナーに火をつける際は、まず、ガスの元栓が閉まっているか確認する。準備の際に確認した2つの調整ねじが回るか、再度確認してからガスの元栓を開く。マッチに火をつけてもち、他方の手でガスの調整ねじをあけ点火する。黄色の炎をガスの調整ねじを回して適当な大きさにする。次に、空気の調整ねじを回して空気を入れる。炎が青白くなったら、再度適当な大きさに調整する。

消火する際は、点火するときの逆の操作を行う。まず、ガスの調整ねじを押さえたまま、空気の調整ねじを軽く確実に閉める。次に、ガスの調整ねじを軽く確実に閉じる。最後にガスの元栓を閉じる。

（3）サーモテープ，サーモインク

サーモテープ

サーモテープ（示温テープ，図1）は，幅2cm，長さ20cm程度のものが市販されている。ある温度になると色が変化するものである。サーモテープは変色する温度が決まっており，その温度より高くなると変色する。この性質を利用することで，熱の伝わる様子を可視化することができる。サーモテープは，種類によって変色する温度と色に違いがある。具体的には，

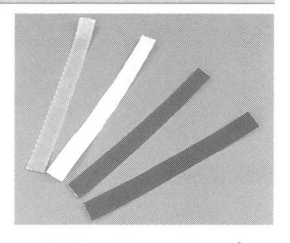

図1　サーモテープ
（ナリカ　P70-2626）

TR-40（変色温度40℃，赤味黄⇔赤味橙），TR-50（変色温度50℃，黄⇔黄味橙），TR-60（変色温度60℃，明るい黄味赤⇔暗い茶紫），TR-70（変色温度70℃，赤⇔暗い茶紫）の4種類である。

サーモテープの使い方

水を入れた試験管に，サーモテープを入れる。サーモテープは割りばしやガラス棒に貼って使用する。また，試験管は径の太いものを使用すると水の温まり方が明瞭に観察できる。水を入れた試験管はスタンドに固定し，アルコールランプなどで加熱をする。加熱しながら，サーモテープの色の変化を観察する。試験管を熱する際には，試験管の最下の部分を熱すると，熱した部分がすぐに温度が高くなるため，サーモテープの色が変化しやすい。そのため，最下の少し上の部分を熱するようにする。子どもは，試験管の下部を熱しているのにサーモテープの上部から色が変化する様子を観察し，試験管の水は熱せられると上部から温まっていくことをとらえていく。

サーモインク

サーモインク（示温インク，図2）は，約40℃で青からピンクへ変色するインクである。この性質を利用して，水の温まり方を視覚的にとらえることができる。すなわち，温度変化を色の変化として視覚的にとらえることができる。さらに，温度が下がるとピンクから青へと変色するため，繰り返し実験が可能である。注意点としては，子どもが，温められた水の動きではなく，熱が移動したととらえる可能性があることである。

図2　サーモインク
（ナリカ　P70-2632）

サーモインクの使い方

ビーカーに水を入れ，サーモインクを入れる。目安は，水250mLに対してサーモインクを10mL混ぜる。ビーカーの大きさは，300mL程度で十分に水の温まり方を確認することができる。熱源はガスコンロを使用し，ガスコンロでビーカーを下から温める。その際，温まり方を見やすくするために，ビーカーの端から温めるとよい。火で熱せられているところから，温められた水が上に上がっていき，上にたまっていく様子が観察できる。また，試験管を使用しても，火で熱せられたところから，温められた水が上昇していく様子を観察することができる。注意点としては，子どもが色の変化と水の動きを対応させることが難しい場合がある。これは，温められた水が上昇していくととらえるのではなく，水は動かずに熱が伝わっていくととらえることである。サーモインクを用いた実験の際には，水の動きとインクの変色を対応させてとらえるような指導が必要である。

（4）金属球実験器

金属球実験器

　金属球実験器は，鎖につながれた金属球と，この球を通すための柄のついた金属の輪が2つ対になった実験器具である。図に示した市販されている実験器具は，常温では真鍮（しんちゅう）製の金属球が30mm で，金属の輪の内径も30mm であるため，金属球が輪を通るようになっている。

　この実験器具を用いることで，金属の温度による体積の変化を子どもが実験で確かめることができる。

金属球実験器の使い方と注意点

　使い方は，まず熱する前に，金属の球が輪を通り抜けることを確認することが必要である。次に金属の球をガスバーナーやアルコールランプなどで熱する。

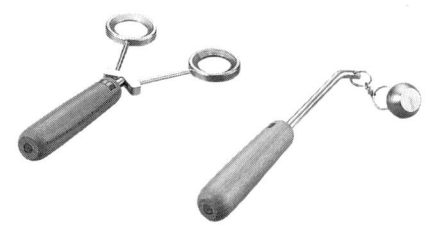

図　金属球膨張試験器
（ナリカ　C15-7254）

金属球を熱することで金属球の体積が大きくなるために，金属の輪を通り抜けることができなくなる。実際に輪に通してみて，通り抜けられないことを確かめる。熱した球を輪に再び通すためには，2つの方法がある。1つ目は，熱した金属球を水で冷やすことである。冷やすことで金属球の体積が小さくなり，輪を通るようになる。2つ目は，金属の輪を熱することである。金属の輪を熱することで，輪の内径を大きくし，体積の大きくなった金属球が通るようにする。2つの方法があるが，1つ目は子どもが冷やすと金属の体積は小さくなることをとらえることにつながる。2つ目は，球だけではなく金属でできた輪であっても熱すると体積が大きくなることを確認し，金属は温めると体積が大きくなることをより実感しながらとらえていく。

　この実験器具を用いることで，繰り返し実験を行うことができる。このような現象を繰り返し観察することで，子どもは金属の膨張や収縮を視覚的にとらえていくことができる。金属の他にも，子どもは水と空気の温度による体積変化を学習する。空気や水の体積変化に比べて，熱しても金属球の体積変化が目で確認できないほど小さいことを実感する。さらに，空気や水の実験よりも金属は高い温度であるにもかかわらず，体積変化が小さいことを実感していく。このような水と空気の実験との比較から，金属の体積変化は小さいことを確認していく。

　注意点は，熱した金属はとても熱くなるため触らないことである。また，子どもが熱した金属の球の置き場に迷い，机やノートの上に置くことが考えられる。紙の上に置くことで紙が焦げて危険であるため，熱した金属球の扱いへの指導が必要である。さらに，金属の球には鎖がついているが，子どもがそれを振り回したりぶつけたりすることが考えられる。安全面への指導が必要である。

金属の温度による体積変化

　温度変化による金属の膨張を日常生活の中での現象で考えると，鉄道のレールが夏の日光で温められ，高い温度になるため膨張し曲がってしまう現象が挙げられる。そのため，鉄道のレールや橋のように長い金属を用いる場合は，レールや金属のつなぎ目にすきまをつくっている。金属の温度による体積変化は小さいものであるが，無視できないものである。

（5）気体検知管

気体検知管

　気体検知管は，空気中に含まれる特定の気体の体積の割合を測定する器具である。例えば，燃焼の仕組みで，植物体が燃える前後の空気をそれぞれ気体検知管で測定し数値を比較することで，物が燃える際に空気中に含まれる酸素の一部が使われ二酸化炭素ができることがわかる。また，人の体のつくりと働きで，人や他の動物の吸気と呼気の成分を調べたり，生物と環境で，植物は光が当たると二酸化炭素を取り入れ酸素を出すことを調べたりするために用いることができる。

使い方

　使い方は，まず，両端をチップホルダーで折り取った気体検知管を，気体採取器に差し込む。このとき，気体検知管の向きを逆さに取りつけて操作すると有毒気体が発生する場合があるため，気体検知管を差し込む向きに十分に注意する。次に，気体採取器に差し込んだ部分と反対側の気体検知管の先に，けがを防止するためにカバーゴムをつける。カバーゴムのついた気体検知管の先を測定する気体の中に入れ，気体採取器の本体とハンドルのしるしを合わせてからハンドルを引く。ハンドルを引いた状態で，決められた時間だけ待つ。その後，気体採取器から気体検知管をはずし，色が変化している部分の目盛りを読み取ると，調べたい気体の体積の割合を知ることができる。

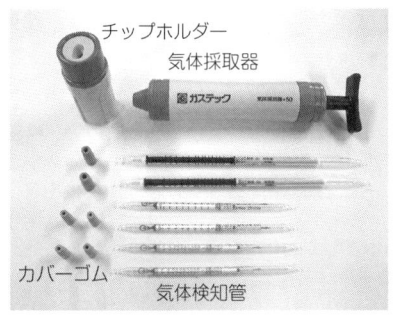

図1　器具の名称（ガステック）

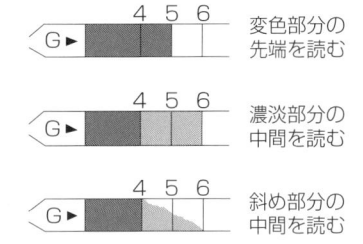

図2　目盛りの読み方

注意点

　気体採取器と気体検知管は同じメーカーのものを使う。測定を行う前に，説明書に従って気体採取器の気密性の点検を行っておく。二酸化炭素用気体検知管には，測定範囲が0.03〜1％の低濃度用と，0.5〜8％の高濃度用の2種類があるので，目的に応じて使い分ける。実験中は，気体検知管の両端を折り取った部分でのけがや，測定後に高温になった酸素用気体検知管によるやけどに注意する。使用済みの気体検知管は不燃物として廃棄してよいが，酸素用気体検知管は未反応の検知剤による有毒気体の発生を防ぐため，測定と同様の操作を繰り返して検知剤をすべて反応させたのちに廃棄する。気体検知管は，正確な測定値を得るために有効期限内のものを用い，未使用のものは日光や蛍光灯の直射を避けた涼しい場所で保管する。メーカーにより操作方法が異なる場合があるので，説明書をよく読んで使用する。

気体センサー

　気体中の酸素と二酸化炭素の体積の割合を同時に測定でき，変化の様子をデジタル表示で連続的に見ることのできる気体センサーを用いて実験することもできる。

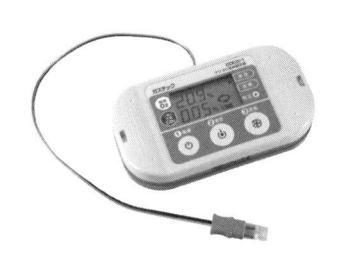

図3　気体センサー
（ケニス　1-164-600）

（6）気体ボンベ

気体ボンベ

　気体ボンベは，窒素，酸素，二酸化炭素など，純度の高い実験用気体を圧縮して容器に封入したものである（図1）。例えば，容量580mL の酸素ボンベには，常温1気圧で約5.0L の酸素がつめられている。気体ボンベを用いることで，高純度の気体を安全かつ短時間に必要なだけ準備することができる。

　気体ボンベは，燃焼の仕組みで，空気中に含まれる窒素，酸素と二酸化炭素のそれぞれの気体が物を燃やす働きがあるかどうかを調べる実験や，石灰水には二酸化炭素を通すと白濁する性質があることを確かめる実験に用いることができる。また，水溶液の性質で，水を半分程度入れたペットボトルに二酸化炭素をふき込み，二酸化炭素が水に溶けるかどうかを調べる実験に利用できる。

図1　気体ボンベ
（ナリカ　F35-1905～1907）

気体の捕集方法

　使い方は，気体ボンベの噴射口に専用のストローを取りつけ，ボタンを押して気体を取り出す。水に溶けにくい気体を集める場合は，水上置換法で気体を捕集するとよい（図2）。

注 意 点

　使用する際の注意点として，実験用気体を気体ボンベから直接吸うことのないようにする。気体ボンベを火気のそばに置く

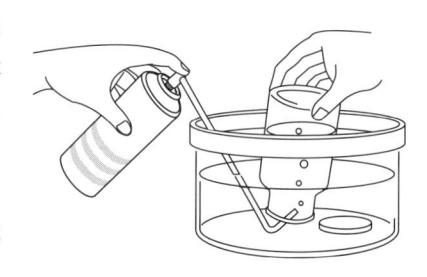

図2　水上置換法による気体の捕集

と，ボンベが加熱されて破裂することがあるので気をつける。保管は，直射日光の当たらない，温度変化の少ない冷暗所で行う。水回りや湿気の多い場所では，ボンベがさびて中身が漏れたり破裂したりする場合があるので，湿気の多い場所は避けるようにする。使用済みの気体ボンベを捨てるときには，屋外で噴射音が消えるまでボタンを押し，気体を完全に抜いてから，容器に穴をあけて廃棄する。これらの注意点は，水の状態変化を調べる際などに用いる，実験用ガスコンロのガスボンベの取り扱いにも当てはまる。

　気体ボンベの価格は，酸素，窒素，二酸化炭素は1本600円程度である。

1.3　水　溶　液

（1）いろいろなガラス器具

ビーカー
　ビーカーは，液体の混合や固体の溶解，溶液の観察や仮の保存，加熱や冷却などに用いられる。液体を撹拌するときは，破損を防止するためカバーゴムをつけたガラス棒を使用し，器壁にぶつけないようにする。加熱時には，転倒を防ぐため温度計やガラス棒を入れたままにせず，加熱用金網を敷いて均一に加熱する。

試 験 管
　試験管は，液体の加熱や冷却，比色，試料の反応などに用いられる。試験管に入れる液量は，加熱や混合の際こぼれないよう，試験管の1/4～1/5程度にとどめる。加熱時には，突沸のおそれがあるので必ず沸騰石を入れ，試験管の口を人がいないほうに向け小さく円を描くよう振り混ぜながら温める。固体試薬を入れるときは，試験管を斜めにして，薬さじですべらせるように入れる。試験管を洗浄するときは，ブラシを試験管の長さに合わせてもち，底を割らないよう注意する。

ろ う と
　ろうとは，水を加熱したときに出るあわを集めたり，ろ紙と組み合わせて液体をろ過したり，液体を他の容器に移すときに用いる。ろうとに液体を注ぐ際には，液体をガラス棒に伝わらせ静かに注ぐ。また，ろうとのあしを下の容器の内壁に接触させると，ろ液をスムーズに流出させ液滴の飛び散りを防ぐことができる。

メスシリンダー
　メスシリンダーは，液体の体積を正確にはかるときに使う。固体や気体の体積を測定することもできる。液体の体積をはかるときには，メスシリンダーを平らな場所に置き，液体を入れて目の高さを液面に合わせ，液面のへこんだところを最小目盛りの10分の1まで目分量で読む。

ピペット
　ピペットは，少量の溶液を取り出したり移し替えたりするときに使う。ゴムキャップだけをもつとピペットの先が安定せず溶液が飛び出すので，ゴムキャップとピペットの両方をもつようにする。ピペットの先は割れやすいので取り扱いに注意し，先が割れているものは使用しない。

ガラス棒
ガラス管
　ガラス棒は，溶液を撹拌するときや液体を注ぎ入れるとき，水溶液の性質を調べるためリトマス紙などに水溶液をつけるときに用いる。中が空洞のガラス管は，空気や水の体積変化を調べたり，液体や気体を別の場所に導くときに使用する。ガラス管の切り口は鋭利なので，必ず加熱してまるめておく。ガラス管は，ゴム栓に通すときなど強い力を加えると破損するので，取り扱いに十分注意する。

ペトリ皿
　ペトリ皿（シャーレ）は，本来入れ物とふたからなるが，ヨウ素でんぷん反応の確認，メダカのたまごなどの観察，水溶液の自然蒸発など，2枚の皿として使われることもある。熱に弱いため，加熱しないようにする。

集気びん
　集気びんは，物が燃える様子を調べたり気体を捕集したりするときに用いる。集気びんで物を燃やすときには，破損防止のためびんの底に砂や水を入れておく。ろうそくなどの炎をびんに近づけすぎると割れることがあるので注意する。

ガラス器具の保管
　ガラス器具は，使い終わったらすぐにブラシやスポンジでよく洗浄し，乾燥させたのち分類して保管する。けがを防止するために，使用前後にガラス器具に欠けやひびなどがないかを点検する。破損した器具やガラスの破片は放置しない。

（2）溶解の観察

ビーカー

　溶解現象の観察には，通常，100mL や300mL のビーカーが用いられる。ビーカーを用いて水に食塩などを溶かす場合，溶液中に密度が異なる部分ができるため，もやもやとしたかげろうのようなものが観察される。このように，液体中や気体中の密度の異なる部分がもやもやとして観察される現象をシュリーレン現象と呼ぶ。水に食塩が溶けていく際に生じるシュリーレン現象を観察させる場合，白い模造紙などを背景にしてビーカーを置き，ビーカーに向けて光を当て，模造紙上に影をつくるようにするとよい。影を観察すると，シュリーレン現象が影の濃淡としてとらえやすくなる。このとき，食塩や砂糖などを市販のティーバッグに入れて水につけることで，シュリーレン現象をさらに観察しやすくなる。

シュリーレン現象

ティーバッグ

　また，ビーカーの中の水に食塩などを溶かす場合，ビーカーに十分な高さがないため，食塩などは溶け切ることなく底に落下してしまう。そこで，食塩が水中を落下しつつ完全に溶け切ってしまう様子やその瞬間を観察させたい場合，透明アクリルパイプなどの細長い容器を用いるとよい。1 mほどの長さがあれば，食塩が徐々に溶けて見えなくなる様子や，完全に溶ける瞬間をつぶさに観察することができる。このようなものの溶け方実験用パイプ（図1）は，実験器具として販売されているが，高価なため，十分な予算が確保できない場合は，透明なペットボトルの容器などを加工し，いくつもつなぎ合わせて同様なものを製作し，代替させることができる。なお，このような径の小さな容器で溶解現象を観察させると，食塩などが溶けるに従って水位が上昇する様子も観察させることができる。

透明アクリルパイプ

図1　ものの溶け方実験用パイプ
（ケニス　1-126-432）

棒 び ん

　溶解の前後における質量の保存を調べる場合，スチロール棒びん（図2）を使用すると，押しぶたがついているため，手で振って容易に攪拌することができる。ガラス棒で攪拌するよりも短時間で攪拌作業を終えることができるため，必要に応じて使いたい。

　溶解現象に関連して使用する器具には，これら以外にも，水の量を正確にはかり取る際に用いられるメスシリンダーやこまごめピペット，質量を測定するための電子てんびん，溶け残った物質をろ過するためのろ紙，ロート，ロート台，ガラス棒などがある。また，蒸発乾固を行う際には，蒸発皿，三脚，金網または三角架，アルコールランプなどが用いられる。蒸発皿は白色のものが普及しているが，色つき（青色）蒸発皿（図3）も市販されており，これを使うことで食塩やホウ酸が観察しやすくなる。

色つき蒸発皿

図2　棒びん
（ナリカ　S75-2090-10）

図3　色つき蒸発皿
（ナリカ　F35-1470）

（3）酸・アルカリ水溶液の調整

水溶液の濃度の表し方

　物質が水に溶け，透明で濃さが均一の状態の溶液を水溶液という。水溶液の濃さは，水（溶媒）に溶けている物質（溶質）の量で決まる。水溶液の濃さのことを濃度という。水溶液の濃度の表し方として，一般的に質量パーセント濃度〔％〕が用いられる。これは水溶液全体（溶媒と溶質）の質量に対する溶質の質量の割合で表したものである。また，化学反応の量的関係を知るため，水溶液1L中に存在する溶質の物質量で表した，モル濃度〔mol/L，M〕が用いられる場合もある。小学校で主に使用する酸・アルカリ水溶液の性質と調整方法を以下に示す。

塩　　酸

　塩酸は，塩化水素（HCl）の気体を水に溶かしたもので，強い酸性を示す。鉄やアルミニウムなどと反応して水素を，石灰石と反応して二酸化炭素を発生する。市販の濃塩酸の濃度は約36％12Mで，開栓時に刺激臭のある塩化水素を含む白煙が生じる。塩化水素の気体を吸い込むとのどや鼻の粘膜を傷めるため，換気を行い直接吸い込まないよう注意する。金属を変化させる水溶液の実験では，濃塩酸1体積に対して水3体積の割合で混合した，約10％3Mの塩酸を用いる。濃塩酸を希釈すると発熱するため，水に濃塩酸を少しずつ加えるようにする。水溶液の液性を調べる実験では，3M塩酸をさらに希釈したものを用いる。

炭　酸　水

　炭酸水は，気体の二酸化炭素を加圧して水に溶解させた水溶液で，弱酸性を示す。振ったり温めたりすると，水に溶けていた二酸化炭素が気泡として現れる。

水酸化ナトリウム水溶液

　白色粒状固体の水酸化ナトリウム（NaOH）を水に溶かすと，強いアルカリ性を示す水酸化ナトリウム水溶液ができる。固体の水酸化ナトリウムは，空気中の水分や二酸化炭素を吸収する性質をもつ。固体，水溶液ともに皮膚をおかすので，直接触らないようにする。水酸化ナトリウム40gを水に溶かして1Lにすると，1Mの水溶液ができる。水に溶けるときに大量の熱を発生するので，少量ずつ加えて溶かすようにする。調整した水溶液は，ポリエチレン製の容器に保存する。ガラスびんに保存するとガラスを溶かしふたが取れなくなることがある。水酸化ナトリウム水溶液は濃度が高くなると危険なので，蒸発実験には用いない。

石　灰　水

　石灰水は，水酸化カルシウム（Ca(OH)$_2$，消石灰）の飽和水溶液で，水に水酸化カルシウムを過剰に入れてよくかき混ぜたのち，1日以上放置して生じた上澄み液を用いる。強いアルカリ性を示すため，ポリエチレン製の溶液に保存し，手についたり目に入ったりしないように気をつける。二酸化炭素の検出に用いるが，二酸化炭素を過剰に通じると白濁が消え，無色透明になる。

アンモニア水

　アンモニア水は，無色刺激臭で水に溶けやすい性質をもつアンモニア（NH$_3$）の気体を溶かした水溶液で，弱アルカリ性を示す。市販のアンモニア水は約28％15Mであり，開栓時に気体のアンモニアが発生するので吸い込まないよう注意する。アンモニア水1体積と水4体積を混合すると，3Mのアンモニア水ができる。

試薬の取り扱い

　水溶液の調整に用いる濃塩酸や水酸化ナトリウムの固体，アンモニア水の原液などの劇物は，子どもが直接取り扱うことのないようにし，施錠できる保管庫に収納する。薬品が皮膚などに付着した場合には，できるだけ早く大量の水で洗い流すようにする。

（4）BTB やリトマス試験紙

BTB 溶液

pH

BTB は，ブロモチモールブルーの略称であり，pH＜6.0で黄色（酸性），pH＞7.6で青色（アルカリ性），その中間では緑色（中性）を示す。粉末のBTBをエタノールに溶かして水でうすめるとBTB溶液となる。pH（potential hydrogen の略，ピーエイチまたはペーハーと読む）とは，水溶液の水素イオン濃度によって示される指標であり，pH＝7が中性値である。身近

	酸性	中性	アルカリ性

pH　0　1　2　3　4　5　6　7　8　9　10　11　12　13　14

バッテリー用酸／5％塩酸／胃液／レモン汁／食酢／ワイン／炭酸水／ビール／雨水／純水／血液、食塩水／海水／石けん砂水溶液／ホウ砂水溶液／アンモニア水／石灰水／5％水酸化ナトリウム

図1　身近な水溶液のpH

pH	0	1	2	3	4	5	6	7	8	9	10	11	12	13	14
リトマス						赤			青						
ブロモチモールブルー							黄		青						
フェノールフタレイン								無		赤					

図2　主に使用する指示薬とその変色域

な水溶液のpHと主に使用する指示薬の変色域を図1，2に示す。

リトマス試験紙

リトマス試験紙は，リトマスゴケなどから得られる色素をエタノールに溶かしたリトマス液をろ紙に含浸させてできる。含浸前のリトマス液に少量の塩化水素またはアンモニアを入れて色をつける。できた赤色リトマス紙はアルカリ性で青色，青色リトマス紙は酸性で赤色に変色する。おおよそpH5〜8の間では変色せず，中性を示す。BTBやリトマスのように液性を判別する試薬を指示薬という。

使用上の留意事項など

BTB はリトマス紙に比べて中性のpH範囲が狭いため，弱酸性，弱アルカリ性を調べることができる。例えば，pH5.6程度の酸性雨の判定はBTB溶液であれば可能である。中性の判断は指示薬によって違いがあるため，液性を調べた指示薬を明記するとよい。その他，主な留意事項などを表に挙げる。

いろいろな試験紙

数種類の指示薬をろ紙にしみ込ませた万能pH試験紙は，pHごとに異なる色を呈する。数値を表示するpHメーターもある。また，野菜や果物（ナスやブドウの皮），濃色の花（アサガオ，バラなど）の色素を湯やアル

表　BTBとリトマス紙の主な使用上の留意事項

①	BTBは光に反応して変化するので褐色びんに入れて保存する。
②	リトマス紙は，空気中の二酸化炭素がリトマス紙に含まれる水分に溶けて酸性を示すので，保存は密閉容器中とする。
③	リトマス紙がうすくなった場合は，塩酸やアンモニア水の蒸気に触れさせ，色を濃くして使用することもできる。うすくなった試験紙では，炭酸水などで色の変化がわかりにくい。新しい炭酸水と変色していないリトマス紙を使い，水と比較するとよい。
④	リトマス紙はピンセットで扱う。水溶液をガラス棒の先につけ，リトマス紙に1滴滴下する（ガラス棒はその都度洗うなど水溶液が混ざらないようにする）。

コールで抽出し，指示薬や試験紙を作成できる。身近な素材で液の性質を調べる学習活動も面白い。アルコールで抽出したほうが長く保存できる。アントシアニンという色素を含むムラサキキャベツ液は，pHが3〜7では変色しないが，7〜9青，9〜11青紫，11〜緑，黄緑と変色するので，アルカリ性の度合いを調べることができる。この他，ハーブティーに含まれる色素も指示薬となる。

〈参考文献〉
・岩波書店辞典編集部編：科学の事典　第3版，岩波書店，1985

1.4　力

（1）上皿てんびんと電子てんびん

質量の測定器具
上皿てんびんの
構成

　物質の質量を測定する器具として，上皿てんびんや電子てんびんが用いられる。上皿てんびんは，台，うで，目盛り，針，皿，調節ねじで構成され，分銅を用いて質量をはかり取るようになっている。上皿てんびんには，秤量（はかり取れる最大の質量）と感量（上皿てんびんが反応する最小の質量）が決められており，秤量が100gの場合は感量が0.1gや

図1　上皿てんびん
（ナリカ　A05-3022）

0.05gのものが多い。実験目的に合ったものを用いなければならない。

　上皿てんびんは精密な測定器具であるため，水平な場所で保管したり使用したりしなければならない。保管する場合は，左右のどちらかに皿を重ね，うでが振動しないようにしておく。分銅を使用する際は，専用ピンセットを用い，手あかなどが付着しないように心がける。

測定前の準備

　上皿てんびんを使用するときには，まず，水平で安定した台の上に設置する。次に，うでの番号と皿の番号をそろえて皿を設置する。そして，針が目盛りの中央を中心に等幅で振れるように調節ねじを回す。針の振動が止まらなくても，目盛りの中央を中心に等幅で振れていればつり合っている。

上皿てんびんの
使い方

　物質の質量をはかるときには，はかりたい物質を利き手ではないほうの皿にのせ，利き手で分銅をのせていく。その際，分銅は，重いものから順にのせるようにする。分銅を皿から下ろすときも，重い分銅から順に下ろすようにする。はかり取るものが食塩などのような粉末の物質の場合は，皿の上に直接のせるのではなく，薬包紙を利用する。この場合，両方の皿の条件をそろえるために，分銅をのせる皿にも薬包紙を敷くようにする。なお，決まった質量の物質をはかり取るときは，はかり取りたい物質の質量に相当する分銅を利き手ではないほうの皿にのせ，利き手のほうではかり取る物質を皿にのせていくようにする。

電子てんびん

　電子てんびんは，自動上皿てんびんと呼ばれることもあり，はかりたい物質を台の上にのせるだけで質量を自動的にデジタル表示することができる測定器具である。上皿てんびんと同様に，水平で安定した台の上で保管・使用する。

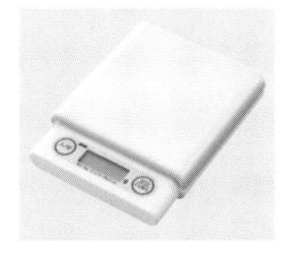

図2　電子てんびん
（ケニス　1-105-242）

電子てんびんの
使い方

　使用する際は，まず，電源コードをコンセントに差し込み，スイッチを入れる。次に，何ものせていない状態で0gと表示されることを確認し，ずれている場合は，指定されたスイッチ操作を行い，0gとなるように調整し，その上で質量をはかり取りたい物質を台の上にのせ，表示板の数字が落ち着いたところで数字を読み取る。このように，瞬時に0gの調整ができる点が電子てんびんの利点である。

（2）てこ実験器

て　こ

　定点を通る軸の周りで自由に回転できるようにした棒を「てこ」と呼ぶ。てこには，回転の中心となる「支点」，力を働かせる位置としての「力点」，そして，力点に加えた力が他の物体に力を働かせる位置としての「作用点」の3点がある。てこの構造をとらえさせ，てこを用いることによってもたらされる効果を実感させていくために，図1に示すような「てこの働き実験セット」等を用いる。

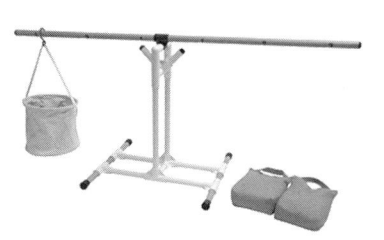

図1　てこの働き実験セット
（ケニス　1-110-095）

てこの働き実験セット

　図1に示されている実験セットの場合，てこ棒はスチール製で長さが1.5mとなっており，おもりとして5kgの砂袋が付属している。また，支点付近には，てこ棒のはね上がりによる事故を防止するための「はね上がり防止用安全ストッパー」がついており，子どもが安心して活動できるようになっている。もちろん，全国のDIYショップでは，同規模のてこを自作する際に必要となるスチール製や木製の棒が取り扱われており，それらを購入して教材教具を自作することも可能である。

実験用てこ

　てこの学習では，上述の学習の後に，図2に示されているような「実験用てこ」を用い，てこのつりあいの原理を定量的にとらえさせることとなる。子ども用の実験用てこは，様々なサイズのものが市販されている

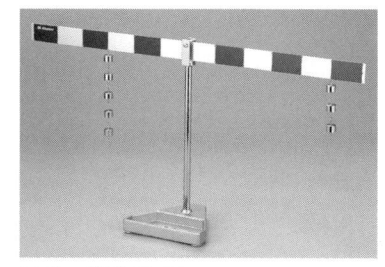

図2　実験用てこ（ナリカ　C15-1002）

が，理科室での班活動を考えると，うでの長さが30cmから70cm程度のものが利用しやすい。市販されている実験用てこは，左右のうでの長さが等しく，均一な素材でできており，支点から等間隔に5，6箇所のおもりつり下げ穴があけられているものが多い。このような実験用てこを用い，「支点から右うでのおもりまでの距離×右うでのおもりの重さ」の値と「支点から左うでのおもりまでの距離×左うでのおもりの重さ」の値が等しくなるときにてこがつりあうといった

つりあいの原理

「つりあいの原理」をとらえさせていくことになる。

質量（kg）と重さ（N）

　ところで，中学校では，質量と重さの違いを，両者にかかわる測定操作の違いとして示すことが多い。例えば質量は，上皿てんびんを使ってはかられる量であり，kg等の単位で表現されること，重さは，ばねばかりを使ってはかられる量であり，N（ニュートン）等の力の単位で表現されることが指導される。しかし，小学校では，このような区別が困難なため，おもりの重さについては，Nではなく，gなどの質量の単位を使ってとらえさせたり，あるいは，使用するおもりの重さがすべて等しい場合には，おもりの個数のみでとらえさせたりする。また，支点からおもりまでの距離についても，cmなどを用いる以外に，支点から左右のうでに等間隔で刻まれた目盛りの数を用いることもある。

（3）振り子

**振り子
実験器**

　小学校では，図1のような糸とおもりを基本とする振り子実験器を用いておもりを振れさせ，おもりが1往復するのにかかる時間（「周期」と呼ぶ）に影響を与える要因を見いださせる。周期に影響を与える要因の候補としては，「振り子の長さ」「振れ幅（振れ角）」「おもりの重さ」が挙げられ，これら1つ1つの要因と周期との関係性を調べさせていくことになる。

振り子の長さ

　振り子の周期は，振り子の長さによって決まる。ここで，振り子の長さは，おもりをつり下げている糸の長さではなく，おもりをつり下げている糸の上端からおもりの重心までの長さであることに留意しなければならない。また，振り子の中には，1本の糸でおもりをつり下げて振れさせると円錐振り子になりやすくなるため，それを避ける工夫として，長さが等しい2本の糸でおもりをつり下げて振らせるものも見られる。この場合，振り子の長さは，実際に用いられている糸の長さではなく，1本の糸でおもりをつり下げているとした場合の振り子の長さによってとらえなければならない。

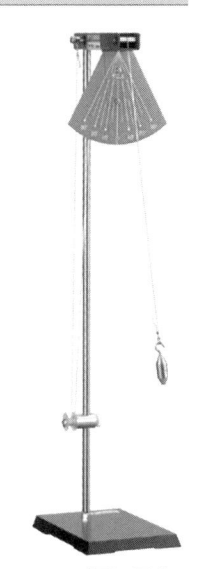

**図1　振り子実
　　験器**
（ケニス　1-110-177）

おもりの重さ

　次に，おもりについてであるが，振り子の学習では，てこの学習等でも活用できる両フックつきのおもりを用い，それらを縦方向に連結しながらおもりの数を増やしていくことがあるが，この場合，つり下げるおもりの数が増えるに従い，振り子のおもりの重心の位置が変わってしまうことになるため，結果として，振り子の長さも変化していくことになる。また，おもりの数を増やすことでおもりの重さを変えていく場合，おもり全体の体積や表面積なども変化してしまうことになり，空気抵抗等も変化してしまうことになる。そこで，図2のように，同体積，同形状で材質が異なるおもりを用い，おもりの重さの違いが周期に影響を及ぼさないことを示すなどの工夫が必要となる。

図2　振り子のおもり
（ナリカ　C15-5115-10）

振れ幅（振れ角）

　最後に，振れ幅（振れ角）についてであるが，実際の振り子の周期は，おもりの重さや振り子の長さが一定であったとしても，振れ幅が変わることによって変化してしまうことに留意しておくことが必要である。特に，振れ幅が20°を超えるあたりからその影響が顕著に出てしまうことになるため，振れ幅については，0°から20°の範囲で変えながら実験を行わせることが必要である。図1に示されている振り子実験器には，振れ幅をとらえるための角度盤（分度器）が支柱の支点付近に取りつけられているが，その目盛りは，0°を中心として左右に30°までしか表記されていない。それは，この角度を超える条件での実験を行うことが不適切だからである。

　なお，振り子実験器の構造は，実験用てこの構造と共通部分が多いため，両方の実験で利用できるような兼用の実験器具をそろえると効率的である。

2 B区分「生命・地球」にかかわる教材教具

2.1 植　物

(1) ルーペ

モンシロチョウの卵のように小さなものや，タンポポの花のように詳細なつくりの観察など，小学校第3学年における生物の観察では，ルーペ（いわゆる虫めがね）を必要とする場面も多く見られる。

野外観察用ルーペの種類

野外観察にもち出せるタイプのルーペとしては，図1のように持ち手が長く扱いやすい一般的な手持ちルーペから，図2のように携帯に便利な繰り出しルーペ，図3のように観察対象に合わせてレンズを重ね合わせることで倍率を調整できるタイプの繰り出しルーペなどが挙げられる。

ルーペの使用方法

これらのルーペを使用する際には，利き手と反対の手でルーペを目に近づけてもち，動かせる観察対象を利き手でもちながら，その観察対象をルーペに近づけたり遠ざけたりして，その観察対象の像がはっきり見えるところを探すようにする。観察対象を動かせないときには，ルーペを目に近づけてもった状態で，そのまま観察対象に近づいたり遠ざかったりして，その観察対象の像がはっきり見えるところを探すようにする。ルーペをなるべく目に近づけてもつ理由は，ルーペを通して見える範囲（視野）を広く保つためである。

ちなみに，ルーペの倍率が高くなればなるほど，レンズの中心部の厚みが増し，焦点距離も短くなるため，観察対象をよりルーペに近づけてもつ必要性が出てくるため，子どもにとっては扱いにくい。また，倍率が高いルーペのレンズは小さいため，見える範囲も小さくなり，子どもの目の負担も大きくなるため，長時間の使用は避けるようにする。当然のことながら，直接太陽を見ないように指導することも必要不可欠である。

室内観察用ルーペの種類

理科室等の室内で使用するタイプのルーペとしては，図4のように大きな凹凸のない葉の表面などの観察に適したシリンダールーペ，図5のようにルーペをのぞきながら柄付き針を用いて花粉を取り出すなどの作業を可能にする台付きルーペなどがある。また，図6や図7のように，レンズ付きのびんやカップは，細かい観察対象や動く観察対象などを入れたままで観察ができるため，子どもにとっては扱いやすい。

図1　手持ちルーペ
（ナリカ　G40-1474-20）

図2　繰り出しルーペ
（右：ナリカ　G40-1573）

図3　繰り出しルーペ
（ナリカ　G40-1532-02）

図4　シリンダールーペ
（ナリカ　G40-1511）

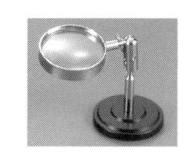

図5　台付きルーペ
（ケニス　1-115-530）

図6　ミルビン
（ナリカ　G40-1630-40）

図7　観察カップ
（ケニス　1-154-565）

（2）顕微鏡

小学校理科で用いられる顕微鏡には，解剖顕微鏡，双眼実体顕微鏡（ファーブルミニも含む），生物顕微鏡の3種類がある。

解剖顕微鏡

メダカの卵の発生の様子についての観察などに用いられる図1の解剖顕微鏡は，台付きルーペの延長線上のようなものであり，接眼レンズは10倍か20倍のものが一般的である。

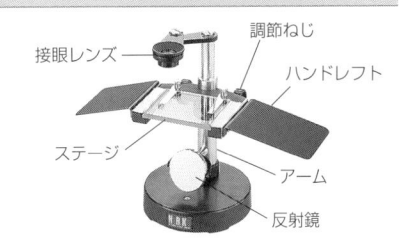

図1　解剖顕微鏡 (ナリカ　D21-6131)

双眼実体顕微鏡

図2の双眼実体顕微鏡は，メダカの卵の発生の様子はもちろん，めしべの柱頭につく花粉の観察のように，立体的に観察したい場合に用いられる。双眼実体顕微鏡は，接眼レンズと対物レンズの掛け合わせで倍率が決まり，10〜40倍の総合倍率が一般的である。

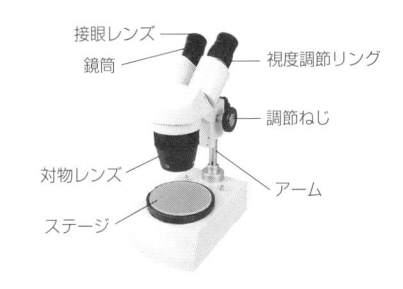

図2　双眼実体顕微鏡 (ナリカ D21-5168)

ファーブルミニ

図3のファーブルミニも双眼実体顕微鏡であるが，携帯ストラップ付きで，首からさげて，野外にもち出して観察することも可能である。解剖顕微鏡や双眼実体顕微鏡は，水草付きのメダカの卵をシャーレに入れたままの状態でステージに置いて観察でき，しかも上下左右同じ正立像が得られるため，違和感なく観察しながら卵の構造を見やすい角度に回転させるなどの作業もできる。

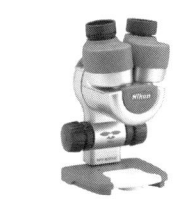

図3　双眼実体顕微鏡ファーブルミニ
（ケニス　1-150-031）

生物顕微鏡

水中の微生物の観察や葉の気孔の観察などに用いられる図4の生物顕微鏡は，透過光を用いるため，厚みのあるものの観察は不向きである。また，観察対象と対物レンズの距離が近く，上下左右反対の倒立像が得られるため，観察しながら観察対象に操作を加えることは困難である。生物顕微鏡も，接眼レンズと対物レンズの掛け合わせで倍率が決まり，40〜600倍の総合倍率が一般的である。

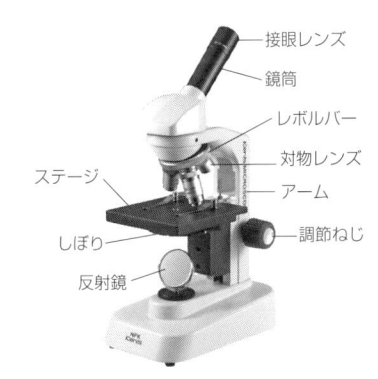

図4　生物顕微鏡 NFK-400
（ケニス　1-149-050）

ライトスコープ

図5のライトスコープは，ライト付きの手持ち型顕微鏡であり，野外での観察に適している。V字型に開くとライトが自動で点灯し，サイドのあるリングでピント調節を行うタイプのもので，30倍程度のものの観察に用いられる。

図5　ライトスコープ (ナリカ　D20-2101)

（3）植物の栽培器具

栽培植物
プランター
植物育成棚

土づくり

赤　土
黒　土
バーミキュライト
腐葉土
パーライト

苦土石灰

堆　肥

移植ごて

三角ホー
熊　手
シャベル
育苗ポット

ふるい
化学肥料

　小学校理科において，植物の栽培はすべての学年に位置づけられている。表は，各学年で栽培される植物の一覧を示したものである。ホウセンカやアサガオなどのようにプランターで栽培するものもあれば，ヒマワリやオクラ，ジャガイモなどのように花壇や畑で栽培するもの，ツルレイシのようにプランターと育成棚などを用いて栽培するもの（通称，緑のカーテン）もある。

　植物の栽培で欠かせないのは，土づくりである。栽培土壌の条件としては，水はけのよさ，通気性のよさ，保水性のよさ，適正な酸性度，適度な栄養状態などが挙げられる。水はけや通気性，保水性のバランスをとるためには，砂質と粘土質のバランスが重要である。砂質土壌は，やわらかくて水はけや通気性には富むが，保水性が弱く，粘土質土壌は，保水性には富むが，土壌がかたくて根が生育しにくく，水はけや通気性にも弱い。土を手で握ったあとに指で押すとほろほろと崩れる程度のかたさに調整するとよい。砂質土壌に対しては，赤土や黒土などの粘土質の土や保水性に富むバーミキュライトを混ぜるとよい。粘土質土壌に対しては，腐葉土や多孔質で通気性に富むパーライトを混ぜるとよい。栽培植物は，pH5.5程度の酸性土壌で生育するジャガイモやサツマイモを除くと，pH6.5程度の弱酸性土壌で生育する植物が多い。一方で，日本では雨が多く，土の中のカルシウム（石灰）やマグネシウム（苦土）が溶け出し，酸性土壌に偏りがちであるため，苦土石灰を混ぜて，酸性度を調整することも必要である。苦土石灰だけを散布すると土がかたくなるため，堆肥も補給するほうがよい。

　プランターでの栽培は，図1の園芸用具セットのうち，移植ごてがあれば十分である。畑で栽培する場合は，除草に用いる三角ホーや熊手，土おこしに用いるシャベルがあると便利である。図2は，育苗ポットで種子を発芽させてプランターに植え替える様子である。ふるいを使って粒の大きいごろ土，粒の小さい培養土に分けたあと，図2のように入れるとよい。

表　各学年における栽培植物の一覧

学年	栽培植物
3年	ホウセンカ，ヒマワリ，オクラ，ピーマン，ダイズ，ワタ，マリーゴールド
4年	ヘチマ，ツルレイシ，ヒョウタン，キュウリ
5年	インゲンマメ，トウモロコシ，アサガオ，ヘチマ，ツルレイシ，オモチャカボチャ，アブラナ
6年	インゲンマメ，ジャガイモ，ホウセンカ

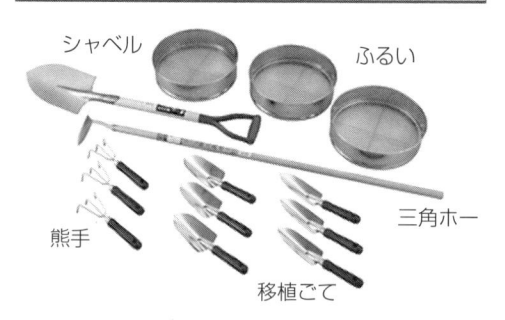

図1　園芸用具セット （ケニス　1-153-330）

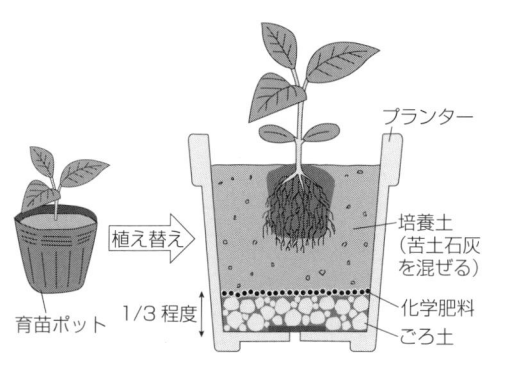

図2　植物の栽培例（ホウセンカ）

2.2 動　物

（1）メダカの飼育

水　　槽
黒　玉　土
敷　　石
ろ　過　器
エアポンプ

水温調節器
照明装置

オオカナダモ
ハゴロモモ

シャーレ

スクリュー管

双眼実体顕微鏡
デジタルカメラ

　産卵に向けてメダカを飼育するためには，比較的早い段階から飼育しはじめ，水質を安定させておくことが必要不可欠である。まず，メダカを理科室や教室で飼育する場合には，水槽の設置場所として，コンセントが近くにあり，直射日光の当たらない明るい場所を確保しておく。次に，図1のような水槽に黒玉土か敷石を2cmほど敷きつめ，くみ置きの水を流し入れ，図2のようなろ過器の付いたエアポンプを設置する。図1の水槽（23L）であれば，20匹程度のメダカの飼育が可能である。

　メダカは，水温25℃程度の水温，14時間以上の日照時間の環境下で産卵しやすいため，水温が低い時期や日照時間が短い時期には，水温調節器（図3）や照明装置を用いるとよい。また，オス：メスの比率を1：2にしておき，産卵・繁殖用のえさを与えて体を太らせておくと，1日おきにメス1匹当たり10〜20個程度産卵するため，毎日，子ども一人一人にメダカの卵を十分に行きわたらせることもでき，継続観察が可能となる。水槽にオオカナダモやハゴロモモのように細かい葉をもつ水草を入れると，適度にメダカの隠れ場所や産卵床にもなる。しかし，産卵日を特定して継続観察させたい場合は，腹に卵をつけて泳いでいるメスのメダカをすくい上げ，腹から指で直接卵を採集したほうがよいため，水草はないほうがよい。受精卵であれば，適度に弾力があり，指先でつまんでもつぶれることはない。採集した卵は，水道水入りのシャーレの中で転がしながら洗うと，無精卵は簡単につぶれ，付着糸がきれいに取れ，受精卵は1つ1つばらばらになる。それらの卵を図4のようなスクリュー管に水道水と一緒に2〜3個程度，ピンセットでつまみ入れる。このまま孵化まで継続観察が可能である。また，スクリュー管自体がレンズの役割を果たすので，肉眼でも発生の様子がよく観察できる。スクリュー管に入れたまま双眼実体顕微鏡で観察すると，産卵から7日ごろには心臓の動く様子も見られ，双眼実体顕微鏡の接眼レンズにデジタルカメラのレンズを接するようにしながら動画撮影も可能である。孵化したあとのメダカの稚魚は，エアポンプなしの別の水槽で成魚の半分程度に大きくなるまで，飼育する必要がある。

図1　アクアリウム水槽
（ケニス　1-152-822）

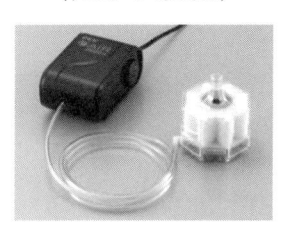

図2　ろ過器付き
　　　エアポンプ
（ケニス　1-152-645）

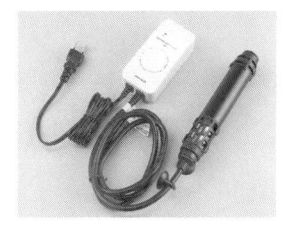

図3　アクアリウム
　　　水温調節器
（ナリカ　G40-4026-01）

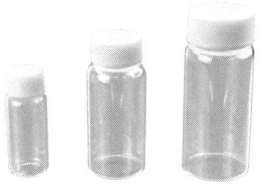

図4　10mLスクリュー管
（ナリカ　S75-1202-01）

（2）水中の小さな生物

ビーカー

水中の小さな生物の採集には，いくつかの方法がある。まず，校内のビオトープや野外観察槽，水田など，比較的浅く，水底に泥や石，枯れ葉などがあり，水質の栄養状態や日当たりもよい，比較的安定した池や水たまりから，微生物を採集する場合には，ビーカーで池の水をすくって肉眼で見るだけで，ミジンコなどの大きな微生物を確認できる。しかし，メダカなどを放流している場合や水底や水質の状態がよくない場合には，微生物の数も少ないため，ビーカーで池の水をすくうだけでは，効率よく微生物を観察することはできない。そこで，図1のような簡易プランクトン採集器を用いて，余分な水をろ過して捨てることで，1滴当たりの微生物の数を多くし（微生物を濃縮し），効率のよい観察を可能にする。

**簡易プランクトン
採集器**

**図1　簡易プランクトン
採集器**
（ケニス　1-151-655）

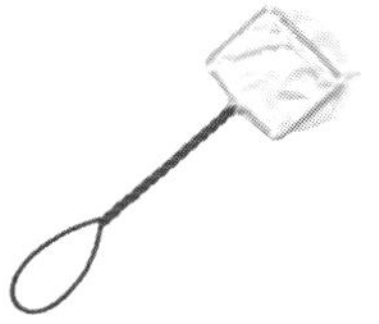

**アクアリウム用
すくい網**

簡易プランクトン採集器がない場合は，図2のように比較的網の目の細かいアクアリウム用すくい網で池の水を何度かすくい，すくい網をビーカーの水の中で洗い出す方法をとる。また，水底に沈んでいる落ち葉や石，イネやアシなどの水中に生えている植物に微生物が付着していることもあるため，その際は，歯ブラシやスポンジでシャーレの中にこそぎ落として採集する。

**図2　アクアリウム用
すくい網**
（ケニス　1-152-988）

シャーレ

**プランクトン
ネット**

次にプールや池など，比較的深いところから微生物を採集する場合には，図3のようなプランクトンネットを用いるとよい。プランクトンネットの先端には捕集容器がついており，活栓を閉めた状態で池の遠くのほうに投げ沈め，プランクトンネットを引き上げていくと，捕集容器に微生物が濃縮される。捕集容器の活栓を開けると，ビーカー等に簡単に移すことができる。

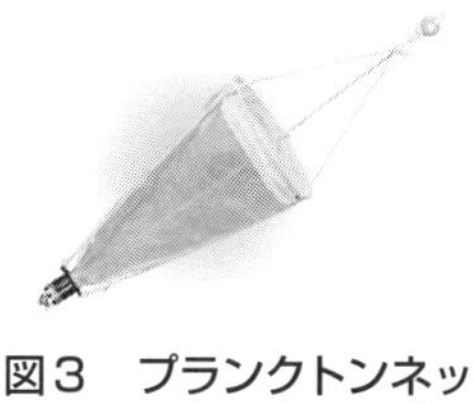

図3　プランクトンネット
（ケニス　1-321-298）

**生物顕微鏡
スライドグラス
スポイト
カバーグラス**

水中の微生物の観察では，生物顕微鏡を用いるため，スライドグラスに採集してきた池の水をスポイトで1滴落とし，柄付き針で支えながら空気が入らないようにカバーグラスをかけ，プレパラートを作成する。ただし，ミジンコのように，厚みのあるものの観察の場合は，カバーグラスに押しつぶされてしまい，生きている状態での詳細な観察ができなくなるため，

**図4　ホールスライド
グラス**
（ケニス　1-321-298）

**ホールスライド
グラス**

図4のようにくぼみのあるホールスライドグラスを用いる。また，ゾウリムシのように，広範囲を動き回るものの観察の場合は，図5のような高撥水性印刷スライドグラスを用いると，視野の範囲でのみ動くので観察しやすい。

**図5　高撥水性印刷
スライドグラス**
（ケニス　1-321-311）

（3）メダカの発生と成長の観察

メダカは，童謡にも歌われるように，日本人になじみ深い小型の魚類である。一方で，公益財団法人東京動物園協会は，近年，メダカが住める，水の流れがゆっくりで水草のあるような環境が少なくなってしまったことから，メダカが絶滅のおそれもある生物となってしまったとして，東京都内の川や池などでメダカの生息調査を行い，その結果を公開している[1]。

生息環境　　メダカの飼育時には，こうした本来の生息環境を考慮しつつ，観察のしやすい環境整備を行う必要がある。ビオトープや屋外の大型なスイレン鉢などでの飼育は自然に近い状態での生育や繁殖が期待できるが，産卵や発生そのものの観察は容易ではない。屋内で飼育する際には，十分な水量と水面の広さを考慮した水槽を用意する必要がある。メダカ１匹に対し，水１L以上の容積がある水槽がよい。メダカの隠れ場所や産卵場所となる水草も入れるが，小石や水草を入れる際には，病原となる細菌類が混入しないよう留意する。また，エアレーションやろ過フィルターによる水流が強くなりすぎないよう工夫する。餌の食べ残しやふんにより水質が悪化することがないよう水換えをする必要があるが，水道水の使用時には事前にカルキ抜きをする。水温は25℃程度を保ち，急激な温度変化を避けるため，水槽は直射日光の当たらない明るい場所に置くようにする。

産　卵　　産卵は明け方に見られるが，雌雄を夜のうちに別にして，暗い状態を保つことで産卵の時間を調整することができる。小型の魚類であるため，放精を目視することは難しいが，オスがメスに寄り添う行動を観察することで，オスの関与を考察できる。飼育過程で，無精卵からは子メダカが生まれないことに気づくこともある。大型魚類のサケの放精についての映像資料を参考にすることもできる。

観察時の留意点　　繁殖に際しては卵や子メダカを親メダカと分離して飼育する。ペットボトルで作成した簡易水槽などを用いてもよい。卵は水温が25℃程度であれば10日前後で孵化する。ルーペや実体顕微鏡，解剖顕微鏡などでの観察が容易である。観察時には光源による水温上昇や，酸素不足に留意し，短時間で終えるようにする。観察記録はスケッチの他，図のようにデジタル機器を使用して撮影した映像を用いる工夫も考えられる。

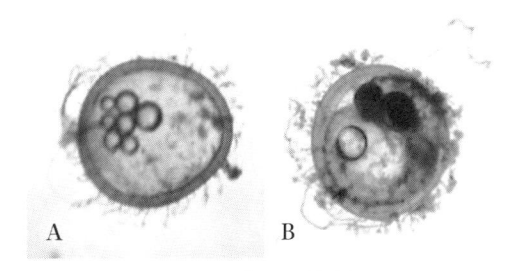

図　メダカの胚発生

A：受精当日。まだ胚は明瞭でなく，植物極側の油滴が観察される。

B：受精から１週間後。油滴は１つになり，動物極側に胚が発生しており，目などが観察できる。

〈引用文献〉

1）公益財団法人東京動物園協会：東京メダカ MAP2015
　　https://www.tokyo-zoo.net/medaka/index.html

（4）人体模型（骨格）

人体骨格模型

ヒトの体には骨と筋肉がある。体全体の骨を示した人体骨格模型は理科室等に常設する。市販されている中には，小型のものや関節を自由に動かせたり，分解したりできるものがある。さらに，図鑑（例えば，各部の骨の名称やレントゲン写真）やインターネットなどの情報を併せて活用したい（例えば，NHK for school の資料など）。

骨のはたらき

骨には，体を支えるはたらきと臓器などを守る働きがある。頭がい骨は脳を守っている。ろっ骨（助骨，通称あばら骨）は，曲線形でおおうように臓器を保護している。人のろっ骨は合計24本で両側に12本ずつあり（12対24本），内側には，肺，心臓，肝臓がある。多くの脊椎からできている背骨は体を支えている。短い骨が重なっているので，左右前後いろいろな動きができる。また，骨の中にある神経（脊髄）などを保護している。骨盤は腸などを支え，保護している。女性の場合は，生まれてくる

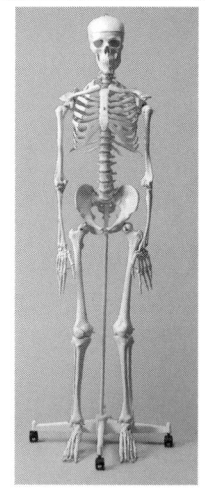 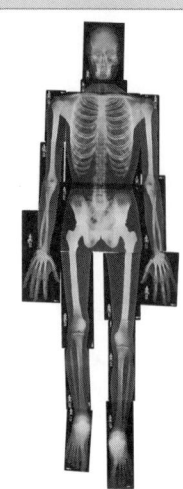

図1　人体骨格　図2　レントゲン模型　　　　　　　写真
（ケニス　1-160-137）　（ナリカ　G40-7311）

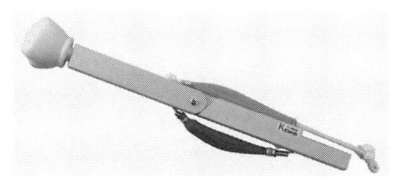

図3　骨と筋肉の動き
（ケニス　1-160-745）

子どもを支えるように広がった形になっている。足（もも）の内側にある大腿骨は人の体の中で最も大きい骨で二足歩行をするために重要である。

関節のはたらき

骨でできた体を動かすためには関節のはたらきが重要である。体を曲げ伸ばしたり，回したりするところには関節がある。ひじ，ひざや指などは一方に折れるように曲がり，肩，首，手首，足首などは円を描くように回すことができる。関節が多くなると動きやすくなり，手の指では細かい動きができる。

腕のモデル

腕が動くときの筋肉の様子を確かめるためのモデルがある（図3）。肩とひじの間にある長くて太い骨は上腕骨である。骨と筋肉は丈夫なけん（腱）でつなげられている。腕を曲げると内側の筋肉が縮み，外側の筋肉が伸びる。伸ばしたときは逆になり，内側が伸び，外側が縮む。自分の腕を触って確かめながら，筋肉の伸び縮みをモデルで確認するとよい。このように，腕の筋肉は1対で働き，関節を利用して体を動かしている。NHK for school の動画では，人の手の動きを

その他資料

ロボットアームとして再現しようとする試みも紹介されている。なお，NHK のDVD教材「驚異の小宇宙　人体Vol.5」や「人体模型―めくってわかるからだのしくみ―」（ジュリアーノ・フォルナーリ，加藤季子訳，ポプラ社，2004）などは，骨や筋肉の仕組みや働きについて理解を深める上でわかりやすい教材となっている。

なお，他の動物（ライオンやウマなど）の骨格も参照して比べ，骨の形と食べ物や生活のしかたなどを関連づけて考えさせたい。

（5）人体模型（消化器と循環器）

消化器

　食べ物は，口（歯）で噛みくだかれ，食道，胃，小腸，大腸の順に通って消化・吸収され，肛門から排出される。口から肛門までの食べ物の通り道を消化管と呼び，これに付随している肝臓，すい臓などの器官を含めて消化器または消化器官という。胸部の下にあり，養分を一時蓄える肝臓は臓器の中で最も重い。心臓よりやや小さいソラマメに似た形の腎臓は，背中側で腰の高さに左右１対ある。図１の模型に加えて背中側の図なども提示したい。なお，実物模型のコピーとして３Ｄプリンター（図２）が利用可能となっている。

循環器
（肺と心臓）

　呼吸器官である肺は，心臓をはさんで左右に１対あり，大きさのわりには軽い。他の臓器と異なり筋肉はほとんどなく，呼吸の際には胸の下のほうにある横隔膜の上下運動で胸腔を広げたり元に戻したりすることによって収縮する。

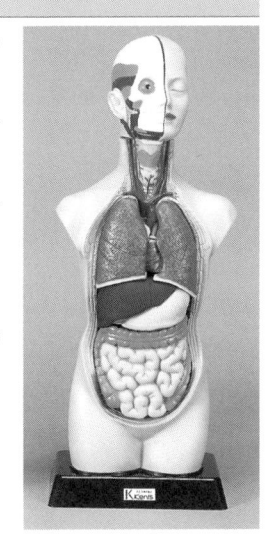

図１　人体解剖模型
（トルソー型）
（ケニス　1-160-134）

　心臓はポンプのような働きで血液を送り出す。そのため，心筋細胞が発達し，心室の壁は特に厚い。成人では，心臓が１回縮むたびに約70mLの血液が押し出される。１分間（70回の脈）では約

図２　心臓の模型
（3Dプリンター）

５Ｌになる。体内の血液量全体が１分間で入れ替わるような速さである。人の心臓のつくりは２心房２心室で弁があり，逆流を防いでいる。血管には，動脈（心臓から出ていく血管，厚い），静脈（心臓にもどる血管，弁がある）とそれをつなぐ毛細血管がある。血液循環は，体循環（心臓→全身→心臓）と肺循環（心臓→肺→心臓）に分けられ，LEDの点灯などでわかりやすく示す教材も市販されている（図３）。

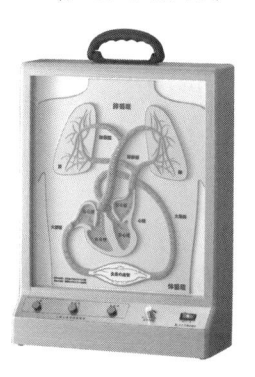

図３　心臓と血液循環模型
（ケニス　1-160-390）

臓器の働きと効率

　臓器は，小腸の柔毛（柔突起）や肺の肺胞のように表面積を大きくすることで吸収や気体交換の効率を高めている。臓器の大きさやその働きなどを具体的にイメージできるようにして，つくりの素晴らしさの実感や生命尊重につなげたい（表参照）。

表　主な臓器などの大きさや重さ
（ヒトの成人の例）

胃（空腹時）	手のひら（にぎりこぶし２個分）
小腸	直径2.5〜３cm，長さは約６〜７m
大腸	直径約５〜８cm，約1.5m
心臓	にぎりこぶし１個分，約250〜300g
肺	左右合わせて約400g
柔毛	長さ約１mm
肺胞	直径約0.1〜0.2mm
毛細血管	直径約５〜25μm，赤血球が一列になって通る程度。全長96,000km程度（地球２周半弱）

2.3　天気と天文

（1）方位磁針と日時計

　　方位磁針と日時計は，共に小学校第3学年「太陽と地面の様子」の学習におい
て，太陽の動きの継続的な観察の際に用いられる器具や装置である。

　　本単元の学習以前から，子どもは，太陽が昇る方位が東で，沈む方位が西であ
ることは，経験的に知っている場合が多い。しかし，実際に屋外に出て周囲の景
観を目にする中で，例えば，南に向かって立ったときに右手側の方位が何か，左
手側の方位が何かを問うと，正しく答えられないケースがしばしば認められる。

方位概念　このような方位に対する認識（方位概念）の不十分さは，学力・学習状況調査に
おいても指摘されていることであり，ていねいな指導が求められる。

　　方位磁針の具体的な操作は，まず，手のひらに方位磁針を置き，その状態で中
指の先が対象物のほうに向くようにする。そして，方位磁針の針と文字盤の北
（N）を合わせることで，対象物の方位（中指の先にあたる方位）を知ることがで
きる。この操作をより確実に習得するために，昨今では，おへその前に当てる形

プレート付き
方位磁針
オイルコンパス
で使用するプレート付き方位磁針（図1左）や，ケース内がオイルで満たされて
いて針の振れが穏やかなオイルコンパス（図1右）等も販売されているので，子
どもの実態に応じて活用したい。

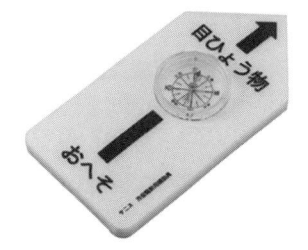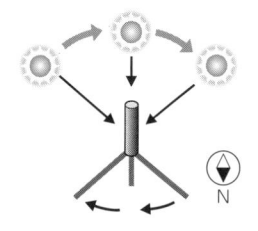

図1　プレート付き方位磁針（左）とオイルコンパス（右）　　図2　水平型日時計

水平型日時計　日時計（図2）は，その起源が今から5000年以上前の古代バビロニアにさかの
ぼるといわれ，太古の時代においてすでに時間や暦を知るようになっていたとい
う事実は大変に興味深い。太陽は，約24時間で同じ位置に戻ってくる（黄道面を
1周する）と考えると，1時間で15°移動することになる。この性質を利用して，
時計の文字盤を作成することになる。ただし，中緯度帯に位置する日本で水平型
を用いる場合，地面に垂直に立てた棒（指標）に対して太陽の光が斜めに当たっ
てしまうことから，1時間当たりの影の移動角度が朝夕と正午前後で異なること
に留意すべきである。

　　日時計は，その仕組みに興味がもてると，他のタイプの日時計や観測地点の緯
度，暦の成り立ちなどへ興味を発展させていくことができる，奥深さを兼ね備
コマ型日時計　えた道具である。夏の自由研究などを通じて，原理が比較的簡単な「コマ型日時
計」の製作にチャレンジしてみるとか，公園などに設置されている様々な形の日
時計を調べてみたりするのも，よい学習機会になるだろう。太陽とともに生活を
つくり発展させてきた人類の歴史を知る上で，日時計は格好の教材である。

（2）天 気 図

気象通報

　天気図を描くための情報は，NHKラジオ第2放送等で気象通報として発信されている。主に漁業関係者や，登山者など，ラジオで情報を得ている人への情報提供であり，情報を受け取った側は，天気図を描き起こしていく。

天気記号

　天気図には，図1のような，天気記号を使って記入していく。詳細は，中学校で学習する。ここでは，天気図から読み取れる情報を中心に解説する。図2は日本付近で冬に見られる典型的な気圧配置である。各地点の気圧から4 hPa ごとに等圧線がひ

等 圧 線

かれている。20の倍数の等圧線は太く描かれている。等圧線が密になるほど強い風が吹く。

高 気 圧
低 気 圧

地上付近の風は図3のように高気圧から低気圧に向かって吹くが，それぞれ渦を巻いているので，等圧線に対して右に傾いた方向に風が吹いている。図2の場合，図中の高気圧付近にある寒冷・乾燥したシベリア気団からの風が吹き出している。低気圧は，空気を吸い込んでいるため，北にある冷たい空気と南にある暖かい空気がぶつかる前線を伴っている場合が多い。

　図4は，春に見られる天気図である。シベリア気団が衰え偏西風の影響が強くなると，日本付近を移動性高気圧と低気圧が交互に通過していく。「春に3日の晴れ間なし」といわれるゆえんである。秋の天気も似たような特徴がある。　図5は夏に見られる天気図である。暖かく湿った小笠原気団（太平洋高気圧）が発達している。また，前線をもたない低気圧である台風も見られる。図6は梅雨のころに見られる冷たく湿ったオホーツク気団と小笠原気団が接するところに停滞前線が見られる。

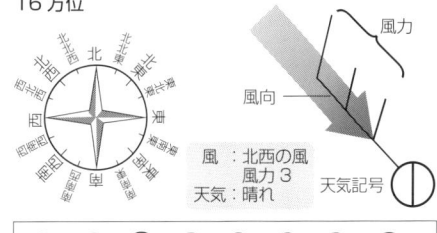

16方位

風　：北西の風
風力3
天気：晴れ

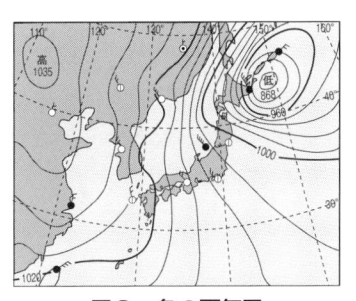

図1　天気記号

図2　冬の天気図

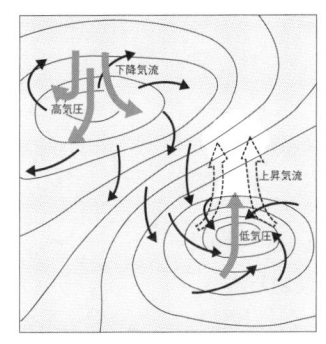

図3　低気圧と高気圧

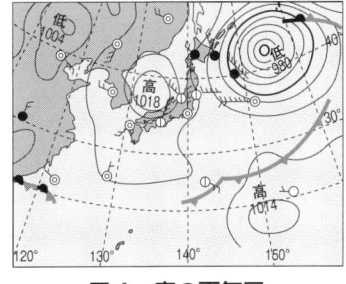

図4　春の天気図

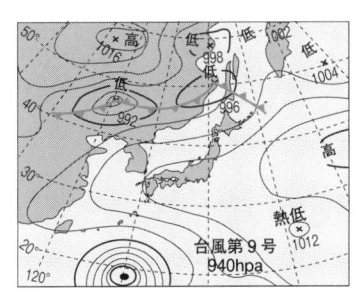

図5　夏の天気図

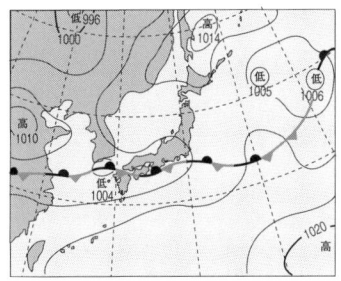

図6　梅雨の天気図

（3）星座早見盤と月早見盤

星座早見盤

　図1のように，地球上の特定の場所で，特定の月日の特定の時刻に観察される星や星座を調べるために用いられる道具が星座早見盤である。市販の星座早見盤には，金属製やプラスチック製のものがあり，星や星座が描かれている母盤は，天空を模してつくられるため，中心部分を天頂としてへこませた緩やかなお椀型になっているものが多い。また，母盤上に描かれている星や星座は，夜間の観測時にも確認しやすくするため，蓄光塗料を用

図1　星座早見盤
（ケニス　1-141-150）

いているものも見られる。なお，特定の月日の特定の時刻に観測される星や星座は，同じ日本であっても場所によって異なる。そこで，星座早見盤は，日本標準時と同じく，北緯35°・東経135°の兵庫県明石市を基準につくられていることが多い。ところで，天文シミュレーションソフトウエアとして有名なステラナビゲーターを販売しているアストロアーツは，印刷して使用できる星座早見盤をウェブ上で公開しているが，それは，北緯25°から45°までの間で，北緯が5°ずつ異なる地点の観測に対応できるように，回転盤の切り抜き場所を変えられるような工夫が施されたものになっている。なお，東経135°の明石市を基準に

観測地による補正

作成された星座早見盤を使用する場合，観測地点の東経がそれと異なる場合には補正を行わなければならない。例えば，東経が明石市よりも5°だけ大きくなっている関東であれば，回転盤の日付を5日後に合わせることで，実際に観測される星や星座をとらえることができる。逆に，東経が5°だけ小さくなる長崎県あたりであれば，回転盤の日付を5日前に合わせることで，その地点で実際に観測される星や星座をとらえることができる。

**星座早見盤の
使用方法**

　ところで，星座早見盤は，両手でもち，観測する月日と時刻を合わせ，そのまま頭の上までもち上げて使用することになるため，回転盤に示されている方位は，東と西が逆になっている。もちろん，星座早見盤を頭の上にもち上げて使用すれば，回転盤に示されている方位と実際の方位が一致するようになっている。

月早見盤

　月早見盤は，図2に示されているとおり，どのような形の月が，いつ，どの位置に見えるかをとらえるために用いられる道具である。周知のとおり，29.5日を

月の満ち欠け

かけて生じる月の満ち欠けや様々な形の月の1日での動きは，規則的なものである。太陽の位置（時刻），月の形，月が見える位置の3つの要因が相互に関係しており，これらのうちの2つの要因が決定されると，もう1つの要因は自動的に決定される。このような月の満ち欠けや1日の動きをとらえるために用いられる月早見

地　動　説

盤は，地動説の立場から月や太陽が水平面上を動いているととらえて活用させるのではなく，実際に観測すると

天　動　説

きと同様に，天動説の立場から，南の空に見える月や太陽が，東から昇り，南の空を通って西に沈むことを表現しているものととらえて活用させたほうがよい。

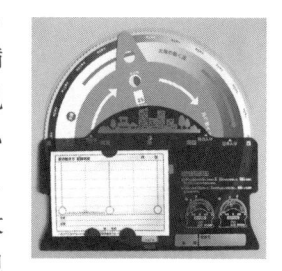

図2　月早見盤
（クラフテリオ）

（4）天球モデル

天　　球

　様々な天体は，地球までの距離は違うが，地上から観察すると１つの球面上にはりついているように見える。この仮想の球面を天球という。天球では，地球を中心として，地球の地軸（北極）の延長線上にほぼ天の北極があるとし，地球の赤道を広げたところを天の赤道とする。

天球の回転

　天体の１日の動きは，地球の自転によるみかけの動きであるが，地球上の視点からの観察を行う小学校では，天球が回転しているととらえると理解しやすい。回転の方向は，天の北極から見て時計回り（東から西）である。これが天体の日周運動であり，正確には地球の自転周期である約23時間56分４秒で１回転する。中学校での学習となるが，地球上の１日は24時間で設定されているため，このずれによって，同じ時刻に見える星の位置が少しずつ変わり（１日約１°東から西へずれていき，１年でほぼ元の位置へ戻る），季節によって見える星座が移り変わっていく。この際，星座自体の形は変わらない。なお，天球を用いることによって

天体の位置

天体の位置（方向）を座標で表すことができる。地平線を基準とした場合は方位角と高度を用い，天の赤道や春分点を基準とした場合は赤経・赤緯を用いて表される。天体望遠鏡での観測やプラネタリウムでも利用される座標値である。

天動説と地動説

　天体の運行に関しては，２世紀に提唱したとされるプトレマイオスによる天動説から16世紀半ばのコペルニクスによる「天球の回転について」やこの考えを観測（木星の衛星発見や金星の満ち欠けなど）によって立証したガリレオらの地動説に至る科学史の話題がある。小・中学校の学習をつなぐ教材として活用される。

太陽・月など

　太陽，月および惑星の運行は天球上の星々とは異なる動きを見せることに留意したい。太陽は他の星と違い，季節によって日の出と日の入りの場所が変わり，南中高度が変化する。惑星は逆行するときがある。小・中学校では，月の動きや満ち欠けを学習する。月も東から西へ動くことは同じであるが，時刻によって異なる現れ方（位置や形）をすることに関心をもたせたい。この際，太陽と地球，月の動きや位置関係について，実際の観察やボールを使ったモデル実験，月早見盤を用いた理解などに加えて，発展的ではあるが小型カメラで地球からの視点を映し出す教材も併用できる。ボールを使ったモデル実験と関連づけて理解させたい。なお，空間スケールを実感するために，例えば地球の直径を１cmとすれば，約29.6cm離れて直径約0.27cmの月，約117m離れて直径約109mの太陽がある等とイメージすることも大切である。

シミュレーションの活用

　小学校では，直接観察をして実感を伴う理解や空間概念の育成などを図る。観察できない時間帯や推論，観測の補助ツールとして，コンピュータシミュレーション（例えばMitakaなど）やプラネタリウムの活用も推奨される。なお，総じて，基礎的な方位認識の定着が必要である。

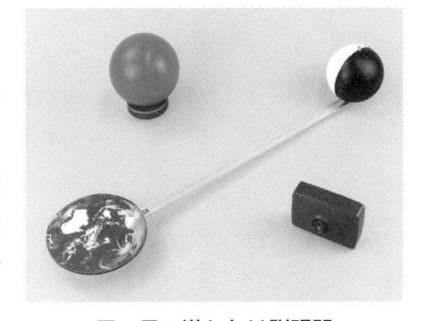

図　月の満ち欠け説明器
（ナリカ　H45-2470-10）

2.4　地層と岩石

（1）流水実験

　第5学年「流水の働き」単元では，流水の3作用（侵食・運搬・堆積）をとらえるために，学校内の築山や人工的な流れをつくり出す簡易装置（簡易流水実験装置）を用いたモデル実験を行う。地学分野は，他の分野に比べて実験の数が少ないので，準備に関して多少の大変さはあるができるだけ実施するようにしたい。

築山を用いた
流水実験

　校内にある築山などを用いる場合は，実験前にその土質を確認しておくことが必要である。長期間放置されかたくなっている粘土質の築山の場合，表面を耕したり砂や小石を混ぜたりするなどして，流水作用が十分に見られるように土質

土質の調整

を調整しておく。築山の場合は，比較的大きな規模でかつ傾斜も様々な状況の中で実験ができるため，複数箇所の現象から流水作用を確認することができる。これが，築山を用いる最大のメリットであろう。一方で，そのような大きな規模のモデルは複数設置することが難しいことから，全員で1つの実験を見ることになり，十分に現象を確認できない子どもが出てくるというデメリットがある。

簡易流水実験装置

　屋内においてグループ単位で実験を行う場合は，簡易流水実験装置（図）を用いる。この装置の場合は，一人一人が現象をしっかりと観察できるメリットがある反面，装置自体

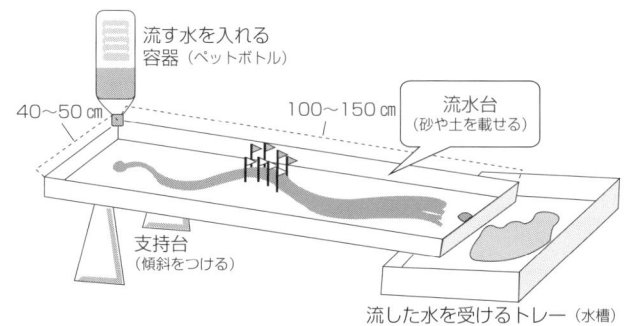

図　簡易流水実験装置の例

を大きくすることが難しいことから，長い距離を流すことができにくいというデメリットがある。実験装置自体は簡便なものなので，身近な道具や材料でも代用できる。土や砂をのせて水を流す流水台が確保できたら，緩やかな坂になるよう傾斜をつけて設置し，水路が蛇行するように緩やかに道筋をつけておく。水は，ペットボトルなどに入れて用意しておけば，水道の蛇口がなくても実験できる。

侵　　　食
運　　　搬
堆　　　積

　実験では，蛇行している川の外側と内側の地形の違いをつくり出す「侵食」作用，上部の土砂を水の力で移動させる「運搬」作用，流速が相対的に遅くなる場所で運搬物を積もらせる「堆積」作用について，その作用が顕著に現れる場所に注目させながらとらえられるように実験を進めていく。流水の3作用をとらえるためには，常に同じ水量で水を流し続けるのではなく，水量を増して地形の変化を調べたり，時には水を止めて流れた跡の様子を確認したりするとよい。

ビデオ撮影

　観察の視点が十分にもてていない子どもがいる場合は，ビデオカメラ等で現象を記録しながら実験を進めるとよい。昨今は，カメラの小型化と高性能化が進んでいるので，接写や即座の再生は比較的簡単にできる。実験を記録した映像資料は，後に続く授業における流水作用の考察場面で大いに役立つだろう。

（2）露頭観察

都市化が進み地域防災が計画的に進められている昨今，野外学習として土が露わになった崖などを直接観察できる場所は，減少の一途をたどっている。露頭は，工事現場や海岸付近で見ることができるが，露頭の場所に詳しくない場合は，地域の博物館や科学館に問い合わせをしてみるなどして，観察可能な場所を把握するとよいだろう。比較的近くに観察が可能な露頭が見つかるようであれば，できるだけ時間をとって観察させたい。近隣に観察可能な露頭がない場合は，遠足などの校外学習の際に併せて観察するという方法をとるのも，1つの工夫である。

野外での露頭観察は，第6学年「土地のつくりと変化」単元の学習の一環として実施することになる。野外に出ると，子どもはどうしても開放的な気分になるので，観察が十分に進まない事態も想定される。このことから，現地で行うべきことに関する事前学習は，安全指導を含んで十分に行っておくことが望ましい。

安全指導　野外観察における安全指導として必要な点は，以下のとおりである。

- ・観察する範囲（許可された行動範囲）を明確にして，危険箇所がある場合は絶対に近づかないようにする。
- ・サンプリングで岩石用のハンマーやスコップを使用する場合は，周囲の安全に十分に配慮する。

保護めがねの着用
- ・サンプリングの際には，保護めがねを着用する。
- ・けがや虫刺されなどを防ぐために，肌を露出しない服装やはき慣れた靴を着用する。

観察の視点
露頭全体の特徴の観察
各層の構成物の観察
露頭のスケッチ

実際の露頭にアプローチする際には，2つの視点をもって観察することが望ましい。1つ目は，少し離れた場所から露頭全体の特徴を見ることである。地層の広がり，各層の厚さや色，地層の重なり具合などに着目して，全体的な特徴をとらえながらスケッチして記録をとるようにする。2つ目は，崖に近づいて1つ1つの層の特徴を，構成物の形や色，大きさなどの視点からとらえて，先の崖全体のスケッチの中に追記する形で記録するようにする。小学校の学習では主に堆積岩の層を観察するので，構成物の粒の形が円みを帯びているか，不規則に角張っているものが多いのかを1つの視点として，構成物の観察をするように指導しておく。これによって，流水作用が起源の水成層なのか降下火山灰が起源の風成層なのかを特定することができる。

観察結果の記録に際してスケッチに慣れていない場合は，線画で崖の輪郭だけを描いたワークシートを用意するなどして，その絵の中に地層の重なり具合や各層の構成物の特徴を描くようにするとよい。教師側の記録においては，後に続く学習で利用することを想定して，必ず写真を撮っておく。

下見の実施　子どもを引率して実際の露頭を観察させる場合は，安全確認を中心に必ず事前の下見を実施しておく。安全面で確認しておくべき点は，崖崩れの有無や崩れやすさの程度，周辺の草むらなどの危険箇所の有無，現地までの経路の道路事情や交通量などである。また，バスなどを使って現地に入る場合は，休憩場所やトイレの有無も必ず確認しておくことが必要である。

（3）岩石の観察

第6学年において，土地は，礫，砂，泥，火山灰などからできており，層をつくって広がっているものがあること，また，層には化石が含まれているものがあることについて学習する。流れる水の働きでできた岩石として礫岩，砂岩，泥岩を扱う。岩石には堆積岩と火成岩の2種類があるが，小学校においては，堆積岩を中心に学習する。

堆 積 岩
火 成 岩

堆積岩には岩石の風化によって細かくなったものが堆積してできたものがあり，この場合，構成する粒の大きさによって泥岩・砂岩・礫岩に分類される（表）。地層のでき方の再現実験として，ペットボトルに堆積物のもとになる土と水を入れ，よく振った後，しばらく放置して，観察することが考えられる。その後，図1のように，異なる粒径の堆積物が層になって岩石になった標本を見せることも考えられる。また，堆積岩には，火山活動に伴って，地上に噴出したものが堆積してできたもの，例えば，火山灰が堆積してできた凝灰岩がある。火山灰の観察では，図2のように，粒をよく洗ったり，場合によっては，磁石で砂鉄を取り除いて観察したほうがよい場合もある。観察には双眼実体顕微鏡や解剖顕微鏡が望ましい。火山灰の入手が困難な場合，例えば，園芸用の鹿沼土（約3万年前の火山噴出物といわれている）を使うことも考えられる。火山灰は，マグマがかたまる過程で結晶となって出てきたものである。この学習が中学校において，深成岩が含まれる鉱物（造岩鉱物）によって分類されることの学習へとつながっていく。また，地層に含まれている火山灰は，付近の火山の過去の活動などを知る手がかりとなる。

泥 岩
砂 岩
礫 岩

火 山 灰

表　堆積岩の特徴

		堆積物	粒径 [mm]
堆積岩	泥岩	粘土	0.004以下
		シルト	0.004〜0.06
	砂岩	砂	0.06〜2.0
	礫岩	礫	2以上

図1　堆積岩

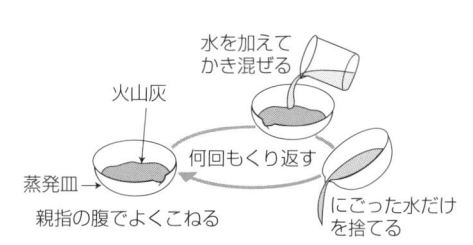

図2　火山灰の観察

さらに，生物を起源とするもの，例えば，サンゴや有孔虫などが堆積してできた石灰岩，陸上植物などが堆積してできた石炭などがある。その土地の過去の様子を知る上で化石は重要な手がかりとなる。地質時代（約1万年以前）に生存し，地層中に残存している生物の遺骸（体化石）や遺跡（生痕化石）を化石と呼ぶ。例えば，シジミの化石が出てくれば，そこが淡水の河川や湖であったことがわかる。このように地質時代の環境を示す体化石や生痕化石を示相化石と呼ぶ。体化石のうち地質時代を区分するのに有効な化石を示準化石といい，個体数が多く，広く分布し，かつ生存期間が短いことが条件になる。例えば，アンモナイトは中生代の代表的な示準化石である。

化 石
地質時代
体 化 石
生痕化石
示相化石
示準化石

（4）ボーリング試料

第6学年「土地の つくりと変化」単 元での利用

第6学年「土地のつくりと変化」の単元では，学習指導要領の記述に従えば，「土地は礫（れき），砂，泥，火山灰などからできており，幾重にも層状に重なり地層をつくり広がっているものがあることを捉えるようにする」こととともに，「土地の構成物を調べる際には，例えば，地質ボーリングの試料を利用することが考えられる」と指摘されている。つまり，この学習において，何らかの事情で実際の露頭において地層やその構成物を直に観察できない（むしろ，観察できないほうが一般的なのかもしれない）場合は，学校建設の際に地盤調査のため採取したボーリング試料の利用を検討するとよい，という説明である。

サンプルと 地質柱状図

地質ボーリング試料というと，円筒状の土の柱やびんなどに入った土のサンプルだけを思い描く場合が多いかもしれないが，本来は，そのような土のサンプルと，地層の重なりを示す地質柱状図や種々の検査結果が記された報告書からなるものである。小・中学校には，実際に掘削したときの柱状のサンプルがそのまま保管されている場合もあるが，近年では，管理上の問題からサンプルびん等に代表的な土質を詰めた一式の試料として保管されているようである。

地層の広がり

地質ボーリング試料（図）は，比較的広い範囲に及ぶ複数地点のものが入手できる場合，地層の広がりをとらえる重要な手がかりになるが，実際には，そのような複数地点のサンプルの入手がきわめて困難であることと，実物のサンプルを観察してもそれが横方向に広がっている可能性を推定することが非常に難しいことな

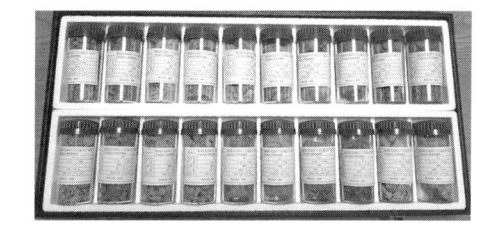

図　地質ボーリング試料

どから，ボーリング試料の利用は，土地の構成物の同定に重きを置く扱いとすることが現実的であるように思われる。なお，地質柱状図が複数地点にわたって入手できるような場合は，その比較を通して地層の広がりをとらえることができるようになる。もし，市町村の教育委員会単位で各小・中学校の地下の地質柱状図を集約できるような場合は，その試料をもとに地層の横方向の対比や連続性の推定，さらに海生化石の含有などが確認できれば，過去の堆積環境を推定する学習なども構想できるだろう。

このように地質ボーリング試料は，充実した学習展開につながる可能性を秘めた有意味な試料であるが，実際に理科の授業で教材として利用している教師は非常に少ない。最大の問題点は，サンプルの見方を教師が把握できていないことであろうか。また，授業実践例の蓄積が十分でないことも，この試料が利用されない大きな要因なのかもしれない。地質ボーリング試料の利用について，今一度見直してみることが必要であろう。

授業実践例の 蓄積不足

〈参考文献〉
・川村寿郎：「理科学習における地質ボーリング資料の利用—仙台地域を例とした展開方法—」，宮城教育大学紀要，第48巻，2014

（5）地震や火山活動

地　　震
地殻変動

　第5学年では，土地は流れる水の働きによって変化することを学習する。第6学年では，土地やその中に含まれる物を観察し，土地のつくりやでき方を調べ，土地は火山の噴火や地震によって変化することを学習する。日本は世界でも地震や火山の活動が活発な地域であるが，授業の中で子どもにリアルタイムで体験させることは難しい内容である。そこで，インターネット上の情報，ビデオ等の動画などを活用することが重要である。ここでは，そのいくつかを紹介する。

地震調査研究推進
本部

●地震調査研究推進本部ホームページ

　1995年に発生した阪神・淡路大震災（死者6,434名）の課題を踏まえ，総理府（現・文部科学省）に設置された政府の特別の機関であり，ホームページ（http://www.jishin.go.jp/）で情報発信をしている。各種データベース，動画や写真の公開，子ども向けの「キッズページ」（図1），教材作成等にも使用できる素材集などが用意されている。著作権には注意が必要である。

図1　キッズページの例
（http://www.kids.jishin.go.jp/
chosa02/chosa02_01.html）

気 象 庁

●気象庁ホームページ

　国土交通省の管轄で，気象，各種災害等様々な情報をホームページで発信している。図2は，全国の活火山に設置されている監視カメラの映像であり，ほぼリアルタイムで動画として見ることができる。

図2　噴火監視カメラ画像
（http://www.data.jma.go.jp/svd/
volcam/data/volc_img.php）

●野島断層保存館

社会教育施設の
活用

　そのほかに社会教育施設の活用が考えられる。野島断層保存館は，阪神・淡路大震災のときに地上に現れた断層を体育館のようなドームでおおい観察できるようにつくられている（図3）。その他，大震災の記録の展示や体験コーナーなどがある。

　近年，国の許可を受けて，気象・波浪・火山や地震の予報が民間でも行えるようになった。また，地方自治体でもハザードマップを公開している。各種の情報を活用して，子どもが身近な問題としてとらえられるよう学習の充実を図る必要がある。同時に，正確な情報をどこから得るかということも併せて考えたい。

図3　館内の展示（トレンチ構造）
（2005撮影）

（6）風水災害

近年，地球上の気象の変化が激しくなったといわれている。これは，二酸化炭素などの温室効果ガスの増加に伴う地球の温暖化の影響であると考えられている。日本では，以前から台風が年間数個ほど接近，上陸する。また，梅雨前線，秋雨前線による長雨がある上に，急な河川も多く存在する。こうしたことから風水災害の学習は欠かせない。また，気象が以前と変わってきたことも注意点である。

風　害

台　風

風害は，強風や竜巻によって引き起こされる災害である。図は，2002年台風第21号が，強い勢力のまま神奈川県に上陸し，関東地方を時速60km で通過したときの写真と天気図である。この台風の通過に伴い，太平洋側沿岸部で広範囲に暴風となり，送電線の鉄塔が

 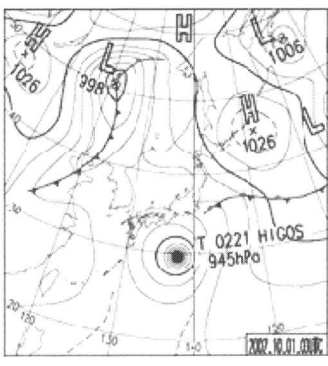

図　台風の暴風によって倒された鉄塔
（内閣府防災情報のページ　http://www.bousai.go.jp/kohou/kouhoubousai/h20/07/special_02.html）

倒壊するなど大きな被害が出た。特に，台風の進行方向の右側では，台風の風の速度に台風の移動速度が加わって風が強くなる。また，台風の中心付近（眼）に入ると一時的に風が弱まり，天気も回復したかに見えるが，中心が通過した後には台風後面の強い吹き返しの風が吹くため，警戒が必要である。また，気圧の低下に伴う海面上昇によって高潮害が起こることがある。

高　潮

竜　巻

竜巻は発達した積乱雲に伴って発生する激しい渦巻きであり，ろうと状や柱状の雲を伴っている。台風，寒冷前線，低気圧などに伴って発生し，短い時間で甚大な被害をもたらし，移動速度が非常に速い場合がある。気象庁では，激しい突風（竜巻，ダウンバースト等）の情報として「竜巻注意情報」を流している。

ダウンバースト

洪　水

崖崩れ

地すべり

土石流

大雨や融雪などにより，河川の水位が上昇して堤防の決壊や河川の水が堤防を越えることにより起こる氾濫を，洪水と呼ぶ。家屋や田畑の浸水などが発生する。また，長雨などによって斜面が急激に崩れ落ちる崖崩れや，比較的ゆっくりと滑り落ちる地すべり，水と混じりあった土や石が襲いかかってくる土石流が発生するなど，土地の形状と水がかかわる災害は密接である。

多くの自治体が風水害に対するハザードマップを作成しているように，過去の経験等からある程度その発生を予想し，備えることができる。学校所在地の行政機関や図に示した内閣府のホームページの他，以下の機関にある情報の活用などが考えられる。

・消防防災博物館　http://www.bousaihaku.com/cgi-bin/hp/index.cgi
・気象庁ホームページ　http://www.jma.go.jp/jma/index.html

Ⅳ 小学校理科の授業づくりとその実践

1 自然事象についての子どもの考え方

（1）エネルギー概念

エネルギーの多様な形態

　エネルギーとは，「閉じた系で普遍的に保持されるという意味で最も基本的な物理量」[1]と定義される。小学校A区分で扱われるエネルギーの形態は，「力学的エネルギー」「電磁気的エネルギー」「熱エネルギー」「光（波動）エネルギー」の他「化学的エネルギー」や「原子力エネルギー」が含まれる。しかし，エネルギーという概念は非常に抽象度の高い概念であり，小学校段階では科学的な言葉として「エネルギー」を使うことにはなっていない。しかし，子どもにとっては，エネルギーという言葉は聞き慣れた言葉であり，例えば「太陽のエネルギー（パワー）で温められた」「パワーをもらった」といった表現をする。子どもにエ

素朴な概念

ネルギーについて，素朴な概念を表現させながら量的関係的な視点から考えさせ，科学的な概念に近づけていくことが必要である。

力学的エネルギー

1）力学的エネルギー

　力学的エネルギーに関して図1のように，第3学年「風とゴムの力の働き」，第5学年「振り子の運動」，第6学年「てこの規則性」の単元を通して資質・能力を育成する。第4学年においては該当する単元はないが，「粒子」を柱とした内容における「空気と水の性質」の学習では，空気にはゴムのように弾性があることを学習する。

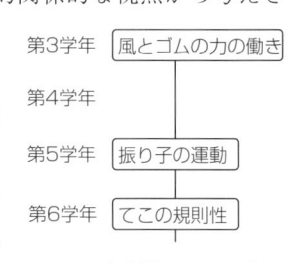

第3学年	風とゴムの力の働き
第4学年	
第5学年	振り子の運動
第6学年	てこの規則性

図1　力学的エネルギー

　子どもは，例えば「ゴムを少し伸ばすより，大きく伸ばすほうが力が必要」であることを知っている。こうした感覚的に知っていることを「力の大きさ」「力の働きの大きさ」といった物理的な量としてとらえられるようにさせる。

2）電磁気的エネルギー

　電磁気的エネルギーに関する学習は，図2に示すように，第3学年から第6学年まで，すべての学年における単元を通して，電磁気的エネルギーに関する資質・能力を育成することになる。第3学年では「回路」が成立したときに電流が流れることを学習する。

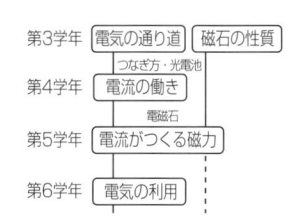

第3学年	電気の通り道	磁石の性質
	つなぎ方・光電池	
第4学年	電流の働き	
		電磁石
第5学年	電流がつくる磁力	
第6学年	電気の利用	

図2　電磁気的エネルギー

エネルギーの変換

第4学年では，乾電池の数の違いによって電流の大きさが変化すること，光電池を使って光エネルギーを電気エネルギーに変換できることを学習する。第5学年では，電磁石にも磁石と同じ極性があること，電流の大きさやコイルの巻数といった条件を制御しながら磁力が変化することを学習する。第6学年では，電気エネルギーを「つくる→ためる→使う」といった一連の流れとして学習する。このとき，エネルギーが変換されていることを意識させたい。例えば，図3のように手回し発電機を使ってコンデンサーに電気をためる活動では，手で回したこと，すなわち運動エネルギーを使って電気をつくりコンデンサーにためたということを意識させたい。また，手回し発電機を使って豆電球をつけているときに回路を

手回し発電機

コンデンサー

図3　エネルギーをためる

切断すると手ごたえが急に軽くなることから，豆電球が電気エネルギーを消費していることを実感することができる。また，LED と豆電球の手ごたえの違いから，エネルギーの消費の違いについて推論することができるのである。

こうした一連の学習においては，目には見えない電流を粒子のようなイメージ図によって描きながら現象を解釈させるなどして，子どもが考えをつくる作業が有効である。そのために，第3学年で回路が成立したとき，導線の中で電流はどのように流れているのかイメージさせたり，モデルを描かせる。第4学年では，電極（＋と－）を入れ替えるとモーターの回る向きが変わることから電流には向きがあることをイメージ図などから見いださせるようにしたい。

熱エネルギー

3）熱エネルギー

熱エネルギーに関する学習は，図4のように第3学年「光と音の性質」，第4学年「金属，水，空気と温度」（これは，「粒子」を柱とした内容になる），第6学年「電気の利用」の単元を通して資質・能力を育成する。

太陽光による温度上昇や，ものの温まり方を通して熱の伝播，電気エネルギーから熱エネルギーへの変換

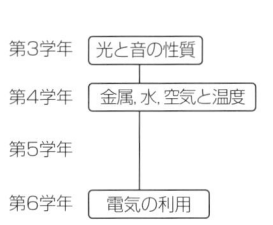

図4　熱エネルギー

を学ぶ。「熱とは何か？」「温度と熱の違いは何か？」普段子ども自身がどのようにとらえているのかを把握した上で，熱に関する現象について説明させたい。

例えば子どもは，「水が対流して全体が温まる現象と同じように，金属も熱が対流しながら全体が温まっていくのではないか」と考えたりする。こうした子ども固有の考えをもとに予想を立て，その考えをていねいに検証していくことで子どもにとっての深い学びが成立する。

**光や音の
エネルギー**

2017年改訂の学習指導要領から第3学年「光の性質」に音が加わり，「光と音の性質」となった。ここでは，光によって地面が温められたり，明るくなるなど，光をエネルギーとしてとらえる基本的な体験をさせたい。子どもは，「光は光源にのみ存在している」「目から光線のようなものが発せられていて物が見える」といった考えをもっていたり，見ることと光を結びつけて考えていなかったりする。鏡を使った光の反射や，直進性の確認など，体験を通して光を意識させることが重要である。光については第4学年「電気の働き」において光電池を取り上げエネルギーが変換されることを学ぶ。

音は空気や物の振動によって伝えられるが，子どもは，音と振動を結びつけて考えていない場合がある。具体的な物や視覚，聴覚にうったえるような体験を通して物体の振動と音を結びつけることが必要である。

**エネルギーの
変換・保存**

冒頭で記したように，エネルギーは保存されるものである。しかし，多くの子どもの認識（大人でも）では，エネルギーは消費されるものである。エネルギーは姿を変え，別の所に行ったということを基本的な視点（量的・関係的な視点）として子どもの考えを評価していく必要がある。

〈引用文献〉

1）長倉三郎他編：岩波 理化学辞典 第5版，岩波書店，1998，p.147

（2）物質・粒子概念

1）物の属性についての概念

体積と重さ

　子どもは，物の属性である種類，形，体積，重さ等を必ずしも独立したものと見なすわけではない。そのため，鉄は体積に関係なく重いと考えたり，同じ折り紙でも鶴を折ると軽くなると考えたり，粘土の固まりをひものように長く伸ばすと軽くなると考えたり，アルミ箔を小さく握りつぶすと重くなると考えたりすることに留意しなければならない。

2）空気や水についての概念

液体の総称としての水
気体の総称としての空気

　子どもにとって，水や空気は早くからなじんできている物質である。そのため，その後に出あう物質も，これらの言葉で表現されてしまう。アルコールや灯油などの透明の液体は，すっとする水や臭い水と呼ばれることがある。炭酸水から出てくる透明の泡は，シュワッとする空気と表現され，有害な気体は，汚い空気や汚れた空気と呼ばれることもある。子どもにとって，水や空気は，液体や気体の意味で用いられることがあることに留意しなければならない。

3）物質の温度と体積の関係，および温まり方についての概念

金属，水，空気の温度と体積変化

　子どもにとって，物質の体積が温度によって変わることは必ずしも自明ではない。特に，金属は，かたくて丈夫であり，それが温度の変化に応じて体積が変わるとは考えていない。水についても，細管の中の水の体積変化は驚きとなるであろう。子どもの驚きを大切にしていきたい。

　空気の体積変化については，空気が入っている試験管の口にシャボン液をつけたり，栓をはめたりして，試験管を温め，シャボン液の膨らみを観察させたり栓が飛ぶ様子を観察させたりすることがある。しかし，このような現象を観察させてしまうと，空気について「膨張 VS. 上昇」といった構図での議論が生じてしまうことになる。もちろん，その後の温まり方の授業で指導するように，上昇は実際に起こっていることである。このように，物質の温まり方の学習の前に体積変化の学習を行う場合，物質の一部のみを局所的に温めることによって上昇が際立ってしまうような現象の提示を避け，より単純に，ビニール袋やパウチパックの中に空気を封入してお湯をかけると全体として膨らむことを示すことを心がけたい。

金属，水，空気の温まり方

　ところで，子どもは熱を物質のようにとらえてしまうため，傾けた金属棒の真ん中を加熱した場合に，上のほうよりも下のほうに速く熱が伝わると考えることがある。また，水については，一定の温度のお湯が蛇口から注がれるお風呂が普及してきているため，温めた水が上方から熱くなることを知っている子どもが少なくなってきている。さらに，空気については，エアコンやファンヒーターのように，空気を循環させながら温める暖房器具が多くなってきているため，部屋の中の空気が温められただけで何が起こるかは，十分にとらえられていない。このような子どもの実態を十分に踏まえて，観察・実験の内容を工夫したい。

4）物質の三態変化に関する概念

水蒸気と湯気

　水蒸気と湯気，沸騰と蒸発，"融ける"と"溶ける"の区別を明確に指摘できる子どもは少ない。大人でさえも，ドライアイスが二酸化炭素の固体であるこ

と，そして，気体である二酸化炭素は無色透明であることを知りながら，ドライアイスの周りにできる白いもやを目にすると，空気中の水蒸気が冷やされてできた湯気としてではなく，二酸化炭素の気体であるととらえてしまう。また，空に浮かぶ雲についても，水滴や氷の粒ではなく，水蒸気としてとらえてしまう。

沸騰している水の中の泡

　また，一部の子どもは，エアーポンプの使用経験などから，水の中に少しばかりの空気が存在していることを知っている。そのため，沸騰している水の中の泡の正体について問うと，それを空気であると考えてしまうことがある。そこで，理科授業では，沸騰している水の体積が徐々に減少していくことに注目させていくことが必要となる。

融点と沸点

　ところで，状態変化の学習を通じて子どもは，氷の温度はすべて0℃であり，水蒸気の温度はすべて100℃であるといった概念を構築してしまうことがある。また，状態変化の過程で温度が一定になることをとらえ損ねてしまうことも多い。そこで，沸騰した水蒸気を銅管に通し，その銅管をガスバーナーで加熱して高温の水蒸気を吹き出させ，吹き出し口に置いた紙が焦げる様子を見せるなどの演示実験を行うことも有効であろう。

5）燃焼についての概念

燃焼の3条件

　小学校では，燃焼の3条件のうち，燃える物と酸素が必要であることのみを取り上げ，発火点に注目させることはない。燃焼は，マッチの火が移るというよりも，発火点以上の温度になることにより生じる現象である。紙コップに水を入れ，その底部をガスバーナーで加熱したとしても，中の水がすべて蒸発するまでは水に接している紙コップの温度が上昇できないため，決して燃えることがないといった現象に触れさせるなどしながら，燃焼の3条件をとらえさせたい。

6）水溶液についての概念

溶　　解

　子どもは，水に食塩を溶かすと見えなくなるため，食塩がなくなったと考える。そこで，細長い容器を活用し，食塩が溶けたときの水位の上昇に注目させてみたり，重さの測定をさせてみたり，食塩水の蒸発乾固によって食塩が現れてくる現象をとらえさせたりしていくことが必要であろう。

均　一　性

　また，水溶液の均一性は，粒子の運動性などを理解しなければ学習困難な概念である。溶けたものが見えなくても存在しているとすれば，それらが抜けた後の粒には少し重さがあるので下に沈んでいると考えたり，見えないほど小さくなっているので上のほうに浮いていると考えたりすることもある。また，つくったばかりの水溶液については均一性を認める者も，時間が経過すれば徐々に下に沈んでしまうと考えている子どもがいることにも留意したい。

液　　性

　水溶液の液性については，酸性，中性，アルカリ性という性質が，水溶液に限定されるものであることをとらえ損ねてしまうことが多い。水酸化ナトリウムがアルカリ性であるといった理解にならないように注意が必要である。また，酸性やアルカリ性の水溶液の働きが顕著なため，中性の水溶液についてはあまり注目されない傾向がある。酸性やアルカリ性の水溶液をいくら薄めても中性にはならないことの意味を，環境保全とのかかわりでしっかりと把握させたい。

（3）生物・生命概念

動物概念	**1）動物概念**
栄養摂取	子どもは，自分自身，すなわちヒトに関する概念を中心に動物概念を構成して
排　　泄	いる。子どもは，日常生活の中で，食事による栄養摂取や排泄，運動による心拍
血液循環	数の増加や呼吸の乱れなどを経験する中で，動物には，栄養摂取や排泄，血液循
呼　　吸	環，呼吸が必要不可欠であることを理解している。そのため，家庭でのネコやイ
	ヌなどのペットの飼育や幼稚園でのザリガニや昆虫の飼育の際にも，餌やふん，
刺激の受容	血液や息などに注意を払っている。また，自らも目や耳での視覚情報や聴覚情報
反　　応	などを受容して，物をつかんだり走ったりするような反応を示していることか
	ら，カメを触ると嫌がって逃げようとしたことや，ウサギがニンジンの葉を見つ
	けて食べにいこうとしていたことなどにも思考をめぐらせている。さらに，子ど
	もは，自分が去年よりも大きくなって服や靴が着られなくなった経験から，この
成　　長	ような動物たちも，時間の経過とともに成長して姿を変えたり，あるいは大きく
	なったりしていくこと，そして，いずれは死んでしまうことについても理解して
	いる。また，家庭で飼育しているカブトムシが卵を産んだり，動物園のパンダが
生　　殖	赤ちゃんを産んだり，自分や自分の友だちのうちでお母さんから弟や妹が生まれ
	たりすることなどの経験を通して，動物の命は世代交代をしながらつながってい
	くことについても理解している。
	このように，子どもは，動物としての自分自身の経験や他の動物の飼育経験を
個体維持	通じて，栄養摂取や排泄，血液循環や呼吸のような動物の個体維持に関する概念
	や，動物における刺激と反応に関する外界とのやり取りに関する概念，動物の成
	長に関する概念や動物の生殖に関する概念について理解していると考えられる。
植物概念	**2）植物概念**
	子どもは，植物について，家庭や幼稚園等での花や野菜の栽培を通じて，時間
成　　長	の経過，主として季節の変化に伴って，成長したり，花を咲かせたり，果実を実
	らせたりして，いずれは枯れることについて理解している。また，果実の中には
生　　殖	種子があり，その種子を暖かくなった春の時期にまくと，芽を出し，葉が茂って
	成長していくことから，植物の種子が動物の卵のようなものであると認識してい
	ると考えられる。しかし，これらの経験を通しても，植物には命がある，すなわ
	ち，生物であると理解できている子どもは少ない。その理由として，植物には動
	物のように刺激に対する反応が見られないこと，植物を切っても血が出ないし痛
	がらないこと，卵はみずみずしいが種子は乾燥していることや，種子が息のでき
	ない状態で袋の中に閉じ込められて売られていても発芽することなどの経験が挙
	げられる。
	またこれらの植物が，動物と同じように生物であると認識したとしても，植物
	は花で水を飲んでいると思っていたり，葉についた朝露を見て葉が汗をかいてい
	ると考えたりするなど，植物の花が動物の頭に，植物の葉が動物の腕やはねに
	相当するかのように，無意識に擬人化して認識している可能性も考えられる。ま
	た，たとえ植物が，根から水や栄養を吸収することを理解していたとしても，実

際には，土からは水と無機物的栄養を摂取しているだけで，私たちが栄養摂取によって得ている重要な栄養源であるでんぷんなどの有機物的栄養については，光合成によって生成していることまでには考えが及んではいない。

　したがって，まずは，子どもに，植物の栽培経験を通じて，発芽や開花などの植物の成長や，開花後に果実や種子を形成して世代交代するというような植物の生殖についての理解を図り，動物と同じように，植物が命あるものであることを認識させていくことが不可欠である。その上で，植物に命があるなら，植物にも動物と同じように，栄養摂取や排泄のような仕組みや，血液のように栄養を体の隅々に行きわたらせる仕組み，呼吸のように酸素を吸って二酸化炭素をはき出すような仕組みがあるのかなどの疑問を出させる必要がある。そして，徐々に，光合成によるでんぷんの生成，気孔からの蒸散，無機物的栄養を含む水とでんぷんを構成するもとである有機物的栄養である糖の運搬，植物の光合成に伴う気体の出入りと呼吸に伴う気体の出入り等の植物の個体維持に関する概念についての理解を促していくことが重要である。

光　合　成
蒸　　散
吸　　水
糖の運搬
呼　　吸
個体維持

生物概念

3）生物概念

　これまでに述べてきたように，生物概念の初期は，動物概念に限りなく近いものとして構成されていると考えられる。そこに，植物も生物であり，命あるものであるということが認識されていく中で，成長と個体維持に関する概念や生殖と世代交代（種の維持）に関する概念が，生物概念の中心であることについての理解が深まってくと考えられる。また，動物にとっては，餌となる植物や他の動物が必要不可欠であること，動物のはき出した二酸化炭素を利用して植物が光合成を行っていることなどについても理解させることが必要である。その上で，生物同士のかかわりと環境のバランス（生態系の維持）に関する概念も，生物概念の中に包含されていくと考えられる。すなわち，生物は，生きて成長して，子孫を残して命をつないで，他の生物やその他の環境とかかわりながら生活しているということについて，理解させていくのである。

生物同士の
かかわり
生　態　系

　したがって，なるべく多くの種類の生物について飼育させたり栽培させたり，映像資料等を視聴させたり，生物の体の各部のつくり（構造）と働き（機能）に着目しながら生物の生態をじっくりと観察させることが必要である。その上で，生きていくための戦略や生物の一生と命のつながり，生物同士のかかわりについて考えさせ，生物の共通性と多様性（動物の共通性と多様性，植物の共通性と多様性も含む）について見いださせていくことが必要となる。特に，小学校段階では，動物については，昆虫を中心とした節足動物に加え，魚類，両生類，爬虫類，鳥類，ほ乳類のような脊椎動物を飼育観察対象とし，植物については，単子葉類と双子葉類を含む被子植物を中心とした種子植物を栽培観察対象とすることが望ましい。

構造と機能

共通性と多様性

〈参考文献〉
・甲斐初美：「系統性を踏まえる」ということの意味—「生命」領域の学習における具体的な
　系統性—，理科の教育　2011年8月号，2011，pp. 13-16

（4）地球概念

「地球」概念については，学習指導要領の2017年改訂に伴ってその概念を構成する3つの下位要素の内容表記が修正された。それらは，「地球の内部と地表面の変動」「地球の大気と水の循環」「地球と天体の運動」である。加えて，資質・能力の育成に向けて児童が働かせるべき「理科の見方・考え方」が示され，地球領域の見方として「主に時間的・空間的な視点でとらえること」が明記された。

これらを踏まえると，地学的な事象に関する子どもの考え方については，従来から指摘されているような日常生活経験やメディアから得た情報等を背景とした，直感的で素朴なとらえ方（固有の論理を含む）の実態とともに，理科学習を通じてとらえられるようになることが期待される事象に対する時間的・空間的な視点など，理科学習を通じたそれらの発展可能性について言及していくことが必要になる。以下では，このような視点から子どもの考え方を考察していく。

地球概念と言葉による情報

子どもの直感的で素朴な考え方に関して，地学的な事象に共通すると考えられる傾向は，経験や体験から考えをつくり出すこと以上に，専門的な用語や説明表現等に触れる中でそれらを鵜呑みにするかのように取り込み，自分なりの考え方やイメージをつくる実態があるということである。それらの考え方やイメージは，モデルに相当するような一定の論理となっている場合もあれば，言葉の意味を思い描く範囲にとどまる場合もある。すなわち，事象に対して言葉が先行し，後追いするかのように考え方がつくられる中で，実際の事象に適用させながら事象を理解しようとする傾向があるということである。このようなプロセスをたどる場合，言葉から発想したイメージやモデルと現実の事象が十分に整合しないケースが生じることも十分に考えられる。つまり，子ども固有の論理として獲得されるのである。このような子どもの考えの実態を踏まえ，以下では，地球概念を構成する3つの下位要素それぞれの特徴について明らかにしてみたい。

1）「地球の内部と地表面の変動（地質）」

不変の大地

地球の内部や地表面の変動に関して特徴的なものに，「不変の大地」という考え方がある。これは，小学校理科で扱われる「土地は創られ，変わっていく」という変化の認識と相反する考え方といえよう。言い換えれば，地球上の土地をおよそ斉一的に説明しようとするものであるが，一方で，そこに「地域性（地域固有）」が矛盾なくイメージされる場合がある点に，子どもの考えの特徴がある。

地域性（地域固有）

どちらも人間の知覚や物体の存在・動きなどに関する経験則に基づいた考え方であって，その視点から崖に見られる地層や岩石の特徴に当てはめ，自分なりに納得している場合が多い。

このような考え方の実態に対して，小学校理科では，第4学年の単元「雨水の行方と地面の様子」や第5学年「流水の働きと土地の変化」，第6学年「土地のつくりと変化」の学習を通じて，局所的・部分的な現象を広範な現象へと広げながら，経過する時間とともにその変化をとらえることが目指される。地学的な事象においては，観察事実だけでなくモデル実験等で確かめられたメカニズムをもとに，実際の土地の空間的な広がりをとらえるような，推論的な思考が重要になる。

2）「地球の大気と水の循環（気象）」

　気象領域については，他の領域ほどに子ども固有の考え方を見いだすまでには至らないように思われる。それは，広範な大気現象を直にとらえることが難しいという領域固有の事情があるからであろう。気象領域に関する子どもの考えは，メディア等の情報に足場を置いたものが多く見られる。「天気は，西から東へと変わる」といった天気の変化の周期性に関する子どもの考え方は，日々空をながめ，雲の動きの傾向から見いだした子どもなりの考え方である場合もあるが，多くはメディア起源の考えと判断してよい。生活経験ベースの考えとしては，「雲が広がると雨が降る」など現象的な説明がこれにあたると思われる。

気象現象の空間的・動的理解

　小・中学校理科における気象領域の学習では，校内における気象観測など局所的な大気現象の把握を，気象衛星画像やアメダスデータ等を介して広範な変化へと広げながら，特に，時間に伴って変化する大気状態を空間的かつ動的にとらえることが重要になる。近年，メディアから入手できる気象情報等は，動きや変化をとらえられるような工夫がなされているが，それでも二次元的な表示が中心になるため，空間的な把握がしにくい。このような実態を踏まえて，学習指導においては，空間的な広がりをイメージできるように留意すべきである。

3）「地球と天体の運動（天文）」

　天文領域では，小・中学校の理科学習を通じて，太陽や月，星の観測とその規則性の理解をもとに，「広大な宇宙の中の1つの星である地球」といった理解をつくることを目指す。

　この領域の子どもの考え方が，メディア起源であることを示す象徴的な事例として，「地球は回っている」という説明を挙げることができる。地球の自転は中学校第3学年の学習内容であるが，小学生でも多くの子どもがこのことに類する表現を口にする。まさにメディアの影響力を感じる実態であるが，この子どもが言う「地球は回る」という考え方は，自転と公転の両方を言い当てているのか，自転あるいは公転だけなのかを十分に見定めることが必要である。また，球体としての地球の回転という図形的な認識が先行しており，それが太陽や星の日周運動と有意味に結びついていない可能性が高い。このような実態を踏まえると，「地球は回っている」という子どもなりの表現に対して，太陽の動きは十分にとらえられるという安心感をもつことは時期尚早であって，控えるべきであろう。

方位概念

　天文領域で従前から課題として指摘されているものに，方位の概念がある。方位については，特定の地形や目印になる建物との対応関係では比較的とらえられるが，太陽や月の位置やそれを示す影の方向など，空間的な方位や視点移動を伴った方位となると，混乱してしまうケースが多く認められる。方位の概念は，上学年で扱われる月の形の見え方や，中学校における地球の自転・公転の学習における重要な手がかりになるだけでなく，天文現象を空間的に把握する上で指標になるものである。この概念の育成に向けては，立体的なモデルによる可視化等の試みが提案されているので，それらを活用しつつ，空間的な認識と十分に関連づけられるよう指導していくことが重要である。

2 小学校理科授業の実践

2.1 効果的に授業を進める視点

(1) 効果的な導入の工夫

導入の必要性

① 効果的な導入の必要性

　理科の授業で，子どもは自然事象と出あい，「美しい」「すごい」などと感動する。そして，自然事象にかかわって，「不思議だな」「おかしいな」などと興味・関心を高め，「自分も調べてみたい」「実際に，やってみたい」などの意欲を高めていく。

　しかし，このような感動や興味・関心，意欲の高まりなどは，子どもが単に，自然事象と出あうことによって得られたり，高まったりするものではない。ここには，教師の意図的なしかけや様々な工夫がなされているのである。

　このように，理科の学習において，子どもの意欲的な学習が成立するためには，子どもを自然事象とどのようにかかわらせたらよいのかといった教師の工夫，すなわち，効果的な導入の工夫が必要とされるのである。

　したがって，導入が効果的であればあるほど，子どもは理科授業に積極的にかかわろうとするし，そうでない場合は，問題解決の意欲も持続することは困難であるといえる。

単元の導入

② 単元全体の効果的な工夫

　導入は単元全体としての導入と考える場合と，1単位時間を対象として考える場合がある。単元全体を通した導入は何よりも，これらから数時間，あるいは十数時間続く学習を，子どもが問題意識を持続させながら，追究できるようにさせることが大切となってくる。単元全体の導入場面での効果的な工夫が求められてくるのである。

　例えば，単元全体の導入では子ども一人一人が解決したい問題を見つけたり，自分で解決したい方法を考えたりできるような場面の工夫が必要であろう。小学校高学年の「物の溶け方」の学習では，ペットボトルなどの長い筒の上の口から，食塩を少しずつ加え，食塩の溶ける様子を提示する。子どもは，ペットボトルの中を観察すると，食塩の粒が，水の中でもやもやとして溶けていき，次第に食塩の粒が見えなくなってしまうことに気づく。このような事象を提示することによって，子どもは，「食塩は水の中でどこへいってしまったのか」「なくなってしまったのか」などと疑問をもつであろう。この疑問が，「溶けたもののゆくえを探したい」や「溶ける量を調べたい」などといった調べてみたい問題をもち，解決に向けた活動を展開していくことができる。したがって単元全体での導入は，単元を通して子どもが追究する問題をいかに把握させるか，また，自分の解決方法をいかに考えさせるかなどといった視点が大切である。

1単位時間の導入

③ 1単位時間の効果的な導入

　単元の全体の構成のしかたによっても異なるが，多くの場合，1単位時間（ここでは45分とする）の中で数分から多くとも10分程度の時間を導入に費やすこととなるが，この導入の場面の成功と不成功が，その後の授業展開の成否を決める

こととなる。

1単位時間の導入では，単元の特性に即した多様な工夫が考えられるであろうが，いくつかその例を示す。

既習の想起

第1に，前時までの既習内容を想起させ，全員に確実に定着させてから，学習への興味・関心をもたせ，新たな問題の解決への意欲を高めるような導入を工夫することが考えられる。

例えば，中学年の「磁石の性質」を調べる単元で，本時が「磁石の極の性質調べ」の学習ならば，この1単位時間の導入では，前時までに学習した「磁石につくもの，つかないもの」の結果を再度，学級全体で確認した後，磁石の性質，極の性質調べ，という流れになろう。すなわち，既習内容が子ども全員に確実に確認されることにより，1単位時間の問題解決の道筋がスムーズになっていくのである。

このように，子どもは，それまで学習してきた内容や方法をもとに，自分なりの自然に対する見方や考え方をつくりながら学習に取り組んでいる。既習事項の確実な把握を基盤として，自分の論理を新たに積み上げていくのである。

矛盾

第2に，これまでの学習内容と矛盾した事象を提示し，その驚きなどから自分で追究したい問題を見いだせるような工夫が考えられよう。

例えば，高学年の「電磁石」の学習では，ストローなどの軸にコイルを巻いた電磁石を使い，スイッチを入れたり切ったりしながら，クリップのつき具合の違いを提示する。この事象提示から，子どもはこれまで学習してきた永久磁石とは異なる性質をもつ磁石の存在に気づくであろう。そして，自分も不思議な磁石をつくってみたいと考え，エナメル線やストローを使って自分の磁石をつくっていくであろう。

このように，子どもは，それまでの経験や学習からつくり上げてきた，自分なりの自然に対する見方や考え方と相いれない自然の事象に出あい，その矛盾を自ら解決したいと考えるようになるのである。

新奇な気持ちや驚き

第3に，子どもがそれまでに経験したり考えたりしなかったような自然の事象を提示し，新奇な気持ちや驚きをもたせていくような導入が考えられよう。

中学年の「空気と水の性質」を調べる学習での事象提示の工夫の例である。先端のコルクに細いガラス管を通し，その中に少量の赤インクの液を入れる。そのガラス管を空気が入っている丸底フラスコにさし入れる。そして，そのまま，熱いお湯の中に入れると，ガラス管の赤インクが先端まで移動することを観察させる。このような場面は，子どもがこれまで出あったことのない新たな事象である。このような未知の世界との出あいが科学的な好奇心を高め，問題解決への意欲を高めていくのである。

（2）明確な見通しをもたせるための工夫

　　見通しとは，その言葉どおり，途中にさえぎる物がなく遠くまで見えることを
いう。また，このような物理的な側面だけではなく，一方，目には見えない心の
内面にある物事の筋道や，その先を考えたりすることを指している。

　　この見通しは，理科の学習において考えてみるならば，子どもの問題解決的な
学習活動の中で，自分の問題を自分の方法で追究し，自分なりの答えを見いだす
一連の活動にかかわる進行状況や結果への予想を，自分で考えたり修正したりでき
ることが，よく見えていることを指すといえる。

　　より具体的にいうならば，子どもが無目的に観察，実験などを行うのではな
く，自分の問題に対して予想や仮説，構想をもち，それらに従って観察，実験な
どの方法を工夫し，理科学習に取り組むことを意味している。しかし，このよう
に考えてみると，理科学習において，子どもが明確な見通しをもつことは容易で
はなく，教師の意図的・計画的な工夫が必要となる。

　　それでは，理科学習における観察，実験などの活動において，子どもが見通し
をもつことはどのような意義があり，そのためには，どのように工夫すればよい
のであろうか。

第1の意義と工夫　　第1の意義は，観察，実験の活動において，子どもに見通しをもたせること
は，自らが目的や問題意識をもちながら，意図的に自然の事物・現象に働きかけ
ていく中で，自分の責任のもとで問題を追究し，解決していく活動や場を保障す
ることになる。すなわち，自分の問題解決的な活動の中で，自分で考え，自分で
判断し，その結果や道筋について自分らしさを発揮しながら，自分で責任を負う
ことを意味する。

　　このような自己責任の意識に基づく見通しをもって問題解決的活動を進めるた
めには，次のような工夫が大切となろう。

　　・子ども一人一人に問題に対して自分なりの発想や予想，仮説をもたせ，それ
　　　に基づいて計画させ，観察，実験などを工夫させることである。

　　・子ども自らの予想や仮説，構想に基づいて，観察，実験などによって得られ
　　　た結果を教師は尊重することである。

　　・得られた結果が，予想や仮説，構想のとおりにならなかった場合，自分の方
　　　法や考え方を振り返らせ，もう一度，問題解決活動を行うよう，指導するこ
　　　とである。

　　このような問題解決活動を行わせることにより，子どもは自分で責任をもつこ
とへの自覚を高め，一層自分らしさを発揮した活動を展開できるようになる。

第2の意義と工夫　　第2の意義は，子どもが見通しをもつことによって，自分で考えた予想や仮
説，構想と観察，実験の結果が一致したり，不一致になったりすることがよく理
解・納得できるようになることである。自分の予想や仮説，構想と観察，実験の
結果が一致した場合には，自分の考えや方法の妥当性を確認することができる。
また，それらが一致しない場合には，子どもが自分で立てた予想や仮説，自分で
考えた観察，実験の方法を振り返り，それらを見直し，もう一度検討し直すこと

になる。すなわち，子どもが観察，実験に見直しをもって取り組むことによって，自分の方法や考え方，結果との一致あるいは不一致を，よりよく理解・納得できるようになるのである。

　振り返りや見通しを可能とする問題解決活動を進めるためには，次のような工夫が大切である。

・子ども自身の方法や考え方と結果の整合性を追究する場面では，子どもが発想した予想などが実際の事象で起こるかどうかを見極めさせる。
・一致した場合には，子どもの予想がどのような道筋で結果をもたらしたのかを考えさせる。
・不一致の場合には，予想，追究の方法，結果の分析，考察などから結論に至る道筋を振り返らせ，再び，観察，実験を行ったりするなどの修正を働きかけていく。

　一致，不一致いずれの場合にも，子どもの見方や考え方などに存在する子どもの論理を重視することはいうまでもない。

　このような，観察，実験における問題解決活動の過程を通して，子どもは自分の考えや行動を振り返ることによって，自分自身を絶えず見直し，必要に応じて改善する態度を身に付けることができるようになる。

第3の意義と工夫　第3の意義は，これまでの第1，第2の意義を整理すると，観察，実験において見通しをもたせることは，自分の考えや方法に取り組み，絶えずそれらを振り返り，自分を改善したりするようになることである。

　したがって，このような自分らしさを発揮し，絶えず自分を見直すことのできる態度は，おのずと観察，実験やその結果に対する姿勢も変わってくるだろう。すなわち，観察，実験の方法やそれらの結果を子ども一人一人はもとより，学級全体で見直したり修正したりすることによって，自然の事象の性質や規則性，真理などに対する考え方もおのずと変わってくるだろうといえる。このことについては，科学に対する従来の固定的な見方に対して，現在，科学は人間の活動と無関係に存在するのではなく，人間がそれを見通しとして発想し，観察，実験などにより検討し，承認したものであるといった見方が一般的である。

　このような科学に対する見方や考え方を可能とする問題解決活動を展開できるようになるためには，次のような工夫が必要である。

・予想，追究の方法，結果の分析，考察から結論に至るまでの道筋をわかりやすく発表させる。
・結果が自分の考えや方法と一致したり，不一致であっても，その結果や道筋は自分たちの得た重要な結果であることを尊重する。
・子ども相互の共通点や差異点に目を向けさせ，子ども一人一人の問題，方法，結果，結論を学級の共有の財産となるよう指導する。

（3）問題解決活動を促すための手立て

問題解決

1）問題解決活動を促す学習の具体的な展開

　問題解決活動は単元全体を通して保障されなければならないが，具体的には，1時間1時間の学習活動そのものの積み上げが大切である。この1時間の学習の展開は，「導入」「追究」「まとめ」と大きくとらえることができる。

① 感動や疑問を生み出す「導入場面」の設定の方法

導入場面

　導入は，子どもが自然事象との出あいから感動を体得し，興味・関心を高め，疑問を抱くように学習への動機づけを図る過程である。この導入の過程の成功と不成功がその後の主体的な問題解決活動の成否を決めることになり，特に，次のような視点がきわめて重要である。

- ・子ども一人一人が理科の学習に対して，自ら学ぼうとする気持ちを高め，問題追究への姿勢をつくり出すようにすること。
- ・問題を子ども一人一人が提出し，それらを学級全体の視点から整理し，学級で解決すべき問題を抽出したり選定したりしていくこと。
- ・学級全体の問題の解決へ向けての方向や方法の見通しを立てること。

② 一人一人の問題解決活動を保障する「追究の場面」の設定の方法

追究場面

　追究は，導入の過程で学級全体の子どもによって抽出され，選定した問題の解決に向けて，具体的に問題解決を進め，その結果を得ていく過程である。ここでは，子ども一人一人の問題解決に向けた発想を生かし，子どもの問題解決の方法を最大限重視することである。この過程は多様に考えられるが，特に次のような視点が大切である。

- ・「なんのために，その観察，実験をするのか」（目的の明確化）
- ・「どのような実験器具を使って，どのような操作をするのか」（方法の明確化）
- ・「どのような記録を取るのか」（データ収集の明確化）

③ 結論を見いだす「まとめの場面」の設定の方法

まとめの場面

　最終の過程は，自分の問題の追究の結果を整理・考察し，結果を導出してまとめ，次の時間へのつながりをもたせる場面である。この場面では，次のような視点が大切である。

- ・観察，実験で得られた情報の結果から何がいえるのかについて考察し，自分の問題の結論を導き出すこと。
- ・自分の問題，自分の方法，自分の結果を重視するとともに，友だちの問題や方法，結果とも照らし合わせながら，自分の結論を出させること。
- ・自分で得た結論を他の事象に当てはめて考えてみたり，日常生活の実際の場面に適用したりするなどして，発展的に活用させること。

2）主体的な問題解決活動を促す教師の果たす役割

教師の役割

　子どもが主体的に問題解決できるようにするためには，教師の意図的・計画的な指導がきわめて大切であり，次のような点を重視したい。

ねらい

　第1に，問題解決活動における観察，実験のねらいを子どもに明確に認識させることである。そのためには，観察，実験の目的，内容，方法，採集するデータ

の内容，記録の方法等を子ども個々に把握させることである。このような観察，実験の方向や方法を認識させないと，観察，実験に集中性を欠いたり，せっかくの観察，実験から結果を導くことが困難であったりするからである。

　第2に，観察，実験中の机間指導を行い，問題解決の進捗状況を把握し，子ども個々の疑問や悩み等に応えるようにすることである。そのためには，まず，子どもが行っている観察，実験の様子の事実を**認める**こと，そして，その場面での努力を**褒める**こと，さらには，今後の観察，実験の進め方等について助言し**励ます**ようにすることである。子どもは，このような教師の「認めること」「褒めること」「励ますこと」の指導によって，自信をもって主体的な問題解決活動に取り組むことができるようになるからである。

　第3に，安全管理・安全指導を徹底し，観察，実験上の事故防止に努めることである。そのためには，常日頃から，理科室における薬品の管理や観察，実験器具の収納・保管等には万全の態勢をとっておき，安全管理を徹底しておくことである。そして，授業にあたっては観察，実験上の事故防止を図るため，万一の事故発生の際の対応策を子どもに知らせておくとともに，心構え等についても毅然とした安全指導を行うようにする。特に，予備実験を必ず行い，薬品等の濃度，機器の取り扱い上の誤操作等に留意し，事故発生を想定した緊急の対応策を立てておくようにする。

　第4に，教師が指導することと，子どもに解決を委ねることを区別しながら，子どもの主体的な問題解決活動に果たす教師の役割を重視することである。子どもの問題解決活動は，子ども自身の主体的な観察，実験によって進められるが，授業の導入，追究，まとめにおける教師の意図的・計画的な指導によってこそ可能となるのである。したがって，問題解決の始終を子ども任せにしないように，教師の指導的な役割を発揮することである。

3）子どもの問題解決活動を促す板書の工夫

　主体的な問題解決活動は，子どもの科学的な見方や考え方を子ども自身が築き上げていくことを重視している。したがって，板書は，単に教師の指導内容を整理し，結論を与えるというのではなく，子どもの問題解決の過程やその中から導き出される子どもの論理を大切にすることが重要である。そのためには，特に次のような視点を大切にしたい。

- ・課題把握の場面の板書では，問題の内容，問題解決の方向，その解決の具体的な方法等について，子ども全員が把握できるようにし，解決への意欲を高めるようにすること。
- ・追究の場面の板書では，問題解決の方法や結果の違いに着目しながら，子ども全員で結論を導くようにすること。
- ・まとめの場面の板書では，結論を導き出すため，子ども相互の情報交換や話し合いを整理し，結論づけたり，まとめたりすること。

認める
褒める
励ます

安全管理

安全指導

意図的・計画的な指導

板書

（4）グループ活動の方法

学習形態

　授業場面において見られる学習形態は，主に一斉指導，グループ学習，個別学習に大別される。また，近年その重要性が叫ばれているアクティブ・ラーニングにおいては，その効果が有用とされる多くの学習形態が挙げられている。本項では，まず，一斉指導，グループ学習，個別学習に説明を加え，次にアクティブ・ラーニングの中でもグループ学習として考えられる方法について紹介する。

一斉指導

　一斉指導は，小学校において一番多く実施されている学習形態である。学級の子どもに対して教師が課題や問題を与え，同時に同空間において学習が開始される。子どもの思考・表現のやり取りを活性化させ，学級共有の考えを練り上げることができるという点において，どの教科においても活用が認められる学習形態である。しかし，学校教育において一斉指導が重視される中，教師の説明，一問一答式の展開が多く見られることから，ともすれば受け身的な学習になりがちであると課題が強調されることもある。

　理科学習において一斉指導が見られるのは，予想や仮説の設定場面，学級全体で結果から考察を出し合う場面が考えられる。ここでは，教師がイニシアチブをとり，学級での話し合い活動をまとめていく必要がある。ファシリテーターとしての教師の役割である。一斉指導が，教師の教示的な指導に終始するのではなく，子ども同士の対話を活性化させる場となるように設計できれば，対話的な授業を成立させる学習形態として，一斉指導が効果的に機能すると考えられる。

グループ学習

　グループ学習は通常，子ども4〜6人を1グループとして編成し，学習する形態である。子どもの興味・関心や習熟の程度，理解の状況の違いなどに対応することで，様々な形態の集団を編成することが可能となる。また，グループだと話しやすい雰囲気をつくり出し，意見交流が活発になるという利点もある。反面，発言力の強い子どもなど，一部の子どもだけで学習が進んでしまう心配がある。

　理科学習においては，以前より観察・実験をグループで行うグループ学習は，必須の学習形態として考えられてきている。例えば，教師が一斉指導で類型化した予想や仮説に基づいてグループ編成を行い，同じ考えをもった子どもにより，観察・実験を実施したならば，結果から考える考察場面においても，同じ予想をもつ子ども同士の話し合いは円滑に進むと考えられる。

個別学習

　個別学習は，子どもが自ら考え，1人で調べたり書いたりする学習形態である。そこでは，子どもの学力，興味，認知スタイル，あるいは学習進度などの個人差に応じた学習を成立させることができる。

　理科学習においては，個別に学習する場面は多くある。例えば，1人で校庭の生き物を観察する場面，空気でっぽうなど，一人一人に実験器具が与えられ，自己の問題意識に基づいて実験する場合，実際の観察ができないときに書籍など2次情報を調べる場合などである。

　子どもの学びを成立させるためには，単元の特徴，本時目標を考慮した上で一斉指導，グループ学習，個別学習の利点を生かしながら授業設計を立案する必要がある。1人1実験が理想だからと，アルコールランプを使用する実験を1人で

行うことは，教師の目が行き届かないことから，実施には熟考が必要である。

アクティブ・ラーニング

近年，アクティブ・ラーニングが有用な授業形態と知られるようになってきた。それは，中央教育審議会（2012）が，「教員と学生が意思疎通を図りつつ，一緒に切磋琢磨し，相互に刺激を与えながら知的に成長する場を創り，学生が主体的に問題を発見し解を見出していく能動的学修（アクティブ・ラーニング）」と定義し，知識の伝達や注入を意図した授業からの転換を提起したことによる。アクティブ・ラーニング型の授業を構想する場合，その多くがグループでの学習を採用している。ここでは，その代表的な学習法である問題解決型学習法＝PBL（Problem Based Learning），プロジェクト型学習法＝PBL（Project Based Learning），反転学習（Flipped Learning），TBL（Team Based Leaning），話し合い学習法＝LTD（Learning Through Discussion），ジグソー法（Jigsaw）を紹介する。

ＰＢＬ

PBLとは，少人数グループによる問題解決型，プロジェクト解決型の学習方法である。そのプロセスは，グループによる話し合い，グループ活動の記録，個別学習，結果の報告までを網羅した統合的な学習，かつ子どもの実践を重視した学習方法であり，グループ学習を伴う学習形態である。問題解決型学習とプロジェクト型学習に分けられる。

反転学習

従来の学習では，学校で教師が基礎的な概念の説明を実施し，その概念を活用した応用は家庭学習に任せるというのが，伝統的な定型であった。しかし，反転学習では，基礎的な概念の習得を映像やインターネットでのテキストを活用して家庭で実施し，概念の応用を学校において対話型の授業で学ぶという学習形態である。より難しい概念の応用を教師やグループ内の他者の援助により円滑に行うことができるという利点がある。従来の学習が復習型の学習とすると，反転学習は，予習型の学習ということもできる。

話し合い学習法

話し合い学習法は，協同学習の一形態であり，子ども一人一人の予習と数名によるグループでのミーティングから構成されている。予習の段階もミーティングの段階もステップごとに取り組む内容が細分化されており，子ども一人一人が予習をしっかりと実施した上でミーティングに参加することが必須である。とりわけミーティングの段階においては，各ステップの内容が分単位で設定されていることが大きな特徴となっている。あらかじめ定められた問題や課題に基づいて，子ども一人一人が予習用のノートを作成した上でミーティングに参加することになっている。

ジグソー法

ジグソー法とは，協同学習を促すためにアロンソンによって提唱された学習方法である。例えば，1つの問題に対して3つの視点（具体的には，校庭の動物，校庭の植物，校庭の菌類などのように）から理科の観察学習を実施したとしよう。それぞれを3人グループの1人ずつが担当し観察を実施し，その後の調べ学習を行う。観察結果や結果に基づいた調査結果をもち寄り，グループの中において自分が勉強した内容を発表していく。他のグループとも交流していく中で，同じ視点で学習している子ども同士，違った視点で学習した子ども同士が，まるでジグソーパズルを組み立てるように全体像を理解していく学習方法である。

（5）クラスで議論を進める方法

議　　論
対　　話

　理科の授業において子どもの議論は，問題解決過程での話し合い活動として見られることが多い。議論を討論や対話などに分けて考える場合，理科での議論は，子どもと子どもの対話，子どもと教師との対話という形で見られることになる。対話の場面としては，予想や仮説を明確にする話し合いでの対話，観察・実験の方法を明確にする話し合いでの対話，観察・実験結果に対する考察を発表する話し合いでの対話が考えられる。それぞれの対話は，授業の中でのねらいが違い，当然のことながら内容も違ってくる。しかし，共通しているのは，自然の事物・現象に対する子どもの考えという事実の情報交換であり，子どもの既有概念（生活概念，学習概念，素朴概念）を根拠にした対話が前提となることである。

発達の最近接領域

　対話の重要性を示す理論も数多くあり，有名な考えにヴィゴツキーの発達の最近接領域（ZPD）がある。発達の最近接領域は，他者との相互行為により形成され，子どもの現時点での発達水準を引き上げるとともに，学級全体の潜在的かつ可能的な発達水準を拡張するとされ，その媒介的役割を果たすのが，他者との相互行為である議論，対話となる。この考えから授業を見ると，子どもは，教師から一方向的に教授される存在ではなく，他者との対話を通して自律的に発達の最近接領域を形成していく学び手となるのである。この際，子どもは，自己の考えていることを言語（他にも絵，イメージ等）によって外化することが重要となる。いい換えると，子どもは，自己の考えを言語等で表現するところから，学習が始まると考えてもよい。そして，対話において他者のそれと比較することにより，自己の考えに修正を加え，科学的概念の修正，再構築を果たしていくことになる。

　発達の最近接領域を形成する対話を構成するには，教師が，いかにかかわるべきかが重要な視点となってくる。教育現場では，教師の介入として古くから議論されてきている。教師の介入については，その功罪を含め，諸々の考えが存在する。学校現場では，「教師が，できるかぎり口をはさまない授業が，よい授業である」「子どもの発言の多い授業が，よい授業である」「子どもの発表のみで展開される授業が，よい授業である」などを，よく耳にする。しかし，これらの考えに対して確固たる根拠を聞くことは少ない。

教師の介入の位置

　教師の介入には，次の３つの位置があると考えられる。

　第１は，教師主導的な位置である。ヴィゴツキーの理論が，発達の先を行く教授の重要性を提起したことにより，以前は，ヴィゴツキーの理論を教授主義と呼ぶこともあった。しかし，学習活動が教師主導の教示的な展開で進んでいくと，子どもが自律的に問題を案出したり，科学概念を学級で構築したりという面が少なくなる可能性が出てくる。

　第２は，子ども中心的な位置である。このとき，教師は，子どもの科学概念構築の外に位置することになる。教育現場で叫ばれる学び合いという考えは，この立場を色濃く反映していると考えられる。教師がこの位置に立つと，本来，授業を構成すべき大人としての教師，もしくは，自分よりも知的な存在でもある教師が不在ということになり，高次の精神機能へと学びが高まることなく，子ども同

士だけではい回る学習に陥る危険性も出てくる。

　第3は，教師と子どもによる協同主義的な位置である。この考えによると，科学概念構築は，教師も含めた子どもとの相互行為による活動ということになる。ここでは，教師が発達の最近接領域の可能的な発達水準となる本時の目標を明確に意識し，そのレベルまで子どもを引き上げるために授業へと介入することになる。昨今，学校現場において，教師の介入，援助のことを足場づくりという言葉で説明している。足場づくりは，ウッドらが，発達の最近接領域を手がかりとし他者との相互行為によって上位概念への到達を促す機能として考案した概念である。

足場づくり

　表は，教師の足場づくりが見られる教師と子どもとの対話である。教師発話⑦において，「先生ね，他にもこの人の考えが面白いと思ったんだ。はい，⑧さん。絵も面白いから，ちょっと見ててね」と机間巡視で見つけた子ども⑧の表現を取り上げている。子ども⑧は，子ども④と子ども⑥へと続く溶解限度に関する考えをさらに広げ，メタファーという比喩表現を用い，「例えば，タンスに洋服やズボンを入れても入りきる量が限られているのと同じ感じ」と表現している。この子どもの発話⑧を教師が取り上げたことにより，教師⑫「なるほど。わかりやすいよね。溶け残った最初の状態はタンスの中に洋服は」や，子ども⑲「そう，それで服を入れていくんだから，だんだんタンスが一杯になってきて……。最終的に溶け残ったら，もうタンスには，入れられないってことだ」といった，タンスを媒介にした対話が展開しているのが確認できる。もし，教師が子ども⑧の表現を足場として採用しなかったならば，溶解限度に関する一連の対話は生まれなかったことになる。要するに，少なからず教師の介入としての足場づくりを認めない限り，その時間において目標とする子どもの姿は見られない危険性が出てくる。

表　対話の例

①教　師：実験をしてみてどうなったのかを確認してほしいと思います。まず，結果はどうだった。
②子ども：溶けなかった。
③教　師：溶け残りが出た。温めても溶け残ったことから，こんなこと考えたよっていう人。温めて溶け残ったことで，何か気づいたことってありますか。じゃあ，④さん。
④子ども：最初に使っている塩と水を，もう一度使っているから，最初から限度の量を入れて温めているから，温めても水に溶ける塩の量の限度は変わらない。
⑤教　師：他には。④さんに付け足しでもいいよ。はい，じゃあ⑥さん。
⑥子ども：ちょっと④さんに似ているんですけど，食塩水になった物が水の粒に塩の粒がくっついているんだけど，残った塩は温めたとしても水の塊の中に新しく入れない。
⑦教　師：なるほどね。④さんの考えを詳しく言ってくれた感じだね。先生ね，他にもこの人の考えが面白いと思ったんだ。はい，⑧さん。絵も面白いから，ちょっと見ててね。
⑧子ども：温度を高くしても限度はあると思います。物には入りきる量があって，例えば，タンスに洋服やズボンを入れても入りきる量が限られているのと同じ感じ。
⑨教　師：⑧さんの言ってることわかる。
⑩子ども：単純。
⑪子ども：わかりやすい。
⑫教　師：なるほど。わかりやすいよね。溶け残った最初の状態はタンスの中に洋服は。
⑬子ども：ない。
⑭教　師：ないの。空っぽ。
⑮子ども：えっ，ぎゅうぎゅう詰めじゃないの。
⑯教　師：あ，ぎゅうぎゅう詰め，どっち。
⑰子ども：あ，その最初。全然何もやってないときかと思った。
⑱教　師：あ，全然何もやってないときには，何もない。空っぽってこと。水の状態でしょ。
⑲子ども：そう，それで服を入れていくんだから，だんだんタンスが一杯になってきて……。最終的に溶け残ったら，もうタンスには，入れられないってことだ。

2.2　効果的な指導技術

（1）活動を促す発問

発　　問

　発問は，質問とは違う。質問は，答えのわからない子どもが，わかっている他者（教師や友だち）に問いただすことである。発問は，子どもの考えを明らかにしたり，広げたりするために，答えを知っている他者（この場合，教師）が，問いという形式をとり質問することである。

教師の力量

　発問は，授業において教師が子どもに対して問いを発する行為であるが，教師の準備の面から2つに分けることができる。1つは，教師が，授業前に準備している発問である。主発問などは，これに該当する。ゆえに，指導案に授業前の計画として設定することが可能となる。もう1つは，授業中に即応的に発する発問である。これは，教師の力量，教師の熟練の度合いにも左右され，常に適切な発問ができるようになるには，相当の時間がかかるといわれている。成長する教師について秋田は，表1に示すとおり，バーライナー（1988）の調査研究を紹介する中で，教える技能の発達には5段階あり，教師の力量が教職経験を経るごとに形成されていくことを示した。この表から考えると，即応的な発問が発せられるようになるには，最低でも5年はかかると想定される。

表1　教える技能発達の5段階 (Berliner, D.C., 1988　秋田改, 1997)

第1段階　初心者　実習生　1年目
文脈から離れた一般的なルール（例：褒めるのがよい，質問したら少し待つのがよい等）は習得しており，それに基づいて授業を行おうとする。柔軟性に欠ける。言葉によって教えられるよりも実体験がより意味をもつ時期。
第2段階　初心者上級　2〜3年
特定の場面や状況に応じた方略的な知識が習得される。具体的な文脈の手がかりに応じて授業をコントロールできるようになる。いつ一般的なルールを無視したり破ったりしてよいか理解するようになる。文脈を超えた類似性を認識できるようになる。
第3段階　一人前　3，4年〜
授業において重要な点と，そこで何をすべきかを意識的に選択し優先順位をつけられるようになる。タイミングがわかるようになる。授業の全体構造がよく見えるようになる。教師の責任という自己意識が強くなり，成功や失敗について前の段階よりも強く敏感に感じるようになる。
第4段階　熟練者
経験による直感やノウハウが使用される。意識的な努力なしに，事態を予測し，その場に対応して授業を展開できるようになる。個々の出来事をより高次なレベルで全体的な類似性や共通の問題性を認識できるようになる。
第5段階　熟達者（必ずしも全員がここに達するわけではない）
状況が直観的に分析され，熟考せずに適切な行動をとることができる。行為の中で暗黙のうちに柔軟な行動がとれる。

ゆさぶり

　熟練の域に達した教師は，発問により子どもの思考に「ゆさぶり」という操作を加えることがある。

　例えば，子どもの学習に何らかの変化を与えたい場合がある。子どもの話し合いに任せたままで，その対話を観察していると本時目標を達成できる見通しが見いだせないときがある。その場合，教師は，子どもの話し合いに参加し，その混沌とした状況を打開するのである。

　また，あえて事実とは違う発問を子どもに提示することで，より確かな見方・考え方へと導く場合もある。「鉄もアルミニウムも金属の仲間だから，同じ大き

さなら同じ重さだよね」など，理科では，実際に実験をするために，子どもの動機を高める教師発話を行うこともある。

発問の具体

　表2は，理科授業に見られる教師の発問の具体例を分類したものである。

　①のように子どもがYesかNoで答えられるような発問を閉じた発問ということもある。子どもは，どちらかを選べばよいという点において，授業に誰もが参加できる状況をつくることができる。②・③は，子どもがもつ既有概念を引き出すために行う教師の発問である。この発問は，教師と子どもの1対1対応の対話が中心となるが，子どもの学びが子どもの既有概念に対して行われることを考えると，授業でも重要な位置を占める発問となる。主に，既習内容の全体化や学習のまとめ時に出現することになる。④は，子どもの思考活動を誘発するときに教師が使う発問である。開いた発問ということもある。予想を立てるときや結果から考察を導出する際などに見られることが多い。

表2　教師の発問の具体例

	教師の発問	子どもの応答	考えられること
①	モンシロチョウにははねがありますか。	はい。	子どもが思考する余地がなく，YesかNoで答えられる。
②	モンシロチョウにはあしが何本ありますか。	6本です。	教師と子どもの関係が1対1対応となる。
③	モンシロチョウの成長の順序を説明してください。	卵→幼虫→さなぎ→成虫の順に成長します。	既有概念を活用し，自分の言葉で説明している。
④	モンシロチョウのさなぎは，なぜ糸でぶらさがっているのでしょうか。	羽化するときに，はねを伸ばして，飛び立ちやすく工夫しているのかなぁ。	子どもの思考を伴った発話となっている。

　教師にとっても，子どもにとっても，発問を中心に授業が展開していくことには異論はないと思われる。そこで，最低限これだけは気をつけなければならない

注 意 点

注意点を挙げる。

　第1は，教師が理科授業で何を問うのかが明確になっていることである。主発問のようにあらかじめ準備のできる発問はともかく，授業の展開上，どうしても教師が繰り出さなければならない発問は，子どもが記録しているときの机間巡視の間などに，問い方を決めておく必要がある。

　第2は，子どもが理解できる言葉で問うことである。とかく教師は，子どもより科学的言語を多く知っていることから，中学校，高等学校で履修する内容を使いたくなることがある。しかし，子どもには未知な内容であることから，発問においては，学習指導要領の内容までにとどめた言語を使用するよう気をつける。

　第3は，用意できる発問は，できるかぎり指導展開とともに考えておく必要がある。現在，教育現場で見られる理科の学習指導案には，流動的な学習状況を考慮しつつ発問をする意味からも，発問計画がないのが実状である。しかし，先の秋田の分類にもあるように，初心者の教師などは，主発問程度の発問計画を伴った学習指導案を作成することが望ましいと考えられる。

　第4は，学級のすべての子どもが理解できるような簡単な言葉で問いかける必要がある。教師は，常に難解なことを平易に説明できる能力をもち合わせていなければならない。昔からいわれ続けている教師文化である。

（2）学習の振り返りができる板書

板書の機能

　　板書の機能は，教師の精緻化された書画，掲示物により，子どもの思考を援助したり促進したりし，子どもの理解を深めることである。

　　具体的に板書の目的を述べると，以下の7点が挙げられる。

板書の目的

(1) 問題解決の過程を提示することで，子どもに学習の見通しをもたせる

　　問題→予想→実験方法→実験→結果→考察→結論といった問題解決の過程を明示することで，子どもに今，何をやっているのかを意識化させることができる。この過程は，子どものノートとリンクさせることで，さらに理科学習の学び方を定着させることができる。

(2) 学習内容を要点化することで，重要事項を明確化する

　　問題→予想→実験方法→実験→結果→考察→結論の中でも，学級全体に対して共通して把握させなければならない内容は，問題と結論である。この2つは，授業のスタートとゴールであり，学級全体で共通した問題から始まり，最終的には，学級で見つけた結論，科学概念の集約が見られることになる。その他の予想，実験方法，結果，考察などは，グループや個人で多様に表現されることになる。ゆえに，問題と結論に関しては，授業の重要事項の1つとして明確化する必要がある。

(3) 学習資料，子どもの表現を提示することで，全体化を図る

　　理科学習では，実際に観察が困難な自然の事物などもある。その場合，教師は，学習資料として絵や写真を黒板に掲示することになる。また，子どもの考えた予想や考察には，言葉だけではなく絵やイラストを伴ったものも多く見られる。そこで，それらの考えを共有化するために，子どもの記録を黒板に掲示することも考えられる。すなわち，黒板における板書に映像的な世界を加えることで，子どもの視覚的認知を強化しようというのである。

(4) 子どもの多様な考えをまとめる

　　子どもの考えは，同じことを考えていても多様な表現として表れる。それらの表現を全体で見合い，類型化したり，集約化したりすることが必要となる。子どもの表現は，予想の設定場面，実験方法の案出場面，結果からの考察場面などに見られる。教師は，机間巡視などで子どもの考えを把握するとともに，指名を通して多様な子どもの表現を表出，板書していく必要がある。

(5) 子どもの考えの共通点・相違点などを目立たせる

　　(4)と同様，子どもの考えは，同じことを考えていても多様な表現が見られる。その多くは，子どものポートフォリオやノートに閉ざされていることが多い。ゆえに，それらを板書することで学級全体に可視化し，議論の争点を明確化する必要がある。そこでは，他者の表現との共通点・相違点が明らかになるようにあらかじめ板書の位置を工夫する必要が出てくる。

価値づけ

(6) 子どもの発言を活字化することで，子どもの考えを価値づける

　　子どもの表現を板書したり，掲示したりすることは，子どもにとっては，自己の考えに対して承認を得られたことになる。教師にとっては，子どもの考え

を価値づけたことになる。これは，近年，その重要性が叫ばれている形成的アセスメントに他ならない。形成的アセスメントには，数多くの定義が存在するが，PISA（国際学習到達度調査）にかかわる OECD（経済協力開発機構）教育研究革新センターが提示した定義が有名である。OECD 教育研究革新センターは，形成的アセスメントを「学習者のニーズを確認し，それに合わせて適切な授業を進めるための，学習者の理解と学力進歩に関する頻繁かつ対話型（インタラクティブ）なアセスメント」とした。すなわち，板書は，教師と子どもの言語を通した対話ともいえ，授業内において頻繁に行われる評価の機能をもつことになる。

(7) 子どもに考えの変容を振り返らせる

　理科の板書は，問題解決の過程が一見してわかるように書くのが，通常である。黒板の左上から問題に始まり，右下の結論に終わる形である。常に，この形式を念頭に教師が板書したならば，子どもは，教師の板書位置を確認するだけで，今，どのような学習が行われているのか，問題解決のどの過程を学習しているのかを察知することになる。また，別の視点から考えると，子どもは，予想段階の自己の考えと考察段階の自己の考えの変容をポートフォリオやノートで振り返ることになるが，それらを学級全体の考えとしてまとめていくのが，板書の役目となる。ゆえに，子どもは，板書にある予想と考察の表現の変化を通して，自らの考えの変容をもメタ認知しながら学習に参加することになる。さらに，板書は，板書自体の問題だけにとどまらず，先述したポートフォリオやノート指導とも関係している。子どもが板書を写す作業だけが理科学習ではなく，重要なことは，板書を媒介としながら，理科に関する学習活動，思考活動を行っていくことである。それゆえ，例えば，板書を書き写し，学習の問題を知る時間と，板書にある結果などの事実を見て考える時間をあらかじめ想定し，それらを区切りながら学習を進めることが重要となる。

　図1は，ベテラン教師の板書であるが，問題解決の過程がわかるように整理されている。図2は，教師が板書の代わりに模造紙に書いたものである。板書は，静止画に残すことはできるが，次の授業の関係で，そのまま次の日まで残すことは困難である。しかし，重ねれば何枚も保管できる模造紙は，板書の代替として学習履歴を残す意味でも効果が大と考えられる。

模 造 紙

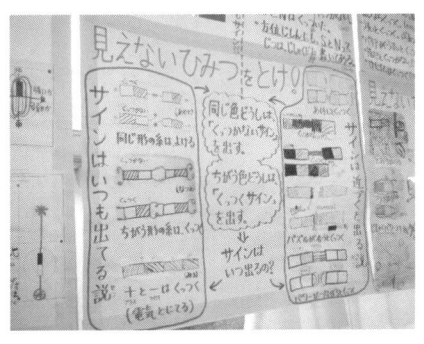

図1　板書例　　　　　　　　図2　模造紙例

（3）学習の視点を明確に示すノートやワークシート

　　ノートやそれに代わるワークシートは，授業においてきわめて重要な位置を占めているのはいうまでもない。しかし，その明確な意義がつかめず，いかに指導すればよいか迷ったり，悩んだりしている教師が少なからず存在するのも事実であろう。

　　子どもが，ノートを活用し，自律的，協同的な理科学習を進める際に，今まで**学習方略**　身に付けた学習の方法＝学習方略を活用しながら取り組むことになると考えられる。また，教師は，子どもに対して，意図的な指導として教授方略を遂行したり，学習方略を指示したりすることになる。学習方略に関しては多くの分類があるが，ワインスタインらは，学習方略を次に挙げる5つの方略から成立すると考えた。5つの方略とは，①リハーサル方略，②精緻化方略，③体制化方略，④理解モニタリング方略，⑤情緒・動機づけ方略，である。これらの方略を理科ノートから考えていくと，次のようになる。

リハーサル　　①のリハーサルとは，実験，観察を通して構築した科学概念を長期記憶にとどめようとする際に，自然の事物・現象を見ないで，その概念について繰り返すことである。リハーサル方略は，理科授業において構築した科学概念を定着させるために，繰り返し見直したり，反復して書いたりする方略となる。繰り返す際に，常に頭の中の記憶をたどって表現するのには限界がある。ゆえに，ノートに既習の概念を記録する意味が出てくるのである。また，何度となく繰り返し，既習概念を用いながら自己の考えを修正し，再構築していくことも必要となる。そのメモとしての機能をもつのがノートとなる。

精緻化方略　　②の精緻化方略は，理科学習において見えないものをイメージ化し可視化したり，その表現に対して既有の科学概念を補足したりすることによって，科学概念**イメージ**　を記憶しやすい形に変換する方略である。換言すると，イメージや既有の概念を補足することによって構築された科学概念を記憶しやすい形に変換し，既有の認知構造に関連づける操作である。子どもの理科ノートにある表現は，イメージ，**メタファー**　メタファー（比喩）やアナロジー（類推）が多く見られる。ノートでは，それら**アナロジー**　の表現をより科学的に説得力のある科学言語にまとめていく作業を行うことになる。この作業をすべて子どもの頭の中のみで行うことは難しく，ノート上に可視化することが必須となるのである。また，教師は，これらの表現にある科学的な意味を解釈し，ノート上の子どもの表現を価値づけていく必要が出てくる。そして，子どもは，自らが実施する授業を推進，修正していくのである。

体制化方略　　③の体制化方略は，学習者が分散して保持している科学概念を，相互に関連させたり，まとまりを構築したりする方略である。科学概念が長期記憶に送り込まれ，長く保持され，その後，再生されやすくするためには，符号化された科学概念の体制化・組織化を図ることが必須となる。科学概念を符号化するのは，従来から教科理科の特徴でもある。例えば，中学校で履修する化学式や分子モデルなどは，符号化の顕著な例である。中学校を待たずとも，子どものノートには，空気や電気を丸い粒で表すなど，子どもの表現としての符号化した描画を見ること

ができる。

モニタリング方略

④の理解モニタリング方略は，理科学習の目標を設定したり，目標の達成度を自己評価したり，目標達成のための方略を修正していく方略である。モニタリング方略は，メタ認知的方略ともいえる。メタ認知（metacognition）とは，子どもの認知過程とその自己制御についての知識となる。また，学習結果に基づいて，その過程を体制化したり，変換したりする制御能力を含むことになる。子どものモニタリング方略を意識したノートを作成するためには，自らの思考活動を振り返ることができる項目や欄の設定が必須となる。例えば，子どもが1時間の学習終了時に，授業での活動を振り返り，自らの言葉で本時の内容をまとめるページや新しい発見に対する感想を記述するページがあると，自己の学びを振り返ることで，目標の修正にも役立つことになる。

情緒・動機づけ方略

⑤の情緒・動機づけ方略は，子どもが理科学習に対して意欲を喚起，集中したり，理科学習に対する不安を制御したり，理科の学習意欲を持続するための方略である。この方略には，教師の価値づけ，足場づくりが大きな役割を果たす。

教師側から見た，教授方略的なノートの役割は，教師が行う価値づけ，評価である。例えば，教師が，「水と食塩の量関係を図や言葉でかけているのがすばらしい。友だちにも教えてあげてください。見やすい表にすると，もっとわかりやすいかな」とノートにコメントしたならば，それは，有効な評価である形成的アセスメントを実施したことに他ならない。

ワークシート

理科授業では，ワークシートも多く使用される。その多くが，問題解決の過程に沿って学習の記録が進むように構成されている。表は，ある小学校で実際に使用されているワークシートのひな型である。この小学校では，子どもの思考を伴う予想の根拠，考察場面を重要視していることが確認できるワークシートとなっている。

表　ワークシートのひな型

なぜかな（問題） こうなるだろう（予想） なぜなら（予想の根拠） こうやって調べよう（実験方法）	わかったこと（結果） ということは（考察） まとめ（結論）

（4）理科室での安全指導

安全のための配慮

　観察，実験は，常に安全に遂行されなければならない。そのため，教師は，予見可能な危険をすべて排除するように，実験室の整備を行い，その維持管理に努めなければならない。実験台，流し，床，教材棚などの整理整頓はもちろんのこと，電気，ガス，水道，あるいは，換気扇等の設備に不具合がないかを点検するのは教師の役目である。また，予備実験を十分に行い，安全が確実に確保されるように指導内容を工夫していくことも教師の責務である。さらに，観察，実験中の事故が発生した場合に備え，応急処置のための薬を備え，事故発生時の連絡網をしっかりと把握しておくことも必要である。その上で，子どもに対する安全指導を徹底していくことが大切である。

子どもに対する安全指導

　子どもへの安全指導事項としては，観察，実験を行う際のマナー全般にかかわることがら，観察，実験器具の取り扱いと操作にかかわることがら等が挙げられる。マナー全般にかかわる指導については，表に代表的なことがらをまとめたが，実験室では，真剣に行動すること，急な動きを避けること，そして，長い髪を束ねたり，引火しやすい材質でできた服や袖口が広がっている服を着てこないようにするなど，自分自身でも細心の注意を払いながら活動するように心がけさせていくことが必要である。また，観察，実験を行う際には，結果などを記録するために必要となる用紙と最低限の筆記用具を除き，基本的には実験台の下にしまうようにすること，そして，特に理由がない限り，全員，立った状態で実験を行うようにすることなどを徹底させなければならない。もちろん，顕微鏡を使って観察を行い，スケッチをとるなどのような場合には，安全に配慮した上で，着席して活動させていくことになる。

器具の取り扱いと操作

　実験器具の取り扱いと操作については，器具によって適切な取り扱いや操作法が決められているため，その都度，指導しなければならない。基本的には，どのような器具であってもていねいに取り扱うこと，特にガラス器具は，破損すると危険なため，注意深く取り扱うように指導を徹底していくことが必要である。

表　安全指導のチェックリスト例

内　　　　容	チェック
走ったり，暴れたり，悪ふざけをしたりしない。	
髪や服装を整える。	
実験台の上に，必要なもの以外は出さない。	
実験前に，必要な器具がそろっているかを確認する。	
実験を開始するときには，器具や道具を決められたとおりに配置する。	
実験前に，実験の内容と手順をきちんと確認する。	
実験中は，基本的にいすをしまい，立って活動する。	
実験中は，実験から目を離さずに集中し，危険がないように行動する。	
器具や道具をていねいに，決められたとおりに取り扱う。	
操作手順に誤りがないか，常に気をくばる。	
事故が起きたときは，すぐに教師を呼ぶ。	
器具などが破損したときは，すぐに教師を呼ぶ。	
実験後には，使用したものを元の位置に戻す。	
廃液やごみなどは，決められた場所に捨てる。	

ガラス器具	理科室で発生するガラス器具関連の事故は，切り傷とやけどの2種類に分けられる。ガラス器具にひび割れや欠けた箇所がないかをチェックするのは教師の責務であるが，子どもが観察，実験を行っている最中に新たなひびが入ったり，欠けたりすることも起こりうる。したがって，このようなガラス器具を見つけた場合には，即座に観察，実験を中断し，教師に報告するように指導しておくことが必要である。なお，ガラス器具が破損した場合には，手ではなくほうきを使って集め，実験室内の破損したガラス器具を入れる専用ボックスに捨てるように指導しておく。また，ガラス器具は，加熱操作によって熱くなっているとしても，外見上，そのことに気づくことは難しい。したがって，加熱操作を伴う実験の場合には，やけどをしないように，試験管ばさみなどの専用の道具を使用して熱くなっている器具をつかんで移動させたり，器具が十分に冷めていることを確認してから手で触れたりすることを習慣化させていくことが必要である。なお，ガラス器具の使用については，他の注意すべき事項も存在する。例えば，ビーカーなどのガラス器具に固体を入れる場合，上から底面に直接落とすと割れるため，ビーカーを斜めにして壁面を沿わせて底面に移動させることが必要となる。
加熱操作	ところで，観察，実験では，従来から，加熱器具としてアルコールランプが使用されてきた。しかし，長い間，理科室で生じる事故の大半は，アルコールランプが関与するものであったため，現在では，ガスコンロを用いるようになってきている。このような配慮により，加熱に伴う事故は少なくなってきている。なお，加熱操作については，操作前にマッチの燃え差し入れや濡れぞうきんを準備しておかなければならないことを繰り返し指導して，自発的に準備ができるように習慣化させておきたい。また，例えば，試験管に水を入れて加熱する場合には，液量を試験管の高さの1/5〜1/4程度にとどめなければならないこと，水などを沸騰させる場合には，必ず沸騰石を入れなければならないことを指導しなければならない。さらに，蒸発皿を使って食塩水などを蒸発乾固する場合には，水がすべて蒸発する前に加熱を止め，最後は余熱で水を蒸発させること，そして，水がなくなった後に食塩の粒がはじけ飛ぶことがあるため，保護めがねを着用しなければならないことも指導しておきたい。もちろん，保護めがねは，蒸発乾固に限らず，薬品を使用する場合には必ず着用することを義務づけておく必要がある。
器具の操作法	これまでに見てきたように，器具の操作法は，それぞれに決められているため，勝手な操作を行わないように指導することが必要である。ガスコンロ，温度計，検流計等の代表的なものについては，操作手順を実験室内に掲示しておくとよい。また，試験管やビーカーへの液体の注ぎ方，それぞれの場合の撹拌のしかた，こまごめピペットやスポイトの使い方，試験管内の物質のにおいのかぎ方等も，適切な操作法をまとめ，理科室内に掲示しておくとよい。
事故対処法の掲示	ここでは，理科室における安全指導を見てきたが，どのように気をつけていても，実際には，不幸にして事故が発生してしまうことがある。そこで，やけどをしたり，薬品が目に入ったりしたときの対処についても，理科室内に掲示し，適宜指導を行っていくことが大切である。

（5）野外活動における安全指導

野外観察の重要性

　子どもが野外に直接出向き，自分の目や手等で直接事象をとらえることができる野外活動は，自然の仕組みや規則性を見いだす上で大変有意味な活動であり，実感を伴った理解や子どもの豊かな感性の育成，さらには問題解決力の育成につながるものである。このことは，2017年改訂の学習指導要領において「体験的な学習活動の充実」として「野外に出掛け地域の自然に親しむ活動や体験的な活動を多く取り入れる」ことが明記されていることからも明らかである。

　安全で実りある野外活動に向けて，事前の準備事項，野外活動時の注意事項，帰着後の確認事項の３つの視点から，指導のポイントや留意点を整理していく。

① 事前の準備事項

野外活動の目的と内容の明確化

　ア．野外活動の目的と内容の明確化：野外に出ると，子どもは開放的な気持ちになったり，普段目にしないような様々な事象を見る中で興味が多岐に広がっていったりするため，何を行うべきかが十分に意識化できなくなることがしばしばある。活動目的が十分に意識されない状況下では，活動自体が目的から外れていったり，遊びの様相を呈したりしていく。そしてその結果，現地の状況に注意を払うことができなくなり，けがや事故が起きやすくなっていく。このような事態に陥らないよう，理科における野外活動では，事象の観察目的やその対象と視点，記録の取り方等について十分な確認を行っておく必要がある。

活動場所の選定における留意事項

　イ．活動場所の選定と事前調査：野外活動を計画する場合，目的に合致した活動場所を選定することが第１の条件になる。活動場所の候補が見つかったら，目的が十分に達成できる活動になるかを確認するために，事前調査（下見）を行う。事前調査では，安全な野外活動にするために以下の事項を確認する。

- ・目的に合った活動（観察）場所かどうか（危険箇所や危険な生物の確認を含む）
- ・活動場所や範囲をどのように設定するか（全体指導の場所の確認を含む）
- ・現地までのルートや所要時間はどれくらいか（トイレや休憩場所の確認を含む）
- ・不慮の事故が発生した場合，どのように対応するか（周辺の医療機関や警察などの連絡先の確認を含む）
- ・活動場所の所有者や管理者への事前確認が必要か（私有地の場合は所有者に，公有地の場合は管轄の役所に使用許可をもらうことを含む）

　ウ．活動計画の策定：野外活動を安全で実りあるものにするために，活動計画を立案すべきである。計画は，以下の内容に留意して策定する。

- ・活動（観察）目的に応じた日程と具体的な行動計画（学校内での活動以上に，時間的なゆとりをもたせた計画にすることを含む）
- ・現地までの往復の時間と交通手段（貸し切りバスや公共交通機関の確認を含む）
- ・引率者の役割分担（人数と配置の確認を含む）
- ・子どもが持参する物，教師が準備する物のチェックリストの作成（肌の露出が少ない長袖，長ズボンの服装，歩きやすい運動靴を推奨）

② 野外活動時の注意事項

　現地に到着し，観察などの活動を始める前に，以下の注意点を指導する。

・移動の際は交通事故に，現地での活動においてはけがや有害・有毒な動植物に注意する。

・山沿いの地域の場合は，天候の急変やダムの増水などに注意する。

・環境保全のために，必要以上の生物や岩石を採集しない。採集した場合，許可を得た物以外は持ち帰らず付近に戻させる。

〈地層観察の留意点〉

・崖に近づいて観察する場合，同じところに多くの子どもが集まってしまうと，岩石が落下した際など逃げることが難しくなる場合がある。このような場合は，横一列で観察するか，交代で崖に近づくように指導する。

・雨天の翌日は，足下が滑りやすかったり崖が崩れやすかったりすることがあるので，十分に注意させる。

・岩石を採取する際にハンマーを用いる場合は，安全めがねを使用するとともに，ハンマーを使って採取している人に近寄らないよう指導する。

〈流水の働き（川）の観察における留意点〉

・川の中は，流れが速いところや水深が深いところがあるので，川の蛇行など地形に十分に注意して観察させる。

・水の力は子どもの予想以上に大きいものなので，水に入る場合も過信せず，膝下までの水位で観察させるようにする。

〈注意を要する動植物〉

よく知らない動植物には安易に触れないこと，また，触れてしまった後は必ず石けんなどで手を洗うことを推奨し，習慣化するように指導することが大切である。要注意動物と植物の一例を，表に示す。

③ **帰着後の確認事項**

野外観察から学校に帰着したら，以下の点を確認する。

・子ども一人一人の体調とけがの有無

・活動（観察）記録の整理・追記に関する指示

野外に出かけて本物の自然に触れ親しむ活動は，自然事象の理解にとどまらず自然を大切にし，その保全に寄与していこうとする心情や態度を育成する上で重要な位置を占めている。時間的あるいは予算的な事情等があって十分に実施できない実態があるが，無理なく実施できるようにするために，日頃から活動場所を探す意識をもっておくことが必要である。

表　要注意動物と要注意植物

要注意動物	要注意植物
（咬む）……ニホンマムシ，ヤマカガシ，ムカデ類　等 （毒針）……スズメバチ類，アシナガバチ類，ドクガ類　等 （毒液）……ヒキガエル，ニホンイモリ，アマガエル　等 （吸血）……ブヨ・アブ・カ類，マダニ類，ツツガムシ類　等	（葉や樹皮・果実に毒）……アセビ類，キョウチクトウ，ヨウシュヤマゴボウ，ヒガンバナ，トリカブト，ノウルシ，ヤマハゼ，ソテツ　等 （とげがある）……イラクサ，バラ科の植物　等

（6）安全指導の評価

**安全指導と
理科授業**

　小学校学習指導要領解説総則編において，「様々な自然災害の発生や，情報化等の進展に伴う児童を取り巻く環境の変化などを踏まえ，児童の安全・安心に対する懸念が広がっていることから，安全に関する指導の充実が必要である」とされている[1]。また，次世代の安全文化の構築の観点から，「児童自身が日常生活全般における安全確保のために必要な事項を実践的に理解し，生命尊重を基盤として，生涯を通じて安全な生活を送る基礎を培うとともに，進んで安全で安心な社会づくりに参加し貢献できるような資質や能力を育てる」ことが重要であるとされている[2]。理科においては，観察・実験を中心とした学習活動を安全に展開できるようにすることはもとより，自然現象にかかわる学習を生かして，日常生活における危険を回避し，自然災害などから身を守ることのできる児童の育成を目指したい。

安全行動の育成

　理科の学習活動について，児童が安全に行動できるよう育成するには，安全な行為の基本の習得，危険な事態を引き起こす状況の認識，危険の予測などの段階が必要となる[3]。

　安全な行為の基本の習得として，まず，理科の学習活動を行う際の安全な行動のしかたを身に付けることが挙げられる。例えば，年度当初や単元の始まりなどに，教科書の記述などを参考にしながら，実験室や野外で学習活動を安全に行う際の決まりを確認するとよい。このとき，なぜそのような決まりが必要とされるのか，児童に理由を考えさせ，納得させるようにする。決まりは，いつでも注意喚起できるよう見えやすいところに掲示し，実験開始時に必要事項を確認するなど，繰り返し徹底するための工夫をするとよい。

　観察・実験で繰り返し使用する器具について，正しい扱い方や操作方法に習熟させることも欠かすことはできない。観察・実験の技能の向上のために，児童それぞれが経験する機会を提供することが求められる。実験器具や試薬など，初めて使う場合には，その特性を十分に理解させ，正しく確実に操作できるよう練習する時間を設けるとよい。習熟の状況に応じて，器具の取り扱い方や操作方法の要点を繰り返し説明するなど，技能の定着を図るようにする。

　次に，自己の行為，他者の行為，環境内にあるものや条件など，危険な事態を引き起こす状況を子ども自身が認識することが求められる。危険な事態を引き起こす状況を具体的に提示するとともに，観察・実験を始める前に，活動の中で予想される危険を考えさせ，どのようにすれば安全が確保できるか，注意喚起する場面を設けるとよい。危険な事態や事故の発生にかかわる具体的な知識をもつことにより，危険に対する感受性を高めるとともに，危険を正しくおそれ，危険を回避する行動を促すことにつながると考えられる。

　さらに，児童が活動している中で，危険を察知し事故発生を予測することができれば，事故防止につながる。このような能力を育成するために，図に示すような危険な状況を含む観察・実験操作の場面図を用い，危険な状況や望ましくない状況を見極める練習を行うとよい。安全な観察・実験のための意識を高め，危険

図　実験室における危険図例

（中村重太：自作 hazards drawing による児童・生徒の加熱実験操作に関する安全意識調査，日本理科教育学会研究紀要，20（2），1980，p.40）

な行動を見抜く目を養うことができる。

　これまで，理科の学習活動における安全行動の育成について述べてきたが，題材設定の工夫により，自然災害等の危険から身を守るための安全行動の育成を図ることもできる。例えば，地震の学習に合わせて，なぜ地震が起こるのか，どのような危険が予測されるのか，どのように行動すればよいのか，を考える場面を設ける，などである。

　学校における安全教育は，教科等の学習や特別活動，学校行事など，様々な場面で行われている。そのため，理科の学習活動とこれらの相互の関連を図り，学校全体で計画的，継続的な取り組みを行うことが必要である。

〈引用文献〉
1）文部科学省：小学校学習指導要領解説 総則編，2017，p.32
2）前掲書1），p.143
3）文部科学省：安全教育資料「生きる力」をはぐくむ学校での安全教育，2010，p.21

3 理科学習の評価と授業改善

3.1 学力についての調査

（1）全国学力・学習状況調査

全国学力・学習状況調査の概要

　2015年4月に実施した全国学力・学習状況調査の理科は，初めての悉皆調査として実施された。調査の目的は，全国的な児童生徒の学力や学習状況を把握・分析し，教育指導の充実や学習状況の改善に役立てることである。

　出題内容は，主として「知識」に関する問題（身に付けておかなければ後の学年等の学習内容に影響を及ぼす内容や，実生活において不可欠であり常に活用できるようになっていることが望ましい知識などに関わる問題），主として「活用」に関する問題（知識・技能等を実生活の様々な場面に活用する力や，様々な課題解決のための構想を立て実践し評価・改善する力などに関わる問題）となっている[1]。理科に関する知識・技能は，ただ身に付けているだけではなく，観察，実験を中心とした問題解決の学習活動や，実際の自然や日常生活などの他の場面や他の文脈において発揮されることが重要であることから，「主として『知識』に関する問題」と「主として『活用』に関する問題」が一体的に問われている。調査問題は，「適用」「分析」「構想」「改善」の4つの枠組みにより作成されている。

小学校理科の課題

　2015年に実施された全国学力・学習状況調査の教科に関する調査（小学校理科）の結果から明らかになった主な課題は表の3つである。

表　小学校理科の課題

①	観察，実験の器具について，適切な操作技能に関する知識の定着に依然として課題がある。
②	観察，実験の結果を整理し考察することについて，得られたデータと現象とを関係づけて考察することは相当数の子どもができているが，考察して分析した内容を記述することに課題がある。
③	予想が一致した場合に得られる結果を見通して実験を構想したり，実験結果を基に自分の考えを改善したりすることに課題がある。

　①については，具体的にはメスシリンダーで一定量の水をはかり取る操作技能に関する知識の定着に課題があった。メスシリンダーの名称を理解している子どもは多いが，その子どもに，適切な扱い方には課題があった。また，顕微鏡の適切な操作技能に関する知識に課題があった。顕微鏡の焦点を合わせるために，調節ねじを回して対物レンズとプレパラートの間を離していくといった適切な操作方法を十分に理解していないことが課題として明らかになった。

　②については，具体的には打ち水の効果について，グラフを基に地面の様子と気温の変化を関係づけながら考察して分析することは相当数の子どもができていた。観察，実験から得られたデータと現象とを関係づけることができていたということである。

　一方で，金属でできている振り子が取り上げられた問題で，アルミニウム，銅，金，鉄の4つの金属の温度による長さの変化が示されているグラフをもとにして，温度が高くなっても振り子の1往復する時間が最も変わりにくい金属を挙

け、その理由を答えることに課題が見られた。正答の条件は「鉄は４つの金属の中で最も温度による長さの変化が小さい」など、グラフをもとに鉄の膨張が最も小さいことを示すこと。「振り子の長さが最も変わりにくい」など、振り子の長さへの影響を示すことである。鉄の膨張だけに関する解答が多く、振り子の長さの影響までを含めて解答できた子どもが少なかった。判断した根拠となる事実について示すことはできているが、観察、実験の結果をもとに解釈したことを適切に表現することに課題があることが明らかになった。

③については、自分の考えと異なる他者の予想に対しても、結果の見通しをもった。実験結果の見通しと一致しなかった場合に、実験結果を基に、より妥当な考えに修正したりすることに課題が見られた。具体的には水の温まり方を取り扱った問題において、水の中で３本の温度計を測定する箇所（高さ）を変えた実験の水の温度の上がり方が示されている結果から、温められた水が上のほうに動いて、上から順に温まるという妥当な考えに修正する問題であった。この問題では、子どもは自分の考えの見通しと、熱せられた部分から順に温まる金属の温まり方と同じようにとらえている傾向が明らかになった。

①については、実験器具の操作の意味をとらえて、適切な扱い方を理解できるようにすることが大切である。器具の操作手順の理解だけではなく、どうしてこの操作をする必要があるのかという操作の意味を理解する必要がある。メスシリンダーを例とすれば、スポイトで滴下して微調整する操作について、スポイトの先を水の中に入れて調整すると薬品が混ざってしまうことや、スポイトの先が入ったうだけで水面が上がってしまうため正確にはかり取ることができないことをとらえる学習活動をすることが考えられる。

②については、事実と解釈したことを示して判断して判断できるようにすることが大切である。そのためには、考察したことや判断した根拠や理由を説明する際に、観察、実験の結果を基に事実と解釈の両方をとらえることで、論理的な説明になることを理解する必要がある。表現したことを振り返り、事実の解釈は適切か、自分が解釈したことは問題の解決につながっているのかを振り返らせると同時に、自分の説明は事実と解釈の両方を表現しており、的確な説明になっているのかを振り返らせることが大切である。

③については、自分の予想と実験結果を照らし合わせて、より妥当な考えに改善できるようにすることが大切である。考察においては、自分の予想が確かめられたのかを検討することである。そのためには、実験をする前に結果の見通しをもち、予想が一致した場合は、より妥当な考えに改善するために、予想を振り返り、見直し、致しない場合は、他者の考えを振り返りすることで、自分の予想を修正し、結果から適切に考察することが大切である。

課題解決のための
授業改善

〈引用文献〉

1) 文部科学省・国立教育政策研究所：平成27年度全国学力・学習状況調査報告書　小学校理科、2015

（2）国際的な学力調査

国際的な学力調査については，日本では国立教育政策研究所を実施機関として，1964年から国際教育到達度評価学会（IEA）の「国際数学・理科教育調査（TIMSS調査）」が実施されている。また，2000年からは経済協力開発機構（OECD）において，国際的な「生徒の学習到達度調査（PISA調査）」も実施されている。TIMSS調査とPISA調査はどちらも，国際的な規準に基づき国際比較を目的としている。

TIMSS調査　　TIMSS調査の対象は，第4学年と第8学年の児童生徒である[1]。日本では，小学校第4学年と中学校第2学年が対象となる。調査の目的は，初等中等教育段階における児童生徒の算数・数学および理科の教育到達度を国際的な尺度によって測定し，児童生徒の学習環境条件等との関係を，参加国／地域間におけるそれらの違いを利用して組織的に研究することである。

TIMSS調査は，理科では小・中学校で学習する基本的な科学的知識・概念や観察・実験の技能について，義務教育の途中で到達度を明らかにするものである。調査問題は，基本的に4肢選択式の問題と答えのみ，答えと考え方の両方を書く記述式の問題がある。記述式では，数字，式，言葉だけではなく，絵や記号，グラフを含んで答えるものである。表1に示すように「内容領域」と「認知的領域」の2つの領域から構成されている。

表1　TIMSS調査の問題領域

	内容領域	認知的領域
小学校4年生	物理・化学，生物（生命科学），地学（地球科学）	知ること（知識），応用すること（応用），推論を行うこと（推論）
中学校2年生	物理，化学，生物，地学	知ること（知識），応用すること（応用），推論を行うこと（推論）

「内容領域」は，学校の理科で学ぶ内容で構成され，「認知的領域」は，児童生徒が理科の内容に取り組んでいるときに示すと期待される行動から構成される。具体的には，「知ること」とは，科学的な事実，情報，概念，道具，手続きといった基盤となる知識に関することである。「応用すること」とは，知識や理解していることがらを問題場面に直接応用して，科学的概念や原理に関する情報を解釈したり科学的説明をしたりすることである。「推論を行うこと」とは，科学的な証拠から結論を導くために，科学的概念や原理を適用して推論することである。

**TIMSS2015
結果**　　小学校第4学年の理科の結果は，47の参加国・地域中第3位であった。結果の特徴として，認知的領域の中でも「推論」が比較的に高かった。中学校第2学年の理科の結果は，参加国中第2位であった。特徴として，「応用」が比較的高い結果であった。どちらの学年でも，550点未満の割合が減り，550点以上の割合が増えている（TIMSS基準値を500点として算出されている）。しかし，625点以上の割合が上位の国と比較すると，日本は低いことが課題である。

PISA調査　　PISA調査の対象は，義務教育終了段階の15歳児である[2]。日本では高等学校，中等教育学校後期課程，高等専門学校の第1学年が対象である。調査の目的

は，生徒がもっている知識や技能を，実生活の様々な場面で直面する課題にどの程度活用できるかを測ることである。それは，特定の学校カリキュラムをどれだけ習得しているのかを見るものではなく，思考のプロセスの習得，概念の理解，および各分野の様々な状況の中でそれらを生かす力を見ることを重視している。

　PISA調査は，読解力，数学的リテラシー，科学的リテラシーの3分野を調査しているが，PISA2015の特徴は科学的リテラシーを重点的に行われたことである。また，今まで筆記調査であったものが，コンピュータ使用型調査に全面的に移行された。

　調査方法は，2時間のコンピュータ使用型調査と約45分の生徒質問調査およびICT活用調査が実施されている。選択肢および自由記述式等の問題であり，実生活で遭遇するような状況を説明する文章等に基づいて解答するものとなっている。

　調査される科学的リテラシーとは，「思慮深い市民として，科学的な考えを持ち，科学に関連する諸問題に関与する能力である」と定義されている。また，科学的リテラシーを身に付けた者は，科学やテクノロジーに関する筋の通った議論に進んで携わるとこができ，それには表2にある能力（コンピテンシー）が必要とされる。

表2　科学的能力（コンピテンシー）

能　　力	説　　明	発揮する能力
現象を科学的に説明する	自然やテクノロジーの領域にわたり，現象についての説明を認識し，提案し，評価する。	適切な科学的知識を想起し，適用する。説明的モデルと表現を特定し，利用し，生み出す。適切な予測をして，その正当性を証明する。説明的仮説を提示する。科学的知識が社会に対してもつ潜在的な含意を説明する。
科学的探究を評価して計画する	科学的な調査を説明および評価し，科学的に問いに取り組む方法を提案する。	与えられた科学的研究で探究される問いを特定する。科学的に調査できる問いを区別する。与えられた問いを科学的に探究する方法を提案する。与えられた問いを科学的に探究する方法を評価する。データの信頼性や説明の客観性および一般化可能性を確保するために，科学者が用いる方法を説明し，評価する。
データと証拠を科学的に解釈する	様々な表現における科学的なデータ，主張，論（アーギュメント）を分析および評価し，適切な結論を導き出す。	ある表現から別の表現へデータを変換する。データを分析および解釈し，適切な結論を導き出す。科学関連のテキストにおける仮定，証拠，推論を見極める。科学的な証拠および理論に基づくアーギュメントと，その他の熟考に基づくアーギュメントを区別する。様々なソースからの科学的アーギュメントおよび証拠を評価する。

PISA2015結果

　2015年の調査の結果では，日本は科学的リテラシーの得点は56の参加国・地域中第2位であった。日本の結果の特徴として，「現象を科学的に説明する」能力，「科学的探究を評価して計画する」能力，「データと証拠を科学的に解釈する」能力の3つの科学的能力別に見ると，各能力ともに国際的に上位である。その中でも，「科学的探究を評価して計画する」能力の平均得点は，相対的に低い。この能力の育成が，今後の課題である。

〈引用文献〉
1）国立教育政策研究所：TIMSS2015算数・数学教育／理科教育の国際比較，2017，pp.153-163
2）国立教育政策研究所：生きるための知識と技能6，2016，pp.5-7，pp.70-72

3.2　学習評価の方法と視点

教育評価の3機能　　子どもの学力や発達を保障するためには，教育活動が終わった後に，教育評価を実施するだけでは不十分であると考えられている。教育評価の歴史を振り返ると，その機能は，診断的評価，形成的評価，総括的評価という3つに大別されてきた。

スクリヴァン（Scriven, M.）が1967年にカリキュラム改善のために提唱した形成的評価と総括的評価という2つの教育評価の機能は，ブルーム（Bloom, B.S.）によって，カリキュラムや教授，学習改善のための評価として発展させられ，さらに，診断的評価という新たな機能も追加されている。

それぞれの役割に即して，子どもと教師に有効なフィードバックを行うことの必要性が主張されてきている。さらに，このようなフィードバックが子どもの学習意欲に結びつくためには，「自己評価」が重要であることも指摘されるようになっている。

（1）診断的評価

診断的評価の目的　　ブルームは，診断的評価の目的を「授業の開始時に生徒を適切に位置づけることと，授業の展開に当って，生徒の学習上の難点の原因を発見すること」[1]としている。次に，形成的評価を「カリキュラム作成，教授，学習の3つの過程の，あらゆる改善のために用いられる組織的な評価」[1]と位置づけている。そして，総括的評価を「1つの学期やコースのプログラムの終わりに，成績づけや認定，進歩の評価，カリキュラムや教育計画の有効性の検討などを目的として用いられる評価の型」[1]として規定している。

診断的評価により，「興味，パーソナリティ，環境，適性，技能」[1]というように，学習の出発点における学習適性やレディネスが把握される。そして，形成的評価は子どもの学習や教師の授業方法，あるいはカリキュラムなど，教育過程において行われている活動の改善を，総括的評価は教育活動の効果や有効性を図ることを目的としている。

評価対象の変化　　一方，診断的評価については，評価対象の変化が挙げられている。ブルームが診断的評価の対象としたのは，発達上のレディネスや学習適性であった。従来は，学習の準備状態を意味する用語として「レディネス」という概念が使われていた。しかし，その内容は主に学習への能力・適性といった個々の子どもの素質や性格特性を指しており，学習の可能性を明らかにするというよりも，学習の制約や限界を示すものであった。

これに対して，このブルームの考え方を継承しつつも，学力保障を理念とする「目標に準拠した評価」の一環として取り組む診断的評価が明らかにしようとするのは，授業に入る前の子どもの学力実態や生活経験である。それらは授業実践によって変革することが可能であると考えられている。田中は『教育評価論』の中で，「診断的評価によって明らかになる学習の出発点での学力状況と総括的評

価によって明らかになる学習の到達点としての学力状況とを比較考察することによって，その授業における『成果』と『課題』が，明確になる」[2]と指摘している。

　そして，学習は行動主義的な学習観が想定するように，「既知」なるものの上に「未知」なるものをブロック積み上げのように上乗せして進行するのではないと批判している。学習は構成主義的な学習観が指摘するように，「既知」と「未知」との葛藤や調整という相互作用を経ながら，「既知」なるものが組み替えられていくととらえている。したがって，「既知」なるものとしての学力や生活経験の実態や有無を明らかにする診断的評価の情報は，授業を構築していく上で決定的に重要になると指摘している。さらに，「既知」なるものが「未知」なるものによってどのように組み替えられたかを子どもが自己評価するときにも，診断的評価の情報は貴重なものとなる，と論じている。

　診断的評価によって明らかにしようとしたのは，授業に入る前の子どもの学力実態や生活経験についてである。例えば，理科で「てこの規則性」について学習する前に，算数科教育との関連で比例や反比例について理解しているかを調べる。あるいは，昆虫の生態を学習する前に，自然体験やどんな昆虫を捕まえたことがあるのかを事前に調べてみることなどである。前者の例は，新しい内容を学習するにあたって必要となる学力や生活経験を評価しようとするものである。必要な学力が備わっていないと確認されたときには，補充指導などの手立てがとられる。後者の例は，新しい内容についてどの程度の生活経験や知識があるのかを確かめるものである。また，理科で強調されるようになっている「素朴概念」は，子どもの科学的な認識形成を語る上で重要なものであり，診断的評価の対象となる，と論じている。

　レディネスや学習適性と異なり，授業前に子どもがもっている学力や生活経験は，授業実践によって変えられ，豊かにすることが可能なものである。診断的評価は，子どもの学力実態や生活経験の有無を把握する方向へ変化することで，子どもの学習の可能性を開く扉となっている。そして，このようにして得た診断的評価の情報をもとにして，発問や探究課題が工夫され，「つまずき」を組み込んだ授業計画が設計されている。

〈引用文献〉
1）B.S.ブルーム他（梶田叡一・渋谷憲一・藤田恵璽訳）：教育評価法ハンドブック—教科学習の形成的評価と総括的評価—，第一法規，1973，p.125，p.162
2）田中耕治：教育評価論，岩波書店，2008，p.122
〈参考文献〉
・西岡加名恵・石井英真・田中耕治編：新しい教育評価入門—人を育てる評価のために，有斐閣，2015
・森敏昭・秋田喜代美編著：教育評価 重要用語300の基礎知識，明治図書出版，2000

■（2）形成的評価

形成的評価

　ブルームは，2つの教育評価の機能に診断的評価という新たな機能も追加し，形成的評価を「カリキュラム作成，教授，学習の3つの過程の，あらゆる改善のために用いられる組織的な評価」[1] と位置づけた。

目標に準拠した評価

　形成的評価は，現在では，「目標に準拠した評価」の核心的な評価行為と理解されている。診断的評価が，教育活動の開始時に実施されるのに対して，形成的評価とは，教育プログラムの開始後に，教育目標に応じた成果が得られているかについて，指導過程の途中の段階で把握，判断し，その結果をそれ以降の教育，学習活動の計画に活用していくような評価を指している。

　ブルームが示した形成的評価では，形成的小テストの実施を提唱したこともあり，単元，あるいは1時間の授業の中で小テストを繰り返し，その理解度をチェックするような形成的評価が日本においても実践されていた。しかし，そうした実践事例では，「指導と評価の一体化」という形成的評価の理念が十分に理解されていない。形成的評価の理念とは，指導と評価を結びつけ，評価を指導に生かすことにある。指導の過程で，小テストの実施だけに狭く限定する必要はない。

指導と評価の一体化

日本では，ブルームが示した形成的小テストという評価手法にとどまらず，授業中に行われる教師の教授行為の中に含まれる様々な評価機能を，形成的評価として位置づける方向で探究されている。

　まず形成的評価は，授業のうまい教師のエッセンス（「みとり」と呼ばれる観察，ゆさぶりの発問，挙手やハンドサインの指示，机間指導，ノート点検など）に学び，それを共有財産にする中で，継承されてきている。授業の中で様々な評価活動を行い，子どもの学習状況を確認し，それを授業に生かしていくのである。

　また，指導過程で実施する小テストに関して，フィードバックを考える場合に，以下の点が留意されている。第1に，形成的小テストは，指導の改善のためであり，評定など成績評価の素材に使われるべきではない。第2に，形成的評価を実施するところは，その単元のポイントであり，子どものつまずきやすいところである。したがって，「評価を大切にすること」と「評価を多用すること」とは区別するべきである。第3に，形成的評価の小テストの作成にあたっては，事前に単元の目標を明確にし，目標相互の関連性を構造的に把握した上で，指導目標と一致した評価規準を設定することが必要である。

　「指導と評価の一体化」という理念を実現するためには，「目標準拠のテスト」を実施する必要があり，そうしたテストによってのみ，子どもの学習到達度を指導目標と照らし合わせて評価でき，指導の改善に生かすことができる。

　このように，形成的評価では，評価情報を教育や学習活動の改善に生かすことが直接的に目指される。教師にとっては，指導の過程で評価を行い，その情報を指導の改善に生かしていくことになり，「指導と評価の一体化」を具体化する有力な方法になる。学習者にとっては，学習の途中で評価を行うことによって，自分の学習の状況を確認でき，学習計画の修正や改善に役立つことになる。

　日本では，現在でも，ブルームが示した3点（①目的，②時期，③学力観）に従

形成的評価の新たな展開

って，教育評価の機能を「診断的評価」「形成的評価」「総括的評価」ととらえることが多いが，欧米では，1990年前後から今日にかけて，ブルームが示した3種の評価機能，特に「形成的評価」と「総括的評価」の機能をとらえ直す議論の進行が最近の研究で報告されている。教育評価の機能は，評価が実施される時期や評価対象となっている学力の違いではなく，評価活動の目的によってのみ区別されるべきである。つまり，教育評価の機能は，学習や指導改善を支援するために行われる評価活動であるのか，それとも学習や指導改善を主な目的とせず，資格や選抜，あるいはアカウンタビリティのための評価活動であるのかによって，大別される。そして，前者の機能が形成的評価，後者の機能が総括的評価である。ブルームによって提唱された診断的評価という機能は，形成的評価の中に含まれる。こうした論調の中で，近年では，形成的評価と総括的評価に代わり，「学習のための評価」と「学習の評価」という用語も頻繁に使われるようになってきている。

学習のための評価

　形成的評価では，学習支援や改善が目的とされるため，評価活動のプロセスは常に子どもの学習と関連づけられる。形成的評価の活動プロセスで中心的な役割を果たすのは，学習者である子どもである。学習の成果物の収集や解釈，そして到達度合いの判断などの教師の評価行為は，学習支援や改善に役立てられて初めて形成的評価となりうる。また，学習改善を目的とする形成的評価が求めるのは，教師の継続的な日々の観察や子どもとの対話を中心とし，様々な評価手法を用いて得られるような，広さと豊かさを兼ね備えた多様な学習評価情報である。教師は，具体性と多様性を兼ね備えた学習評価情報に基づくことで一人一人に応じた助言を行い，子どもの学習を支えることができると考えられている。

学習の評価

　さらに，教師の指導改善だけではなく，子ども自身による学習改善の支援を目指す形成的評価という新たな展望も見られる。子どもが自らの学習を評価できるようになるためには，メタ認知能力の育成が不可欠である。学習成果についての子ども同士の相互評価や教師との対話といった，教師や子どもが行う評価活動の中にこそ，その機会は存在すると指摘されている。メタ認知能力を育成するためには，学習の場として「評価活動」を位置づけ，そこへ子どもを主体的に参加させていく必要性が示唆されている。このように，それぞれの役割に即して，子どもと教師に有効なフィードバックを行うことの必要性とともに，子どもの「自己評価」の重要性も指摘されている。

〈引用文献〉
1）B.S. ブルーム他（梶田叡一・渋谷憲一・藤田恵璽訳）：教育評価法ハンドブック―教科学習の形成的評価と総括的評価―，第一法規，1973，p.162
〈参考文献〉
・西岡加名恵・石井英真・田中耕治編：新しい教育評価入門―人を育てる評価のために，有斐閣，2015
・田中耕治：教育評価論，岩波書店，2008
・森敏昭・秋田喜代美編著：教育評価 重要用語300の基礎知識，明治図書出版，2000
・永野重史：教育評価論，第一法規，1984

（3）総括的評価

総括的評価

　総括的評価とは，単元終了時または学期末，学年末のように一定の教育活動が修了した際に実施される評価のことである。教育評価は子どもの学習結果を判定し，序列化する行為であると考えられていたときには，総括的評価だけが実施されていた。しかし，すべての子どもの学力保障を目指す「目標に準拠した評価」においては，その目的を実現するために，評価行為を診断的評価，形成的評価，総括的評価と機能分化されるべきことが提案されてきた。そして，このように位置づけられた総括的評価の情報は，教師にとっては実践上の反省を行うために，子どもにとってはどれだけ学習のめあてを実現できたかを確認するために，フィードバックされるようになってきている。また，この総括的評価の情報に基づいて評定（成績）がつけられる。相対評価においては，評点や評語は集団における序列を示すのに対して，「目標に準拠した評価」では，評点や評語はある教育目標をどの程度習得したのかを示す，と考えられている。

　教育評価の研究が進展し，形成的評価の役割が強調されてくると，総括的評価の役割を軽視または否定する論調が現れるようになってきたと指摘されている。例えば，形成的評価こそ「プロセスの評価」であって，総括的評価は「結果の評価」にしかすぎない，という主張である。総括的評価とは形成的評価を積み上げていくことで達成されるもので，それ独自の役割はないといったとらえ方である。このような考えの前提には，学力の「基礎」を積み上げれば，連続的に目標とすべき「応用」能力が形成されるとする仮説があると分析されている。

　しかし，基本的な学力と発展的な学力には明らかに質的な違いがある。例えば，発展的な学力とは，習得した概念を活用してオープン・エンドな問題状況を説明・予測したり，検証したりする力である。それゆえに，学力の基本性を主たる対象とする形成的評価と学力の基本性だけでなく，発展性（応用力や総合力）を対象とする総括的評価とは区別されるべきである。この発展的な様相を把握する評価方法として，概念地図法，ポートフォリオ評価，パフォーマンス評価などが提起されている。

総括的評価の新たな展開

　1990年代頃から，欧米では形成的評価と総括的評価の機能を問い直す議論が進行していることが，最近の研究で報告されている。評価活動の目的によって，教育活動の機能は区別されるべきという考えである。すでに形成的評価のところで述べたように，教育活動の機能は，学習や指導改善を支援するために行われる評価活動であるのか，それとも学習や指導改善を主な目的としないで，資格や選抜，あるいはアカウンタビリティのための評価活動であるのかによって大別されている。そして，前者の機能を形成的評価，後者の機能を総括的評価ととらえ，近年では，形成的評価と総括的評価に代わり，「学習のための評価」と「学習の評価」という用語も頻繁に使われてきている。

学習の評価

　総括的評価では，学習支援や改善は目的とされず，学習や教育の成果を客観的に評価し，提示することにある，と考えられている。総括的評価は，学習支援や改善ではなく，例えば，入試の合格者選抜や資格付与，あるいは学校の教育成

果を判断するために用いられる客観的な評価情報の提示が目的とされるというとらえ方である。そのため，それらを確保できる評価方法の採用や評価情報の提示が，総括的評価では要求される。また，レポートやテストの解答といった子どもの学習成果を解釈し，到達度合いを判断する際に，総括的評価では，公平性や客観性が重視されている。そのため，そこで行われる解釈や判断には，共通の基準が求められる。ここに総括的評価の特徴があり，そこで求められる判断は，共通基準のもとでの目標に準拠したものとなる，と考えられている。

「学習のための評価」と「学習の評価」という言葉に表現されるように，形成的評価と総括的評価は，その目的の違いゆえに，求める評価のあり方が異なっていると指摘されている。資格や選抜，あるいはアカウンタビリティを目的とする総括的評価は，教育や学習の成果を客観的に評価し，提示することを要請する。そのため，総括的評価において何よりも重視されるのは，信頼性や客観性の確保である。例えば，評価方法としては教師の観察よりも，信頼性が確保される標準テストを，評価結果の示し方としては学習状況の具体的な記述よりも客観的に比較可能である数値化あるいは記号化された情報が利用される傾向を有してしまう，と分析されている。

欧米では，総括的評価が形成的評価に与える負の影響が認識され，問題視されるようになってきていることが，最近の研究で報告されている。1990年代以降，「スタンダード」に基づく教育改革が進められる中，統一テストが招く意図しない負の結果が明らかにされたと指摘している。テスト結果の向上をアカウンタビリティの名のもとで強いられた学校現場では，過去の調査問題や類似問題による反復練習が「指導と評価の一体化」として広がっていったと述べられている。そして，テストに向けての学習やカリキュラムなどが広がる中で，子どもたちの学習経験は狭まり，学習の質が劣化していったと批判している。

現代において教育評価が直面している大きな課題の1つとして，学習改善ではなく学習の成果，つまり，評価ではなく評定を求める総括的評価が，本来，学校教育で中心に位置づくべき，形成的評価の実現を妨げている，と考えられている。

教師が教室で行う評価としての形成的評価を尊重し，それを総括的評価のための資料として認めさせていく動きが見られる。また，競争主義や成果主義のもとに置かれている現在のアカウンタビリティのあり方を問い直す議論が，新たな総括的評価の試みとして進行し，形成的評価と総括的評価の関係が模索されている。

〈参考文献〉
・西岡加名恵・石井英真・田中耕治編：新しい教育評価入門—人を育てる評価のために，有斐閣，2015
・田中耕治：教育評価論，岩波書店，2008
・B.S.ブルーム他（梶田叡一・渋谷憲一・藤田恵璽訳）：教育評価法ハンドブック—教科学習の形成的評価と総括的評価—，第一法規，1973
・森敏昭・秋田喜代美編著：教育評価 重要用語300の基礎知識，明治図書出版，2000
・永野重史：教育評価論，第一法規，1984

3.3　授業における評価の視点

（1）観点別学習状況の評価

学習評価　　学習評価には，学校における教育活動に関して，児童生徒の学習状況を検証し，結果の面から教育水準の維持向上を保障する機能があると考えられている。「どういった力が身に付いたか」という学習の成果を的確にとらえ，教員が指導の改善を図るとともに，児童生徒が自らの学びを振り返って次の学びに向かうことができるようにするためには，学習評価のあり方が重要である。

　各教科においては，学習指導要領等の目標に照らして設定した観点ごとに，学習状況を分析的にとらえる「観点別学習状況の評価」と，総括的にとらえる「評定」を行う「目標に準拠した評価」として実施してきている。

資質・能力の　　中央教育審議会は，2016年12月の答申の中で，2017年学習指導要領改訂における
3つの柱　　るすべての教科に共通する資質・能力として，次の3つの柱を挙げている。

　　①「何を理解しているか，何ができるか（生きて働く「知識・技能」の習得）」
　　②「理解していること・できることをどう使うか（未知の状況にも対応できる「思考力・判断力・表現力等」の育成）」
　　③「どのように社会・世界と関わり，よりよい人生を送るか（学びを人生や社会に生かそうとする「学びに向かう力・人間性等」の涵養）」

　この3つの柱は，学校教育法第30条第2項が定める学校教育において重視すべき学力の3要素（「知識・技能」「思考力・判断力・表現力等」「主体的に学習に取り組む態度」）とも共通点が見られる。

　2017年の改訂では，教育目標や内容がこの3つの柱に基づいて見直され，評価の観点においても，これまでよりも「目標に準拠した評価」の実質化を目指すことから，「知識・技能」「思考・判断・表現」「主体的に学習に取り組む態度」の3観点に再編された。今までの評価の観点との違いは，「知識」と「技能」の2つの観点が「知識・技能」という1つの観点にまとめられたこと，「関心・意欲・態度」が「主体的に学習に取り組む態度」という観点に改められたことである。

　この「主体的に学習に取り組む態度」で求められている評価の視点は，これまでの「関心・意欲・態度」の観点と本来的には同じ趣旨とされている。学習前の診断的評価だけで判断したり，挙手の回数やノートの取り方などの形式的な活動で評価したりするのではなく，より子どもが見通しをもって学習に取り組む態度を適切に評価できるように，観点が再設定された。

アクティブ・　　この観点の評価にあたっては，子どもが主体的に学習に取り組む環境を整備す
ラーニング　　る必要がある。教師側の問題として，「アクティブ・ラーニング」の面からの学習や指導方法の改善も求められている。

　学校教育において，子どもたちの学習状況を評価することは必要な過程であり，その過程で評価の観点は重要な基準となる。2017年改訂において子どもの主体的な学びが重視されているが，以前から，初等中等教育における「アクティ

ブ・ラーニング」的指導の難しさやその成果の評価の難しさが指摘されている。子どもが主体的に学習に取り組む場面の設定がますます必要であり，学校全体で評価の改善に組織的に取り組む体制づくりが必要とされている。

　こうした観点別学習状況の評価に関しては，小・中学校と高等学校とでは取り組みに差があると懸念されている。高等学校では，知識量だけを問うペーパーテストの結果や，特定の活動の結果だけに偏重した評価が行われているのではないかとの指摘である。義務教育までにバランスよく培われた資質・能力を，高等学校での教育を通じてさらに発展・向上させることができるように，指導要録の様式を改善するなどして評価の観点を明確にし，観点別学習状況の評価をさらに普及させていく必要性が指摘されている。

指導と評価の一体化

　また，3要素のバランスのとれた学習評価を行っていくためには，指導と評価の一体化を図ることが大切である。その際に，論述やレポートの作成，発表，グループでの話し合い，作品の製作等といった多様な活動に取り組ませるパフォーマンス評価を取り入れ，ペーパーテストの結果にとどまらない多面的な評価を行っていくことが必要である。

　さらに，総括的な評価だけでなく，一人一人の学びの多様性に応じて，学習の過程における形成的な評価を行い，子どもの資質・能力がどのように伸びているかを，例えば，日々の記録やポートフォリオなどを通じて，子ども自身が把握できるようにしていくことも示唆されている。

　こうした評価を行う中で，教員には，子どもが行っている学習にどのような価値があるのかを認め，子ども自身にもその意味に気づかせていくことが求められている。その中で，「主体的に学習に取り組む態度」の観点を実際どのように運用していくのか，今後の実践が大切になってくる。

表　小学校理科において育成を目指す資質・能力の整理（（答申）補足資料　別添5-1）

知識・技能	思考力・判断力・表現力等	学びに向かう力・人間性等
・自然事象に対する基本的な概念や性質・規則性の理解 ・理科を学ぶ意義の理解 ・科学的に問題解決を行うために必要な観察・実験等の基本的な技能（安全への配慮，器具などの操作，測定の方法，データの記録等）	（各学年で主に育てたい力） 6年：自然事象の変化や働きについてその要因や規則性，関係を多面的に分析し考察して，より妥当な考えをつくりだす力 5年：予想や仮説などをもとに質的変化や量的変化，時間的変化に着目して解決の方法を発想する力 4年：見いだした問題について既習事項や生活経験をもとに根拠のある予想や仮説を発想する力 3年：自然事象の差異点や共通点に気付き問題を見いだす力	・自然に親しみ，生命を尊重する態度 ・失敗してもくじけずに挑戦する態度 ・科学することの面白さ ・根拠に基づき判断する態度 ・問題解決の過程に関してその妥当性を検討する態度 ・知識・技能を実際の自然事象や日常生活などに適用する態度 ・多面的，総合的な視点から自分の考えを改善する態度

〈参考文献〉
・中央教育審議会：幼稚園，小学校，中学校，高等学校及び特別支援学校の学習指導要領の改善及び必要な方策等について（答申）補足資料，2016
・文部科学省：3．学習評価の在り方について，2017

(2) 評　定

指導要録の作成

　子どもの教育は，小学校，中学校，高等学校，さらに幼稚園等との連携を図りながら，組織的・計画的に行われる。その指導の過程における評価の記録は，各学校の段階において継続されていく必要がある。そのために，児童生徒の学籍ならびに指導の方法の過程および結果の要約を記録し，その後の指導および外部に対する証明等に役立たせるための原簿として指導要録が作成されている。

　文部科学省において2009年度に実施した「学習指導と学習評価に対する意識調査」によれば，小・中学校においては，「授業の目標が明確になり，学力などを多角的に育成することができる」「児童生徒の学力などの伸びがよく分かる」「児童生徒一人一人の状況に目を向けるようになる」「いわゆる４観点の評価は実績の蓄積があり，定着してきている」など，観点別学習評価が肯定的にとらえられ，教師に定着していることが明らかになっている。2010年度の指導要録通知でも，学力の３要素を踏まえ，「知識・理解」「技能」「思考・判断・表現」「関心・意欲・態度」の４つの観点ごとに評価されている。

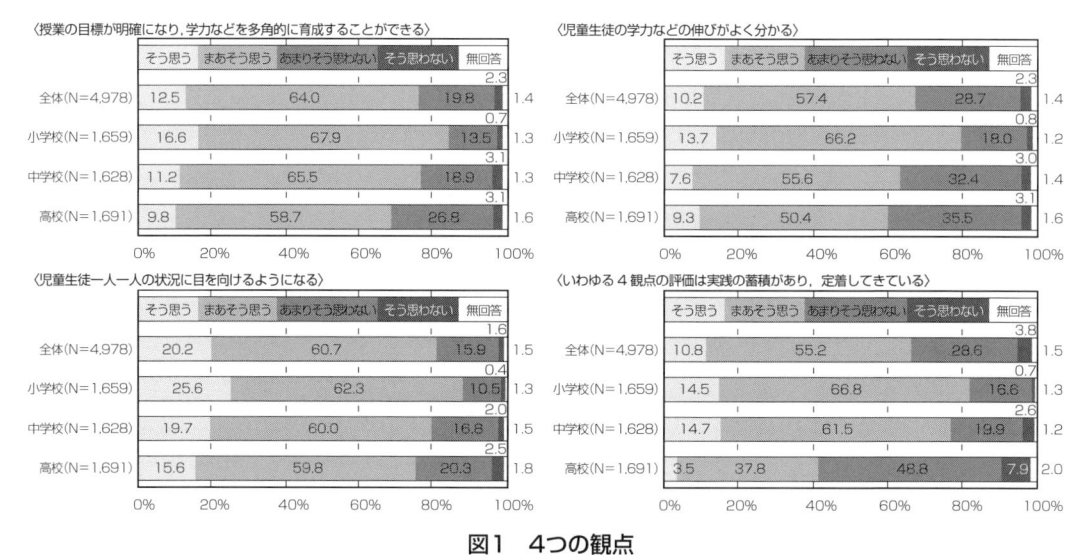

図1　4つの観点
（2009（平成21）年度文部科学省委託調査「学習指導と学習評価に対する意識調査」）

「評定」の決定方法

　「評定」の決定方法については次のとおりである。小学校および中学校では，「A（いわゆる４観点を均等に評価して評定を決定）」が約30％前後であり，「B（ある観点に他の観点より重点を置いて評定を決定）」よりも割合が高かった。

　それぞれ「どちらかと言うと～」を含めると，小学校では７割以上，中学校でも６割近くの教員が，Aのほうがより実態に近いとしていた。これに対し，高校では逆の傾向が見られ，

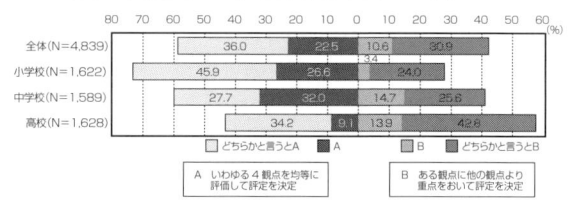

図2　「評定」の決定方法
（2009（平成21）年度文部科学省委託調査「学習指導と学習評価に対する意識調査」）

Bのほうがより実態に近いとする割合が6割近くと，過半数となっていた。「評定」の決定方法について，小・中学校と高校とで相違が見られる。

学習評価の課題

一方，学習評価を授業改善につなげていく必要があると感じたり，教師が評価の資料の収集・分析に，負担を感じたりするなど，学習評価の一層の定着に向けてはいくつかの課題があることも次のように明らかにされている。

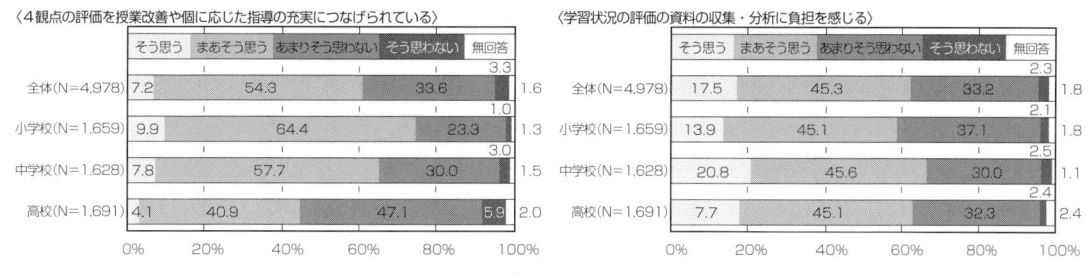

図3　学習評価の課題

(2009（平成21）年度文部科学省委託調査「学習指導と学習評価に対する意識調査」)

このため，学習指導と学習評価の一体的な取り組みを通じて，学習指導のあり方を見直すことや，個に応じた指導の充実を図ること，学校における教育活動を組織として改善するという学習評価の目的の重要性が，改めて指摘されている。

目標に準拠した評価

2017年の改訂では，各教科については，学習状況を分析的にとらえる観点別学習状況の評価と総括的にとらえる評定とを，学習指導要領に定める目標に準拠した評価として引き続き着実に実施することが明確にされている。

指導要録においては，学習指導要領に示す基礎的・基本的な内容の確実な習得を図るなどの観点から，学習指導要領に示す教科の目標が実現されたかどうかを目標に準拠した評価において，客観的に評価していくことが適当とされている。指導要録への具体的な表示方法としては，教科目標に照らして，「十分満足できるもののうち，特に程度が高い」状況と判断されるものを5とし，「十分満足できる」状況と判断されるものを4，「おおむね満足できる」状況と判断されるものを3，「努力を要する」状況と判断されるものを2，「努力を要すると判断されるもののうち，特に程度が低い」状況と判断されるものを1としている（小学校の第3学年以上は3段階，中学校，高等学校は5段階で評価）。

観点別学習状況の評価と評定との関係については，評定は各教科の学習状況を総括的に評価するものであり，「観点別学習状況」において掲げられた観点は，分析的な評価を行うものとして，各教科の評定を行う場合において基本的な要素とされている。その際に，観点別学習状況の評価を，どのように評定に総括するかの具体的な方法等については，各学校において工夫することが望まれている。

〈参考文献〉

・中央教育審議会：幼稚園，小学校，中学校，高等学校及び特別支援学校の学習指導要領の改善及び必要な方策等について（答申）補足資料，2016
・文部科学省：3．学習評価の在り方について，2017
・日本システム開発研究所：平成21年度文部科学省委託調査報告書「学習指導と学習評価に対する意識調査　報告書」，2010

（3）評価の実施と結果の活用

指導に生かす評価

　児童生徒のよりよい成長を目指した指導は，計画，実践，評価という一連の活動を繰り返しながら展開されている。指導と評価の一体化といわれるように，指導と評価は別物ではなく，評価の結果によって後の指導が改善され，さらに新しい指導の成果が再度評価される。指導に生かす評価の充実が一層重視されている。

カリキュラム・マネジメント

　2016年12月の中央教育審議会の答申において，学習評価に関しては，子どもの学びの評価にとどまらず，「カリキュラム・マネジメント」の中で教育課程や学習・指導方法の評価と結びつけることが求められている。その際に，子どもの学びにかかわる学習評価の改善を，教育課程や学習・指導の改善に発展・展開させ，授業改善や組織運営の改善に向けた学校教育全体のサイクルに位置づけていくことが必要とされている。

　しかし，文部科学省「学習指導と学習評価に対する意識調査」（2009）によれば，学習指導や学習評価への取り組みは，図のような状況であった。調査当時は，「A（指導と評価の一体化や教員の力量向上に学校全体で取組んでいる）」の割合が，小学校では40％近くで，「B（評価規準の改善や評価方法の研究は教員個人に任されている）」

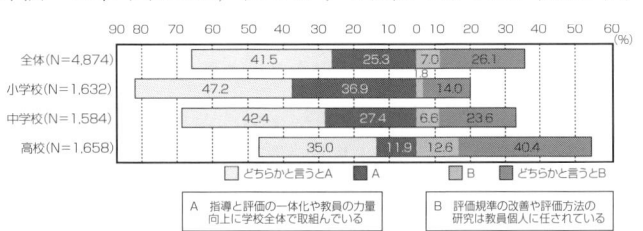

図1　学校等における学習指導や学習評価への取組み状況
（2009（平成21）年度文部科学省委託調査「学習指導と学習評価に対する意識調査」）

人に任されている）」との開きが大きい傾向が見られた。さらに，中学校・高校と学校段階が進むにつれて「A」の割合は小さくなり，逆に「B」の割合が大きくなっていた。「どちらかと言うと〜」も含めると，小学校・中学校ではAのほうがBよりも実感に近いとされていたが，高校ではBのほうがややAよりも高い割合となり，学校段階が進むにつれて，教員個人に学習指導や学習評価が任される傾向が強くなることがうかがえる。

PDCAサイクルの位置づけ

　先述したように，2017年の改訂では，学習指導と学習評価のPDCAサイクルを学校教育全体のサイクルに位置づけていくことが必要とされている。学習評価を通じて，学習指導のあり方を見直すことや個に応じた指導の充実を図ること，学校における教育活動を組織として改善することが重要である。

　学習の実施状況を適切に評価するためには，そのよりどころとなる理科における評価規準の作成と工夫改善が求められる。評価規準を作成する際には，①年間指導計画に基づいた各単元（題材）評価規準の作成，②1時間単位における評価規準の作成に配慮することが大切である。

学習評価の工夫改善

　2016年12月の中央教育審議会の答申においては，学習指導要領の改訂を受けて作成される，学習評価の工夫改善に関する参考資料について，詳細な規準ではなく，資質・能力を基に再整理された学習指導要領を手がかりに，教員が評価規準

を作成し見取っていくための必要な手順を示すものとなることが望ましい，とされている。各教員が自分のこととして取り組みながら，組織的に取り組む体制づくりも求められている。

　評価の観点のうち「主体的に学習に取り組む態度」に関しては，学習前の診断的評価だけで判断したり，ノートの取り方や挙手の回数などの形式的な活動で評価したりするものではないと指摘されている。子どもたちが自ら学習の目標をもち，進め方を見直しながら学習を進め，その過程を評価して新たな学習につなげていくことが大切である。子どもたちが学習に関する自己調整を行いながら，粘り強く知識・技能を獲得したり，思考・判断・表現しようとしたりしているかどうかという，意志的な側面をとらえて評価することが求められている。その際，単元や題材を通じたまとまりの中で，子どもが学習の見通しをもって学習に取り組み，その学習を振り返る場面を適切に設定することが必要とされる。

学習・指導方法の改善

　この観点を評価するにあたっては，子どもが主体的に学習に取り組む環境を整備する必要がある。「アクティブ・ラーニング」の視点からの学習・指導方法の改善が欠かせず，学校全体で評価の改善に組織的に取り組む体制づくりも必要である。また，3要素のバランスのとれた学習評価を行っていくためには，指導と評価の一体化を図りながら，多様な活動（論述やレポートの作成，発表，グループでの話し合い，作品の製作等）に取り組ませるパフォーマンス評価などを取り入れていくことが大切である。ペーパーテストの結果にとどまらない，多面的・多角的な評価を行う必要がある。

　総括的な評価だけでなく，一人一人の学びの多様性に応じて，学習の過程で形成的な評価を行い，子どもの資質・能力がどのように伸びているか（例えば，日々の記録やポートフォリオなどを通じて）を，子ども自身が把握できるようにしていくことも考えられている。

　さらには，子ども一人一人が，自らの学習状況を見通したり，振り返ったりできるようにすることが重視されている。そのためには，学習活動の1つとして，子どもが自己評価を行うことを位置づけることが重要である。その際，教員が対話的にかかわることで，自己評価に関する学習活動を深めていくことができる。

　こうした評価を行う中で，教員には，子どもが行っている学習にどのような価値があるのかを認め，子ども自身にもその意味に気づかせていくことが求められる。子どものよい点や進歩の状況などを積極的に評価するとともに，指導の過程や成果などを評価し，指導の改善を行い，子どもの資質・能力の育成に生かしていくことが大切である。

〈参考文献〉
・中央教育審議会：幼稚園，小学校，中学校，高等学校及び特別支援学校の学習指導要領の改善及び必要な方策等について（答申）補足資料，2016
・文部科学省：3．学習評価の在り方について，2017
・日本システム開発研究所：平成21年度文部科学省委託調査報告書「学習指導と学習評価に対する意識調査　報告書」，2010

3.4　多様な評価の方法

（1）授業における評価

理科の見方・考え方
　2017年3月に公示された学習指導要領において，小学校理科では自然に親しみ，理科の見方・考え方を働かせ，見通しをもって観察，実験を行うことなどを通して，自然の事物・現象についての問題を科学的に解決するために必要な資質・能力を，以下のように育成することが目標として設定された。

(1)　自然の事物・現象についての理解を図り，観察，実験などに関する基本的な技能を身に付けるようにする。（知識及び技能）

(2)　観察，実験などを行い，問題解決の力を養う。（思考力，判断力，表現力等）

(3)　自然を愛する心情や主体的に問題解決しようとする態度を養う。（学びに向かう力・人間力等）

資質・能力
　こうした資質・能力の育成にかかわり，その評価のあり方や方法は今後も一層，検討が不可欠である。特に，(2)にかかわる，子どもが思考・判断して表現したものを評価することは，継続的に重視される言語活動を中心とした表現活動を活性化させる意味でも重要である。

評　価
なお，ここでの評価（assessment）は，何を知っていて，何ができるか，何を思考しているか，といった子どもの学習にかかわる情報を収集する過程である。

　理科授業において，子どもの学習にかかわる情報を的確に収集するためには，目的に応じて評価の方法を変えたり，複数の方法をとったりする必要がある。こ

思　考
れは，子どもの思考過程は多様な要素から成り立ち，かつダイナミックで複雑なためである。そこで，そもそも思考とは何か，簡単に説明しておきたい。波多野によれば，思考とは「心的表象の変換を含む，目標志向的活動」である[1]。すなわち，思考は脳内において，においや感触といった感覚に基づく具体的な情報

イメージ
と，自己の有する視覚的なイメージや数式や記号などの知識が，相互に変換し合って関連づき，外界に働きかけて事象をとらえる活動である。このことから，子どもの思考を的確に評価していくことは容易ではないことは明らかである。子どもの思考のどのような実態を評価したいのか，それを明確にすることで適切な評価方法の選択が可能になるといえる。

　例えば，小学校第4学年「空気と水の性質」では，筒に閉じ込めた空気を圧し縮めたときの，筒の中の様子を図で表す活動を行う。ここでは，肉眼での観察が不可能な空気の様子に関して，手で得られた感覚情報に基づきながら微視的な世界をイメージし，それを図で表現することが求められる。

　図1に，子どものイメージ図の

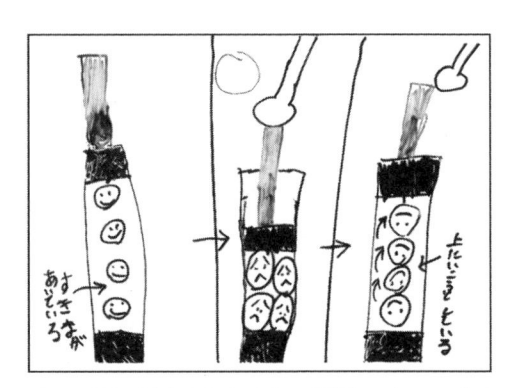

図1　閉じ込められた空気の様子のイメージ図

事例を示した。この表現から，子どもが空気を粒子としてとらえていること，また粒子の間にはすき間があり，圧し縮められることによって，すき間がなくなることなどをイメージしていることを評価することができる。こうした子どもの思考の内容を，言葉のみで表現させることは容易ではない。また，言葉で理解していても，それを図解させることで，理解が一層深まる。このような意味で，「粒子」を柱とした領域では，微視的な世界に対する考えの評価方法として，イメージ図を取り入れることは有効である。

　思考が進み，外界の事物・現象への働きかけにかかわる知識が増えてくると，思考は多くの知識の操作を含むことになる。そこでは，知識および技能の習得と，思考・判断・表現を通じたその活用が往還することになることを意味する。

概 念 化

こうした状態に至ると，知識が言葉としてまとまりを有したり，関連づいて概念化されたりすることになる。図2では，閉じ込めた空気と水を比べて，その様子について説明している表現である。空気と水を圧し縮める場合の相違について，イメージに加えて，言葉による説明が加わり，複合的な表現がなされている。イメージ図の導入は，

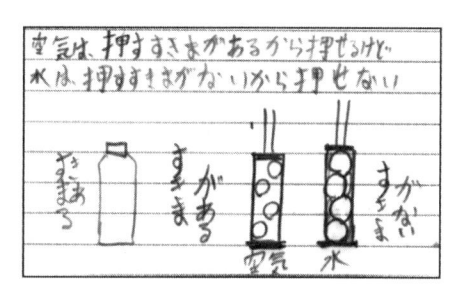

図2　閉じ込められた空気と水の様子のイメージ図と言葉による説明

こうして刻々と変容する思考の内実を評価することを可能とする。

　こうして思考が進み，言葉による説明が可能な段階では，抽象性の高い思考が可能な状態に達していることを意味する。それは，知識と知識の結びつきが強まり構造化されて概念となり，さらにそれらが関連づいた状態である。そうした概念構造を評価する方法として，概念地図法（コンセプトマップ法）は有効である。

概念地図法

概念地図は，関係すると考える言葉をラベル（概念ラベル）で表して，ラベルとラベルの間を線で連結し，地図状に表したものである。例えば，図3は，小学校第4学年「電気の働き」に関する概念地図の一例である。かん電池を直列あるいは並列につないだ場合のモーターの回る速さに関して，言葉の階層性を意識して縦につなぎ，横断性を意識して横のつながりを構成することによって，詳細な概念構築の実態を評価することができる。

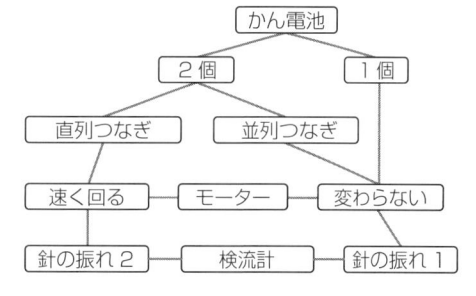

図3　「電気の働き」に関する概念地図（例）

〈引用文献〉

1）乾敏郎・吉川佐紀子・川口潤編：よくわかる認知科学，ミネルヴァ書房，2013，pp.160-165

（2）市販テストの活用とその補完

指導と評価の一体化

　小学校理科では，指導と評価の一体化を進める際に，単元ごとに市販テストを利用して評価することが一般的である。実際，2007年にベネッセ教育研究開発センターが行った調査では，市販テスト（業者テスト）を利用している割合は，理科では90.5％となっている（図1）[1]。しかし，小学校で一般的に使用される理科の市販テストには，活用する力を見取る問題が少ないとの指摘がある[2]。

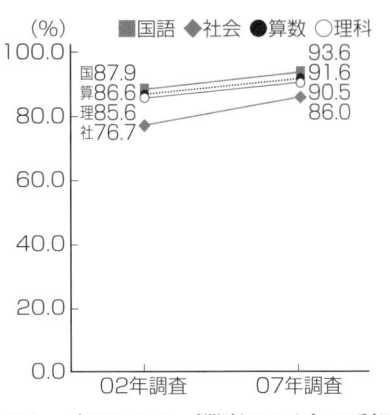

図1　市販テスト（業者テスト）の利用

目標に準拠した評価

　現在，小学校において実施されている評価は，「目標に準拠した評価」である。これは，いわゆる絶対評価であり，子どもが，学習指導要領に示す目標をどの程度実現したか，その実現状況を見取る評価である。市販テストを利用する場合であっても，子どもに育成を目指す資質・能力の定着状況を評価する目的を達成するために，その利用を考える必要がある。

　ここで，具体的に市販テストの活用とその補完の方法についての事例を示す。例えば，小学校第5学年「振り子の運動」の単元では，次のような目標の達成を目指して学習活動が展開される。

〔第5学年〕A　物質・エネルギー
(2)　おもりを使い，おもりの重さや糸の長さなどを変えて振り子の動く様子を調べ，振り子の運動の規則性についての考えをもつことができるようにする。
　　ア　糸につるしたおもりが1往復する時間は，おもりの重さなどによっては変わらないが，糸の長さによって変わること。

評価の観点

　学習の成果を評価する段階で市販テストを活用した場合，例えば，以下のような問題が提示される。当然ながら，評価問題には，それに対応する評価の観点が存在し，以下の事例では「知識・理解」の観点を評価する問題ということになる。知識・技能の活用として，「思考力・判断力・表現力」の評価を別途，実施する必要がある場合には，これを補完する問題を準備しなければならない。

振り子のきまりについて，（　　）にあてはまる言葉を書きなさい。
(1)　振り子が1往復する時間は，振り子の（　　）によって変わり，おもりの（　　）や（　　）を変えても，振り子が1往復する時間は変わらない。
(2)　振り子の長さが長いほど，振り子が1往復する時間は，（　　）くなる。

　例えば，活用を評価する問題例としては，文部科学省が実施している「全国学力・学習状況調査の調査問題」が参考になる。図2は2015年度の理科の問題の一

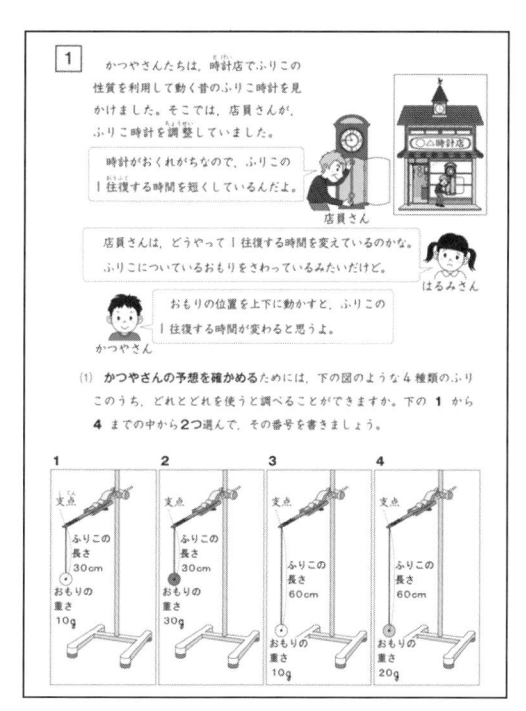

図2　2015年度全国学力・学習状況調査（理科）の調査問題と解説

部とその解説である[3]。これを見ると明らかなように，「評価の観点」を明確にしながら，正答と誤答を示す中で，適切な知識の活用について言及している。このように，出題の趣旨を踏まえ，評価内容を具体的に示している点で，子どもの資質・能力を多様な側面から評価するための方法を知る事例となる。

資質・能力

　2017年3月に公示された学習指導要領では，理科における「知識・技能」「思考力・判断力・表現力等」「学びに向かう力・人間性等」といった資質・能力の育成が目指される。目標に準拠した評価の的確性や適切性を向上させるためには，まず，具体的な評価基準が設定されたルーブリックを作成する必要がある。

ルーブリック

その上で，この評価基準と市販テストの内容とを対応づけて，テスト内容の分析を行う。その分析結果を踏まえ，具体的な評価の基準から活用課題を作成すること等を試みることで，市販テストを活用し，その補完を行いながら，評価の的確性，適切性の向上を図ることが可能となる。

〈引用文献〉
1）ベネッセ教育研究開発センター：第4回学習指導基本調査［速報版］，2008，p.11
2）杉原優：平成25年度（2013年度）理科教育に関する研究Ⅰ　学力向上につながる小学校理科の授業づくり―全国学力・学習状況調査の結果を基にした指導法・評価の工夫―，滋賀県総合教育センター，2013，p.4
3）国立教育政策研究所：平成27年度全国学力・学習状況調査解説資料，2015，pp.14-15

（3）都道府県教育委員会による評価の活用

**学力調査結果の
活用**

　現在行われている全国学力・学習状況調査については，文部科学省が各都道府県教育委員会等に対して「全国学力・学習状況調査の結果の取扱い及び調査結果の活用について（通知）」を出している。

　その中では，基本的な考え方を以下のように挙げ，教育委員会における改善に向けた取り組みの推進を積極的に図るように示されている。

【基本的な考え方】

・各教育委員会，学校等においては，調査結果を十分活用して，児童生徒の学力や学習状況を把握・分析し，教育施策の成果と課題を検証し，その改善を図るとともに，そのような取組を通じて，教育に関する継続的な検証改善サイクルを確立すること，また，学校における教育指導の充実や学習状況の改善に役立てることが重要であること。

【教育委員会における改善に向けた取組の推進】

⑴　各教育委員会においては，調査結果の分析・検証の結果を踏まえ，それぞれの役割と責任に応じて，改善計画等の作成を行うことなどにより，域内の教育や教育施策の改善に向けて総合的かつ計画的な取組を進めること。

⑵　各教育委員会においては，改善計画等に基づき，具体的には，次の事項について取り組むことが考えられること。

　　ア．学校における具体的な改善の計画や取組に対し，学校の状況に応じて，必要な指導，助言や支援等を行うこと。その際，特に課題が見られる学校における改善の取組を促すとともに，積極的に支援すること。

　　イ．指導内容や指導方法等の改善を推進するため，指導資料や教材の作成，教職員研修の実施や授業研究等への支援，教職員や非常勤講師の配置等への配慮など，教育施策の改善に適切に反映させること。

　　ウ．優れた取組を行っている学校等の事例や調査結果の分析・検証手法等の周知に努めるなど，域内における教育指導や家庭における学習習慣・生活習慣等の改善に向けた取組を推進すること。

参考資料

　全国学力・学習状況調査の参考資料としては，国立教育政策研究所が作成している「解説資料」「報告書」「授業アイディア例」がウェブサイトに公開され，各都道府県の教育委員会および学校に配布されている。これらを受けて，全国にある47の都道府県教育委員会と20の政令指定都市教育委員会は，それぞれが独自の取り組みを行い，教育に関する検証改善サイクルの確立を図っている。

　全国各地の授業改善に向けた取り組み例については，文部科学省の「調査結果の活用・分析の取組（http://www.mext.go.jp/a_menu/shotou/gakuryoku-chousa/1344286.htm）」に示されている「調査結果の活用のための参考資料」「教育委員会・学校の取組事例」「調査結果を用いた追加分析」の各ウェブサイトが参考となる。ここでは，国および各自治体の様々な学力・授業改善プランおよび報告が詳細になされている。

授業アイディア例

例えば，「調査結果の活用のための参考資料」の中では，2015年実施の理科授業改善アイディア例（小学校）として，4単元内容について学習展開の工夫が示されている。ここでは，学力調査に見られた課題の解決に向けた観点として，①調査問題の解答類型等から児童のつまずきの状況を把握し，その解決を図る授業事例（TYPE Ⅰ），②短時間で知識・技能を確認して定着を図る授業事例（TYPE Ⅱ），③数時間にわたる学習過程の中で，知識・技能の習得と活用を図る授業事例（TYPE Ⅲ）といった3タイプの授業例が設けられている。

授業アイディア例

TYPE Ⅰでは，星座の動きをとらえるための適切な記録方法の理解に課題が見られたことを解決するために，月の観察や記録の方法を共有し合い，観察や記録の技能の習得につながる授業展開とポイントが紹介されている。TYPE Ⅱでは，顕微鏡で観察をする際に，対象物をはっきり見るための操作方法の理解に課題が見られたことを解決するために，主体的な観察活動の中で，具体的な操作方法を身に付ける授業展開とポイントが紹介されている。TYPE Ⅲでは，実験方法を構想する場面で，自分や他者の予想に基づいた実験結果を見通すことに課題が見られたことを解決するために，自分の予想を顕在化させ，話し合いを通して結果を見通しながら実験計画を立案する授業展開が紹介されている。また，温度により物が溶ける量が変化することを定量的にとらえることに課題が見られたことを解決するために，ミョウバンが温度によって溶ける量が変化することに興味をもち，予想や考察でこれまでの実験から得られた数値を用いて考える授業展開が紹介されている。2012年実施の授業アイディア例（小学校）や中学校の例もある。

各学校における授業改善・学力向上を目指して

このような学力調査の課題に対する具体的な授業事例の活用（授業改善）が教員研修を通して全体的に深められていくことが望まれている。さらに，「全国学力・学習状況調査の調査結果を踏まえた理科の学習指導の改善・充実に関する指導事例集」（2017年3月：文部科学省国立教育政策研究所教育課程研究センター）が出されている。小学校は6事例（昆虫と植物／金属，水，空気と温度／振り子の運動／流水の働き／天気の変化／水溶液の性質）についての授業ポイントが示されているので参考となる。

ウェブサイトでは，全国学力・学習状況調査において特徴ある結果を示した学校における取組事例について，各都道府県等の検証改善サイクル事業成果報告，全国学力・学習状況調査等を活用した学校改善の推進に係る実践研究成果報告，学力調査活用アクションプラン推進事業成果報告，確かな学力の育成に係る実践的調査研究（全国学力・学習状況調査の結果を活用した調査研究）成果報告などがあり，各教育委員会による評価の活用が積極的に取り組まれていることがわかる。

全体的には学力の底上げがなされ，学力格差は縮小傾向となっているが，子どもの学びを適切にとらえ，豊かにしていくことを追求し続けることが必要である。

〈参考文献〉
・国立教育政策研究所：全国学力・学習状況調査 授業アイディア例

4 小学校理科の学習環境整備

4.1 理科室および理科準備室の整備

（1）実験・観察器具の整備

教材整備指針　　2008年に改訂された小学校学習指導要領等の実施に伴う教材整備の推進に資する観点から，文部科学省は2011年に，教材整備のための新たな参考資料として「教材整備指針」を策定した。「義務教育諸学校における新たな教材整備計画」として，2012年度から2021年度までの10か年総額で約8,000億円の地方交付税措置が予定されている。「小学校教材整備指針」[1]では，教材が学校全体で共用可能なものと教科等別とに大別され例示されている。理科で整備すべき教材はもちろんのこと，実物投影機や電子黒板，ストップウォッチなど理科教育においても多く活用される教材が，共用可能な教材として示されている。

理数教育の充実　　なお，2008年改訂の小学校学習指導要領においては，理科および算数・数学の授業時数の増加や指導内容の充実が示され，理科における観察，実験等の活動を充実することなどが示された。それに呼応する形で，文部科学省では「理科教育等設備基準改訂のための検討会」が，理科教育を実施するための設備の基準について見直し[2]，それをもとに「理科教育のための設備の基準に関する細目を定める省令」および要綱の改正が行われてきた。学校の種別および特別支援学校の部別に応じ，理科教育のために通常必要な設備が具体的に定められており（表），

理科教育振興法　　この基準に達していない場合，理科教育振興法（以下，理振法）に則り，「理科教育等設備整備費」として予算の範囲内で，整備に必要な経費の2分の1（沖縄県内の学校は4分の3）が補助される。比較的少額の理科教育等設備（小学校においては1組1万円未満の実験器具）を整備するための購入経費としては，「理科少額設備費」として地方交付税による財政措置がとられている。2017年には「理科教育設備整備費等補助金交付要綱」が一部改正されている。

2017年3月に改訂された小学校学習指導要領においても，理数教育の充実は示されており，2008年の改訂において充実させた内容を維持した上で，さらに学習の質を向上させることや，自然災害に関する内容の充実等が示されている。今後も，学習指導要領に基づく指導内容の充実に合わせ，重点設備や品目の追加等に留意していく必要がある。

内閣府所管の公益社団法人日本理科教育振興協会は，1953年の理振法の制定を受け，わが国の科学技術教育の一層の振興を図るため，1963年に学校教育用理科機器メーカーとそれらの販売会社が団結して設立した任意団体から発展している。その目的は，「学校教育用理科機器，算数数学機器及びそれらの関連教材の健全な発達と普及を図るとともに，理科教育にかかわる人材育成の観点から各教育機関への支援を行うことにより，科学技術教育の環境整備を推進し，もって我が国が目指す科学技術創造立国の基盤となる教育の振興に寄与すること」にあり，ホームページ[3]において理振法に基づく申請に関する活用パンフレットや小学校教育設備整備リストの提案などを行っているので，参考にすることが可能である。

表　「理科教育設備整備費等補助金交付要綱」に示される小学校理科に関する教育のための設備
（下線は，「重点設備」とされているもの）

品目	数量(組)	例示品名
〈計量器〉		
長さ測定用具	1	
体積測定用具	1	
重さ測定用具	32	上皿てんびん，電子てんびん
時間測定用具	1	
温度測定用具	1	記録温度計
電気測定用具	11	直流電流計
〈実験機械器具〉		
物と重さの学習用具	1	
風やゴムの学習用具	1	
光の学習用具	3	照度計
磁石の学習用具	4	磁化用コイル，演示用電磁石
生物の飼育・栽培用具	15	アクアリウムセット，植物育成棚，園芸用具セット
空気と水の学習用具	1	
熱の学習用具	21	気体の対流実験器
光電池の学習用具	11	光電池用ライト
電気の学習用具	14	充電器チャージャー
天体の学習用具	8	天体望遠鏡，月球儀，太陽光源装置，双眼鏡，簡易天体投影機，二球儀
物の運動の学習用具	11	振り子実験器
人体の学習用具	1	呼吸器モデル実験器
気象の学習用具	2	百葉箱，簡易型風向風速計
環境の学習用具	14	デジタル気体チェッカー，pH メーター
てこの学習用具	32	てこ実験器，てこの規則性体験セット
土地の学習用具	14	流水の働き実験器，ふるいセット
空気の学習用具	21	気体採取器
定温器	2	冷凍冷蔵庫，電気低温定温器
顕微鏡	42	顕微鏡，小型双眼実体顕微鏡
教材提示器具	1	顕微鏡カメラセット
保管庫	1	薬品庫
薬品処理装置	1	廃液用ポリタンクセット
実験支援器具	22	鉄製スタンド，直流電源装置
教材作成用具	2	取付型コルクボーラー，簡易ミクロトーム
〈野外観察調査用具〉	1	簡易プランクトンネット
〈標本〉	57	火成岩標本，堆積岩標本，化石標本，火山噴出物標本，映像教材
〈模型〉		
人体の模型	14	筋肉付腕の骨格模型，人体骨格模型，人体解剖模型，胎児発育模型
植物の模型	1	
動物の模型	3	昆虫発生順序模型，メダカ発生順序模型，昆虫模型セット
土地の模型	3	火山地形模型，堆積地形模型，地層模型

〈引用文献〉
1）文部科学省：小学校教材整備指針，2011
2）文部科学省：理科教育等設備基準改訂のための検討会 報告書「今後の理科教育等設備の整備の在り方について」（2010年7月，改訂：2011年9月）
3）日本理科教育振興協会ホームページ　http://www.japse.or.jp/

（2）薬品の管理

薬品の管理体制

　実験等で使用する薬品類の管理については，子どもの安全確保のため，「毒物及び劇物取締法」等の法規や，地方自治体の関係通知・通達等に則り，適切に行う必要がある。地震，水害，盗難等の災害・事故への対策も必要である。

　薬品類の管理に関する規定や薬品管理簿，管理組織体制等は学校全体で十分に理解・共有されていなくてはならない。管理体制の例を図に示す。ここでは，薬品管理責任者を1名としているが，その下に理科室，保健室などの保管場所ごとに管理担当者を置く形もありうる。当然ながら，理科の授業中に生じた事故への対応マニュアル（Ⅳ4.1（4）参照）と重複する部分もあるが，自らが薬品管理責任者や薬品使用者でなくても，事故等の発見者になることはありうる。全教員が常日頃から，所属する学校でどのような管理体制が取られているのか，しっかり把握しておく必要がある。

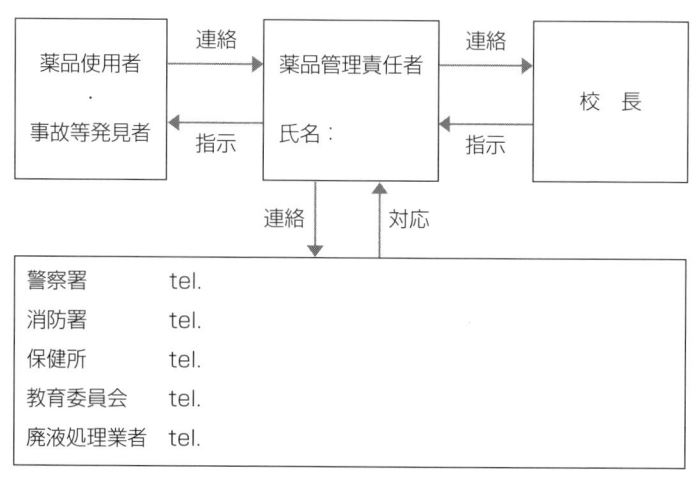

図　管理体制図（例）

薬品管理簿

　多くの場合，理科で使用する薬品は理科室や理科準備室にて保管することとなるため，理科主任などが理科室にある薬品の管理責任者として，薬品の保管・管理に責任をもつことになる。薬品管理責任者は，薬品管理簿（表）を作成して購入薬品の詳細を記入するとともに，薬品容器に薬品管理簿と呼応するラベルを貼り，所定の保管場所に置く。保管場所には施錠ができる薬品庫や理科戸棚を使用する。

ＳＤＳ

　薬品を適切に保管したり取り扱ったりするためには，その情報を正確に得ておく必要がある。その際には，所属する地域の教育委員会が作成している手引[1] 等のほか，個々の薬品に関する「化学物質等安全情報データシート（SDS：safety data sheet）」[2] が役立つ。SDS は，過去に MSDS（material safety data sheet）と呼ばれていたものと同一であり，薬品の物質名や特性，取り扱い方，危険有害性，応急時の措置，廃棄時の注意など，多くの情報が記載されている。SDS は薬品販売業者や薬品製造業者のホームページからダウンロードすることも可能である。

表　薬品管理簿（薬品ごとのページ例）

薬品管理簿					
薬品名：		管理番号：			
取扱い：					
年月日	使用者	用途等の摘要	重　量		薬品管理責任者 印
			購入量	使用量	残　量

　薬品管理責任者は，薬品管理簿と実数の照合を定期的に行うとともに，保管状態についても確認しておく必要がある。

　そうした作業のために薬品ごとのページの他，在庫薬品の一覧ページ（薬品名，管理番号，管理場所等を記載）や，在庫量の定期確認用ページ（薬品名，在庫量，確認年月日等を記載）を作成し，SDS とともに薬品庫に設置する。使用者は薬品使用時に薬品ごとのページ（表）にある前段までの残量の確認を行う。使用後には使用量と残量を記入し，薬品管理責任者に使用を報告する。

　薬品の取り扱い時には，白衣，保護めがね，手袋等で人身を保護することを教員・子ども共に習慣づけることが大切である。

　また，使用する薬品の特性に応じた応急処置のしかたがあること等に気づく学びの機会を設けることで，子ども自身が根拠をもって適切な行動を行えるようになると考えられる。

薬品の廃棄　　古くなった薬品や実験で生じた廃液を廃棄する際にも SDS 等の情報を参照し，適切に行う必要がある。酸やアルカリの廃液を中和してから水で十分に希釈しながら廃棄するなどの処理方法は，教員だけではなく，子どもにも意識させたい。環境保全の大切さを考える機会になる。中和時に発熱する薬品もあるため注意する。

　また，学校で廃棄できない廃液は学内で長期保管せず，速やかに専門の廃液処理業者に処理を委託することで，変性や濃縮，他の廃液の混入等による事故を防ぐことができる。

〈引用文献〉
1）例えば，北海道教育委員会：理科薬品等の取扱いに関する手引（三訂版新版），2012
2）経済産業省：化管法 SDS 制度，http://www.meti.go.jp/policy/chemical_management/law/msds/msds.html（2017.7.17確認）

（3）掲示物の整備

　自然の事物・現象や科学への子どもの興味・関心を喚起し，理科の学習に対する意欲を高めるとともに，学習活動を円滑に展開していくための，掲示物の整備について考えてみたい。

理科の学び方を学ぶ

　理科でどのようなことを学ぶのか，年間の学習計画を示したり，学習の進め方について問題解決の過程をわかりやすく示したりすることで，子どもに理科の学習に対する見通しをもたせることができる。

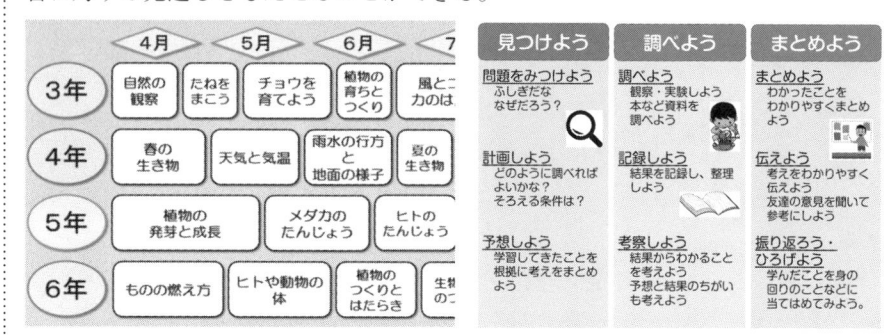

図1　年間計画　　　　　　　図2　問題解決の流れ

　また，子どもの作成したノートを事例とし，見開き2ページで何をどこにどのように書けばよいのか，ノートの作成方法に関する説明を加えて掲示を行うことで，1時間の学習活動の様子や自分の思考の流れを子ども自身が読み取ることのできる，学習の軌跡の残るよい理科ノートのつくり方を共有することができる。

　理科の学習の記録を構造的に整理して掲示することで，どのような観察や実験を行ったのか，何と何を比較したり関係づけたりしながら，どのような考えに至ったのか，学びを主体的に振り返ることが可能となる。動植物の観察カードを継続的に掲示していくと，動植物の成長過程や活動，季節による変化などについて，考えたり説明したりする学習活動の充実を図ることができる。

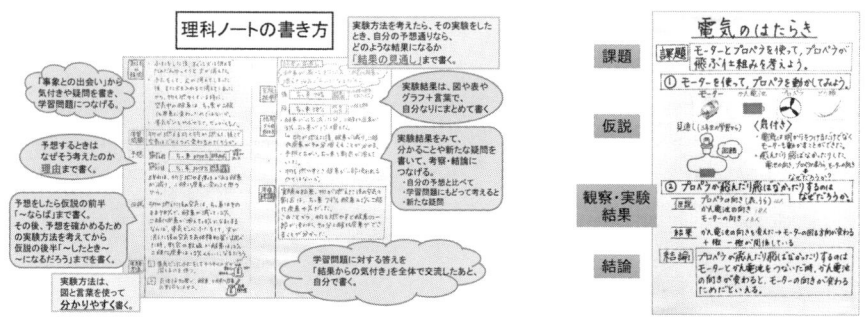

図3　理科ノートの書き方　　　　図4　学習の記録

　子どもの自由研究やレポート，ものづくりの作品を掲示したり展示したりすると，子どもが互いの作品から学んだり，異学年の子どもの学習の様子を知ったりする機会が得られる。また，学校を訪れる保護者に対しても，子どもの理科の学習の様子を伝えることができる。

観察・実験のしかたを学ぶ

　理科室での決まりを決め目につきやすいところに掲示することは，安全教育

　の観点からも大切である。アルコールランプやガスバーナー等の実験器具の使い方，実験操作上の注意点，片づけのしかたなどの掲示は，実験指導に活用できる。

図5　安全のきまり

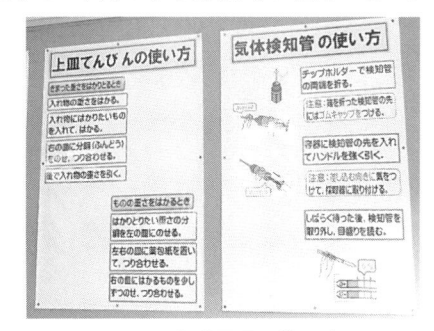

図6　実験器具の使い方

自然や科学への興味・関心を高める

　それぞれの季節に見られる植物や動物，星座図などを掲示することで，身の回りの自然を日常的に観察しようとする姿勢を養うことができる。写真などを利用しながら，随時，対象物の変化がわかるようにするとよい。また，ものづくりの活動などと関連させながら，科学おもちゃなどを触れるように展示することで，もっと調べてみたいという探究心を喚起することも可能となる。

図7　身近な自然の観察

図8　おもちゃの展示

　また，新聞の切り抜きや雑誌の付録，科学にかかわるポスターなどを活用し，科学に関するニュースや資料などを掲示したり，地域の博物館や科学館のイベントを紹介したりするコーナーを設けることもできる。科学に触れたり学んだりすることのできる，学校外の場を紹介することは，生涯にわたって能動的に学び続ける姿勢を育成する観点からも大切である。

図9　新聞などの切り抜き

図10　博物館や科学館のイベント紹介

（4）事故発生時の連絡体制確立と対応マニュアルの作成

負傷・疾病対策

　理科にとって観察，実験などは，大変重要な活動である。事故発生の未然防止に尽力することはもちろん大切であるが，それでも事故が発生することはありうる。生じた事故への対応が，迅速かつ適切に行えるような事前の取り組みも大変重要である。事前の取り組みとしては，まず，教職員の資質向上を意図とした研修の実施が挙げられる。例えば，独立行政法人日本スポーツ振興センターが，最初に医療費の給付を行った負傷・疾病の件数について2015年度に調査した結果[1]で示されている小学校理科における負傷は図1のとおりである。また同報告書では，異物の嚥下・迷入などの疾病があったことも示されている。こうした負傷・疾病を防ぐ指導のあり方や，生じた際の緊急対応に必要な知識・技能の習得を，教員自身が行うとともに，学校全体で対応方法に関する方策を共有しておく必要がある。また，事故の未然防止には，汚損・破損器具の放置を防ぐことや，器具や薬品の適切な取り扱いや保管といった常日頃の環境整備や，子どものアレルギーなどに関する情報管理も重要である。

環境整備

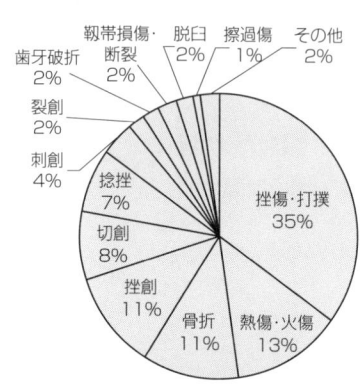

図1　小学校理科における負傷の種類（全1,623件）

安全教育

　個々の観察や実験については，事前の実地調査や予備実験を行い，生じやすい事故について教員自身が把握し，未然防止を心がけることが肝要である。その上で，事故が生じやすい場面や状況について事前に子どもの理解を深めることや，保護めがねや白衣の着用，万が一のときの応急処置（やけどをしたらすぐに流水で冷やすなど）や教員への速やかな報告を子ども自身もできるようにするため安全教育を行うことも大切である。

　具体的な初期対応は，佐賀県教育センターの「安全な理科実験・観察ハンドブック」[2]の実験・観察における応急対策などが参考になる。適切な初期対応には，救急箱，消火用機器等，必要な器具・備品の整備とともに，全教員がそれらを適切に扱えるか確認しておくことが欠かせない。

連絡体制と対応マニュアル

　万が一，事故が生じた場合には，初期対応をしっかり行った上で，速やかに情報を伝達し，事後処理に至るまで適切な対応をとることができるよう連絡体制を整えておく必要がある。事故発生時の対応マニュアル例を図2に示す。薬品に関する事故発生等に際しては，保健所，警察署，または消防署に届ける必要がある。

　負傷・疾病の中には，初期症状が目立たなくても時間の経過に伴い深刻な症状が現れるものがあるため，専門医の診察や処置を受けるようにする。事故の当事者ではなくても，強い不安を感じる子どももいるので，学級・学校全体で事故の再発防止に向けた取り組みを行うとともに，精神的なケアを含めた丁寧な事後対応が必要となる。

　報道機関等，外部への対応に際しては窓口の一本化を行い適切な情報公開を行うとともに，子どもの安全・安心を第一に考えた対応をする必要がある。

発生時の即時対応

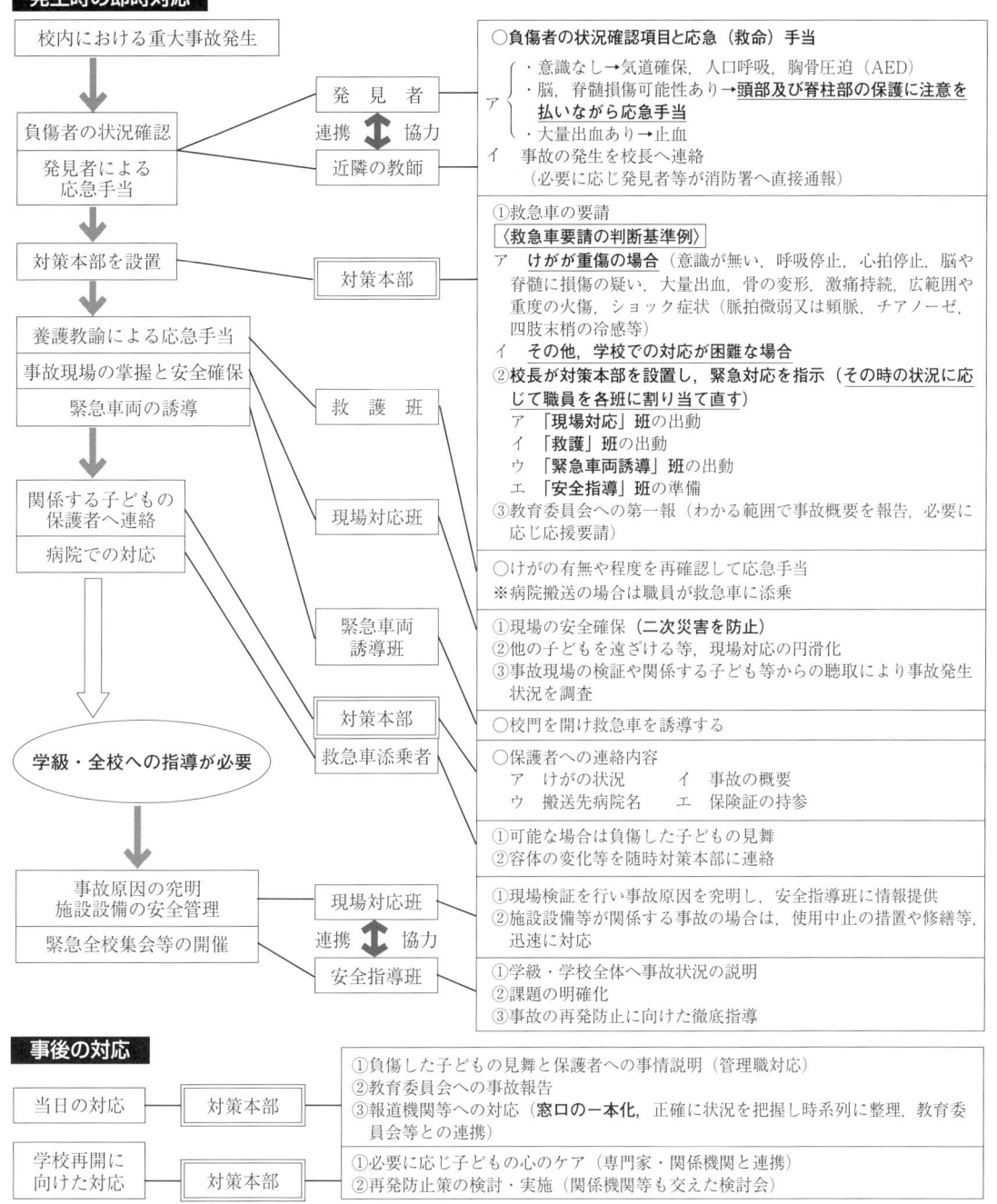

図2　事故発生時の対応マニュアルの例

（熊本県教育庁体育保健課：学校での事件・事故等発生時の対応マニュアルについて～作成の考え方と具体的対応例～，2011，p.10を参考に作成）

〈引用文献〉
1）日本スポーツ振興センター：学校の管理下の災害〔平成28年版〕，2016
2）佐賀県教育センター：安全な理科実験・観察ハンドブック，2006，pp.76-77

4.2　校舎内の環境整備

（1）身近な自然や生き物，科学への関心を高めるコーナーの設置

　　理科学習においては，子どもが日常的に身近な自然や生き物，科学への興味・関心を高めることができるように，学校全体の環境構成を工夫し，効果的な学習活動が展開されるようにすることが望ましい。そのためには，例えば，次のようなコーナーの設置が考えられよう。

自然環境マップ

●**校庭の自然環境マップコーナー**

　校庭では，学年園での植物栽培，池，飼育小屋などでの動物の飼育などがなされ，年間を通して自然環境が計画的に整備されている。これらの自然環境は生活科や理科の年間指導計画に即して，授業展開のため有効に活用されている。

　したがって，これらの自然環境の整備やその実際の様子や植物の分布などについて，子どもが理解し授業に効果的に活用できるように，校庭の自然環境マップなどを子どもとともに作成することが望ましい。教師はもとより，子どもにとっても日頃から自然環境に興味・関心をもたせておくことによって，授業での積極的な活用が可能となる。

生き物コーナー

●**生き物の飼育コーナー**

　学校近隣の川などに生息しているザリガニやメダカ，ハゼなどを採集してきたり，金魚などを購入したりして，水槽などで生き物を飼育するコーナーを設置する。休み時間などに，多くの子どもが訪れるよう働きかけ，生き物の生態の様子や飼育の実際を観察し，理科学習への興味・関心を日常的に高めるようにする。

みんなの木

●**校庭のみんなの木の紹介コーナー**

　校庭の樹木を「みんなの木」「私の木」などと，子どもが年間を通して継続して観察したり，記録を取るなどの活動を促し，日頃から樹木に慣れ親しむように働きかける。このコーナーでは，樹木の特徴や四季の変化がわかりやすいように，デジタルカメラなどで撮影した写真を掲示したり，観察カードなどを紹介する。

理科委員会

●**理科委員会のコーナー**

　学校によっては飼育栽培員会などと名称が異なるが，自然環境の整備・保全にかかわる活動を展開する委員会が設置されている。このような委員会の活動を児童会活動に位置づけ，全校児童を対象にした様々な活動を展開させる。例えば，集会活動の場で，委員会の活動の紹介や，学校全体での「自然クイズ」大会の実施や，「みんなの自然発見」などの情報を収集し，それらの成果をコーナーに掲示することはもとより，新聞やニュースなどの作成を通して，理科委員会の全校的な展開が進められる。

理科体験コーナー

●**理科体験コーナー**

　子どもが実際に触ったり，製作したり，観察したりできる事物を展示する。例えば，校庭や地域で採集した葉や実などの実物を展示したり，「どんぐりコマづくり」などの操作・製作活動が展開できるようにする。また，虫めがねや顕微鏡などを配置し，その場で虫や葉などを観察できるようにする。

（2）観察記録等の掲示など，教室の環境設定の工夫

教室の環境設定

　　教室には，理科学習で活用する自然の素材はもとより，観察に役立つ虫めがねなど，観察に活用する器具等を常時備えておきたい。特に，観察記録の掲示には配慮を要する。廊下や学級の掲示板には，飼育している動物や栽培している植物の成長の記録などを掲示する場合が多く見られる。これらの掲示物は，子ども一人一人の学習の成果であるため，大切に扱いたい。

観察記録の掲示

　　観察記録の掲示には，教師の意図的・計画的な配慮が必要であり，教師の指導性に基づく「言葉」や「視点」が加えられたり，子どもの気づきのよさを指摘することが望ましい。特に，観察記録等の掲示には，次のような視点に留意し，全体を構成したい。

　　①観察記録にかかわる学習単元や活動のねらいや活動内容の概要の明示

　　②観察記録作成にかかわる教師の指導の視点の明示

　　③色や形，成長，変化の様子などの自然観察の方法の視点の明示

　　④記録に表れた児童の気づきや児童自身の成長のよさや可能性への視点

　　⑤児童の記録とともに，コーナーには教師の手による写真や絵図等の掲示

（3）学校図書館の活用の呼びかけ

学校図書館

　　学校図書館には，本だけではなく，新聞やビデオなどの豊富な図書資料が所蔵されている。インターネット閲覧環境も整備されており，キーワードで検索することもできる。観察や実験で調べた内容を，これらの図書資料を活用し，さらに広めたり深めたりすることができる。

　　そのためには，本や新聞，ビデオ等の図書資料の物的環境の整備はもとより，図書館の本の分類表の掲示など，それらの使い方を示す掲示物の整備等，環境を構成していくことである。

（4）地域の専門的なサイエンスサポーターの紹介・協力の掲示

サイエンスサポーター

　　地域には，学校の教育活動を積極的に支援する協力者が存在する。授業そのものを支援する協力者，学校の校庭などの生き物の飼育や草花の栽培を支援する協力者などである。特に，理科授業を支援できるような，科学に関する専門的な知識や技能をもつ外部人材の協力が，今後とも重要な役割の発揮が期待される。このような，サイエンスサポーターの人物の特徴や活動の実際の様子を紹介するコーナーを設置し，児童が慣れ親しみ，地域の専門家とともに理科学習を進めることができるような環境を整備したい。

4.3　校舎外（校庭等）の環境整備

飼育・栽培

1）飼育・栽培の意義

　理科学習は自然の事物・現象を対象にすることから，自然の状態のまま観察や飼育が行われることが望ましいともいえる。しかし，実際には，次のような視点から，学校において必要な環境整備を進めていくことが大切である。

校舎外の環境整備

①日頃から小動物を飼育したり，野菜を栽培したりすることにより，理科の学習時期に必要な素材を確保できるため，年間指導計画に即し，意図的・計画的に学習を進めることができる。

②飼育・栽培を年間にわたって計画的に進めていくことにより，月ごとや四季の変化などに合わせて，短期的・長期的な観察が可能となる。

③子どもとともに，飼育・栽培を進めていくことにより，自然の事物・現象に親しみを抱くとともに，水やり，給餌，土の耕しなどの技術が習得できる。

④生物に対して興味・関心を高め，疑問をもったり，調べたい問題を見いだすことができる。

2）飼育・栽培の計画と指導

　植物の栽培やウサギ，ニワトリ，小鳥，昆虫，魚などを飼育することになるが，次のような条件を考慮したい。

　ア．子どもが飼育・栽培にかかわり，活動や観察がしやすい場所を選ぶ。

　イ．建物の向きや風通しなどを考慮し，生き物が健康・安全に生活できるようにする。

　ウ．事故防止を図るため，教師の目が届き，管理しやすい場所を選ぶ。

　エ．必要に応じて，上下水道の施設や電気配線等も考慮する。

校庭の環境整備

3）校庭の環境整備の具体的概要

　ア．学級園…生活科の学習も含め，各学年に固定した場所を配置し，継続的に使用する。

　イ．水田…総合的な学習の時間の活用も考慮し，水温，肥料差等の実験栽培を行う。

　ウ．花壇…四季の季節感を味わえるような草木を計画的に栽培する。

　エ．学校林…マツ，スギ，ヒノキ，クヌギ，アオナ等の高木や低木を配置する。カイコの食草である，クワの木を植えるとよい。アゲハはカラタチに卵を産みつけるので植えておくとよい。カラタチのかわりにミカンの木でもよい。

　オ．水生生物園…水生植物，水生の虫，魚などを飼育する。

　カ．観察池…コイ，フナ，キンギョ，メダカなどを飼育する。井戸水が適当であるが，水温が冷たすぎないように注意する。メダカは，観察池で飼うことができる。できれば水草を植えておくのがよい。

　キ．飼育舎…ニワトリ，ウサギ，ジュウシマツなどを飼育する。特にウサギは，光に弱いため，日陰が必要となる。湿気にも弱いことから，地面とウサギの巣箱との間隔を取る。木をかじったり，土を掘ったりす

る習性があるため，飼育舎の床はコンクリートにし，その上に土を厚く敷く
とよい。

ク．露場…気温や地温，湿度が測定できる芝生地などを配置する。

ケ．岩石園…教科書に出てくる程度の岩石を配置する。

コ．その他…堆肥場，材料置き場等を設置する。

4）気象観測施設の設置

図　百葉箱の設置

百 葉 箱

〈百葉箱〉

ア．気温を測るには次のような点に気をつける。

・日光が直接，温度計に当たらないようにする。

・風通しのよいところに温度計を置く。

・雨降りのときには，温度計に雨がかからない
ようにする。

・温度計をしばらくの間，そのままにしてお
き，液の動きがないことを確かめてから目盛
りを読むようにする。

イ．百葉箱の中に備える計器

百葉箱には，乾湿計，最高温度計，最低温度計，自記湿度計，自記温度計
などを備えるのが一般的である。

ウ．設置方法と場所

百葉箱を設置する場所は，なるべく建物から離れていて，周りが開けてい
るところがよい。

エ．露場とは，百葉箱や雨量計などを設置した，屋外の場所である。露場に
は，芝を植えつけ，周りに柵をつくるなどして，無用の者や，動物などの出
入りを防ぐようにする。百葉箱は，ふつう屋根の低いほうを南に，扉のつい
ている方を北に向けて設置し，扉のほうには，U字溝などを使って踏み台を
置いておくと，温度計の取り外しや，目盛りを読むのに都合がよい。

4.4　理科授業における ICT の活用

（1）ICT の意味

ＩＣＴ

　ICT（information and communication technology）とは，「情報通信技術」の略である。IT（information technology）とほぼ同じ意味で用いられることが多いが，コンピュータ関連の技術を IT，コンピュータ技術の活用に着目する場合を ICT として区別している。したがって，理科授業における ICT の意味を考えることは，情報通信技術の活用方法について検討することに他ならない。

　まず，学校教育における ICT の活用を進めるためには，そうした環境の整備が不可欠である。2017年「学校における ICT 環境整備に関連する資料」（文部科学省）によれば，2016年 3 月現在，例えば，教育用コンピュータ 1 台当たりの児童生徒数は6.2人／台である。また，図 1 に示すように近年，急速に導入が進んでいる電子黒板のある学校の割合は，都道府県によって差はあるが，平均80％程度となっており，ICT 環境の整備が推進されている[1]。

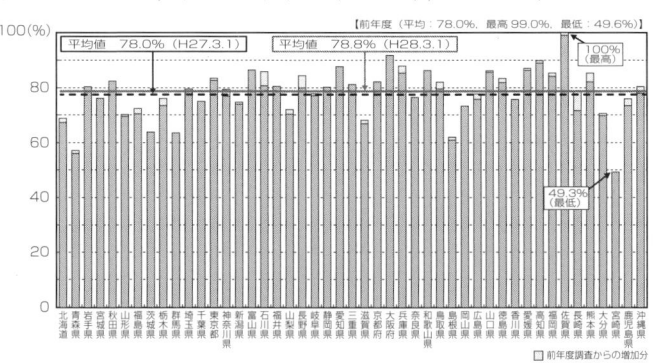

図1　電子黒板の導入状況[1]

　さて，こうした急速な ICT 環境の整備は，授業等への ICT の導入それ自体が目的となり，ICT ありきの授業づくりを加速させる懸念を生む。そもそも，ICT は時間的・空間的制約を超え，双方向性を有する機能などを有しているが，教室に最新の機器が配備されても，「それを使う」ことばかりに目が向いてしまっては，本末転倒である。こうした懸念に対して，メイヤーの ICT を活用した学習に関する指摘は参考になる[2]。それは，ICT の活用には，テクノロジー中心のアプローチと学習者中心のアプローチが存在するとの指摘である。前者は，教師が ICT の機能面に目を向けて，「どの機能が指導に活用できるか」といった視点で，ICT の導入自体が目的化している場合を意味する。これに対して後者は，ICT が「子どもの学習を促進させる道具」として活用されることを意味し，子どもの学習とマッチングさせることを重視する視点である。

資質・能力

主体的・対話的で深い学び

　2017年 3 月に公示された学習指導要領では，「知識・技能」「思考力・判断力・表現力等」「学びに向かう力・人間性等」といった，新しい時代に必要となる資質・能力の育成を目指し，「主体的・対話的で深い学び」の視点から学習過程の改善が図られる。これらの資質・能力は相互に関連しており，「主体的・対話的で深い学び」の過程において，習得された知識・技能が思考・判断・表現において活用されたり，逆に，思考・判断・表現を経て知識・技能が生きて働くものと

して習得，更新されたりすることを意味する。

　「主体的な学び」については，見通しをもって観察，実験などを行っているか，自らの学習活動を振り返って意味づけたり，新たな視点で自然の事物・現象をとらえようとしたりしているかなどの視点が重視される。「対話的な学び」については，考察の場面などで，あらかじめ個人で考え，その後，協働を通じて，自分の考えをより妥当なものにする学習となっているかなどの視点が重視される。「深い学び」については，「理科の見方・考え方」を働かせながら，問題解決の過程を通して思考・判断・表現することで，様々な知識がつながって，より科学的な概念を形成することに向かうことなどが重視される。

理科の見方・考え方

　こうした資質・能力の育成と，それを実現するための学びの過程に対して，ICTは機能しなければならない。すなわち，図2に示すような問題解決の過程において，電子黒板やタブレット端末などの ICT 機器は，子どもの資質・能力の育成に向けた主体的・対話的で深い学びの成立に対して機能しなければならない。

電子黒板 タブレット端末

　例えば，小学校第3学年「光の性質」の学習では，平面鏡に日光を当てたときの，平面鏡の向きと光の様子に着目して，それらを比較しながら，光の進み方を調べる。このとき，例えば，あらかじめタブレット端末に光の進み方を図で描くなどして予想させ，見通しをもたせる。その上で観察，実験の様子をタブレット端末で動画撮影し，

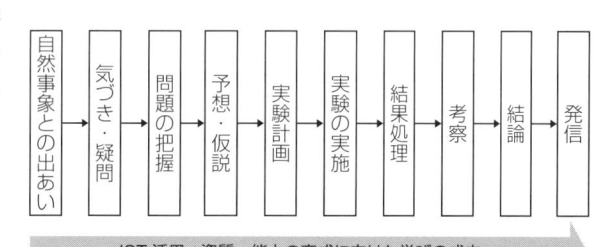

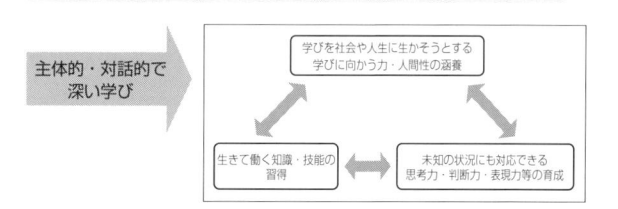

図2　資質・能力の育成に向けた学びの成立と ICT 活用

それを教室において電子黒板を活用して，結果を共有しながら議論を行う。これによって，差異点や共通点を基に，光の性質についての問題を見いだし，表現するとともに，日光は直進すること，反射させることができることなどをとらえられるようにすることが考えられる。このように，小学校第3学年の比較しながら調べる問題解決の活動において，ICT が有効に機能したとき，ICT は意味を有することになるのである。子どもの学習の促進に焦点を当て，ICT の活用は検討される必要がある。

〈引用文献〉
1）文部科学省：学校における ICT 環境整備に関連する資料，2017
　　http://www.mext.go.jp/b_menu/shingi/chousa/shougai/037/shiryo/__icsFiles/afieldfile/2017/02/17/1382338_06.pdf
2）OECD 教育革新センター編著（立田慶裕・平沢安政監訳）：学習の本質　研究の活用から実践へ，明石書店，2013，pp. 214-216

（2）電子黒板

電子黒板

　教育現場における ICT 環境の整備が進む中で，画像や動画をはじめとしたデジタルデータの取り扱いが容易な電子黒板の導入が著しい。電子黒板は，インタラクティブ・ホワイトボード（interactive whiteboard）とも呼ばれ，パソコンやタブレット端末のデータを映し，画面に考えを書き込むなどの機能を有する機器である。文部科学省「授業がもっとよくなる電子黒板活用」[1] によれば，現在，学校の教室等に配備されている電子黒板には，主に表に示すような種類の機器がある。

表　電子黒板の種類

種　類	特　徴
一体型電子黒板	デジタルテレビまたはモニターに電子黒板機能が付加された一体型のタイプ。
ボード型電子黒板	タッチ機能のついた専用ボードにプロジェクターから投影するタイプの電子黒板。専用ボードと超短焦点プロジェクターが一体となったタイプもある。
ユニット型電子黒板	①黒板，ホワイトボード等のスクリーンに専用のユニットを設置し，プロジェクターから投射するタイプ。②テレビモニターに専用のユニットを設置するタイプ。学校でもっているデジタルテレビを有効に活用することができる。

　こうした電子黒板の理科授業における問題解決の過程への活用について具体的に説明する。

予　想

　図1は，小学校第6学年「電気の働き」の単元において，電熱線の発熱は，その太さによって変わることについて，予想している場面である。ここでは，イメージ図を使って，電熱線が0.2mm と0.4mm の場合で，電気の量が異なることを示している。こうした予想は，当然ながらこの後，実験を行い，その結果と対応づけることによって修正される。その際，電子黒板では，こうした予想にかかわるイメージ図と実験結果，そして修正が反映されたイメージ図などを1つの画面で関連づけながら提示することが可能である。つまり，パソコンに接続された電子黒板では，学習履歴が保存されていることから，学習過程の振り返りを円滑にするため，子どもに問題解決の1つ1つのプロセスを実感させることが可能となるのであ

振り返り

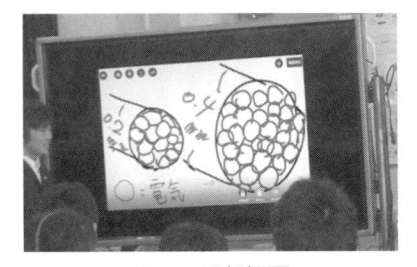

図1　予想場面

る。子どもの学習を促進させ，主体的な学びを充実させるために，電子黒板という ICT 機器が機能している事例である。

結果の共有

　図2，3は，小学校第5学年「植物の成長」の単元で，一体型電子黒板を使って，子どもが実験結果の共有をしている場面である。このように，植物の発芽の様子をデジタルカメラで撮影し，それを電子黒板で映しながら結果を書き込んで

説明することによって，図2では植物の発芽には空気が関係していることを，図3では水が関係していることを明確に伝えることが可能となっている。これは，電子黒板を活用することによって，「観察，実験の画像情報」に「言葉による書き込み情報」が統合されたことを意味する。つまり，「映像」と「言葉」という形式の異なる情報が，電子黒板を媒介として関連づけられることによって，子どもは植物の成長にかかわる条件をとらえやすくなり，結果の共有が進んだと考えられる。このような意味で，電子黒板は，情報の統合とその共有という点で，子どもの学習に対して有機的な機能を果たしていることになる。

図2　植物の発芽への空気の影響

図3　植物の発芽への水の影響

考　　察

　最後に，もう1つ電子黒板の活動事例を示す。図4は，小学校第5学年「天気の変化」の単元で，雲の量と天気の変化の関連について検討している場面である。ここでは，「どうして雨雲は黒くて大きいのか」という課題に対しての考察を，ある子どもが提示した考えをもとにして，クラス全体で議論を進めている。その際，前時までのチョークによる板書事項を電子黒板に画像で取り込み，そこに子どもの予想した図も重ねて関連づけることによって，クラス全体で対話的な学びを活性化させている。このように，電子黒板では，時間の経過によって蓄積された学習にかかわる様々な素材を，必要に応じて瞬時に呼び出し，そこに書き込みを加えながら関連づけることが可能である。

図4　考察場面

主体的・対話的で深い学び

　このように，電子黒板の活用を考えることは，単に技術革新によってチョーク黒板の代替を果たすことを意味するのではない。理科授業において，子どもが問題解決のプロセスをより一層，実感し，主体的・対話的で深い学びが実現するように，電子黒板に搭載されている様々な機能を有効活用すべきである。

〈引用文献〉
1）文部科学省：授業がもっとよくなる電子黒板活用，2015
　　http://jouhouka.mext.go.jp/school/denshi_kokuban_katsuyo/

（3）タブレット端末

タブレット端末

　近年，電子黒板に加え，タブレット端末の普及が進んでおり，1人1台の所有を目指した動きも加速している。技術の進展が日進月歩であり，タブレット端末の機能は一層充実していくことになるため，この導入が理科授業に及ぼす影響は計り知れない。表は，近未来の予想も含めるが，タブレット端末の導入がもたらす理科授業の変革について整理したものである。

表　タブレット端末の導入がもたらす理科授業の変革

項　　目	内　　容
（1）教科書準拠教材としてのデジタル教科書の普及	紙面上では不可能であった写真や図の拡大，動画の再生などが可能となり，例えば，観察，実験の様子などもタブレット上で確認できる。加えて，関連するデジタル教材の導入により，教科書の内容を補完することも容易となる。
（2）調べ学習の促進	タブレット端末に電子辞書や電子書籍機能などを導入し，また，セキュリティ機能の高度化によるインターネット環境の導入によって，情報検索を容易とし，調べ学習を促進させる。
（3）電子ノートの普及	電子ノートの導入により，観察，実験の記録を画像データ等で取り込んでノートに貼りつけ，結果の書き込みなども同じノートに関連づけて保存することができる。学習履歴のデジタル化によって，振り返りや情報の関連づけを容易とする。
（4）プログラミング教育との連携	2017年3月に公示された学習指導要領では，「プログラミングを体験しながら，コンピュータに意図した処理を行わせるために必要な論理的思考力を身に付ける学習活動」の実施を明記している。こうした活動を，プログラミングソフトを導入したタブレット端末を活用し，理科授業において実践していく必要が生じる。
（5）教育用コンテンツ配信サービスなどのコンテンツの普及	教育関連企業などが，教育用コンテンツの配信を拡充することによって，タブレット端末を利用した個別学習が推進される。
（6）電子黒板等のICT機器との連携による協働学習の推進	教室に無線LAN等を配備することによって，電子黒板とタブレット端末との連携が確立できる。これによって，予想や実験結果の共有を進めたり，結果の考察などを協働的に進めたりしやすくなる。

　表に関して，例えば，プログラミング教育との連携の事例にかかわるタブレット端末の活用事例を示す。図1，2は小学校第4学年「金属の温まり方」の単元において，タブレット端末に導入されたソフトウエアを利用し，金属の温まり方についての予想を立てている場面である。子どもは，金属がどのように温まるかについて，自己の動的イメージについてプログラミングを通じて表現している。

予　　想

プログラミング的思考

　プログラミング的思考を働かせる際には，素材の動きの順番性や論理を明瞭にする必要がある。そのため，子どもは時間軸を意識しながら動的なイメージを作成することになる。理科授業では，時間を変数として取り扱う場面が多いが，タブレット端末の導入によるプログラミングを通じて，変数に対する意識の向上や関係性を見いだす過程をじっくりと体感できる。当然であるが，こうして作成された素材は，実験結果との対応を通じて，修正や更新がなされる。

　このように一連の問題解決の過程について，電子ノートへ保存するなどして学習を履歴化することで，学習活動全体の振り返りを促し，主体的な学びを活性化させると考えられる。

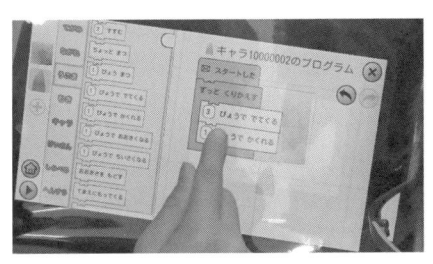
図1　プログラミング場面

図2　プログラミング結果の表示

連携機能

　次に，電子黒板等の ICT 機器との連携による協働学習の推進に関する事例を示す。図3は，小学校第6学年「電気の働き」の単元において，電熱線の発熱が，その太さによって変わることを予想し，タブレット端末で電熱線のイメージ図を表現している場面である。図4は，そのイメージ図を電子黒板へ転送し，教室全体に説明している場面である。

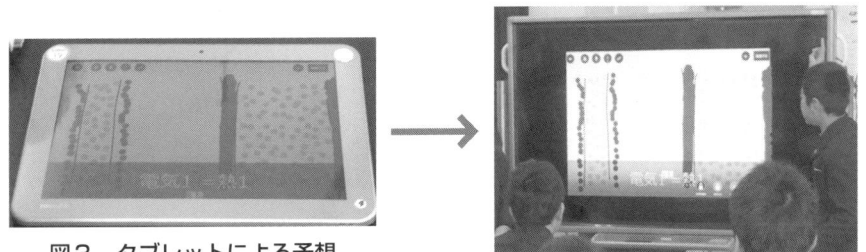
図3　タブレットによる予想

図4　電子黒板による共有

　電子黒板とタブレット端末の連携機能を活用することで，教師は，こうした予想を立てる場面や結果の考察を進める場面において，電子黒板上で子どもの考えを集約，整理しやすくなり，考えの共通点や矛盾点などを見いだしやすくなる。

　また，電子黒板上の情報を再度，タブレット端末に送信して再考させることによって知識の再構築を促すことができる。そして，再考された表現を改めて電子黒板上に送信させて集約し，矛盾点の解決を進めながら結論を導出することが可能となる。

　こうした対話的な学びは，これまで小型のホワイトボードなどを使用して行われることが多かった。しかし，こうした過程への電子黒板とタブレット端末の導入は，即時的な情報の呼び出しと保存，情報の追加と統合などの面で優れているといえる。

（4）ICT を活用した教材教具

　ICT（information and communication technology，情報通信技術）の発展は目覚ましいものがある。例えば，昨今では，通信機能を有するゲーム機のみならず，デジタルカメラや，ウェブ環境下で用いられるパーソナルコンピュータ（PC），タブレット端末，スマートフォン等，子どもが多くの情報をやり取りすることのできる電子機器（ICT 機器）を実際に手にして利活用する場面が増えてきている。

　学校での ICT 活用については，小学校学習指導要領解説に明記されているだけでなく，文部科学省の「教育の情報化に関する手引き」[1] や「教育の情報化ビジョン」においても，「ICT 活用が教員の指導力に組み込まれることによって児童生徒の学力向上につながる」として，学習内容の理解を促進するためのツールとして活用が期待されている。

図1　教育の情報化に関する手引きでの ICT 活用イメージ[1]

　そこで，まずは，学校で活用可能な ICT 機器について紹介する。

情報入力のための機器

　理科授業において自然からの情報を取り入れるための ICT 機器としては，まずは，デジタルカメラやデジタルビデオカメラを活用する場面も多くある。デジタルカメラは草花や岩石等の静止している物体の静止画を，デジタルビデオカメラは流水の様子等の実験室では再現が難しい連続的な自然現象の変化の様子を動画として記録し，理科授業における教材として活用する際に役立つ。

　そして，デジタルカメラを用いて子どものノートやワークシートにある考えや意見の即時的な記録をしたり，デジタルビデオカメラを用いて授業における子ども同士の話し合い（議論）を記録したりすることで，子どもの学習場面の考え等を，その後の授業に生かすことも可能にする。また，最近では，カメラとビデオの両方の特性を併せもち，かつ，PC での画像や映像の編集等が可能なタブレット端末や，スマートフォンを活用した授業も増えてきている。タブレット端末やスマートフォンの携帯性や操作性のよさから，新たな授業での活用場面や活用法の創出が期待されている。

　その他にも，イメージスキャナーや書画カメラ（教材提示装置）からも情報を取り入れ，理科の教材や教具として活用することも多くなってきている。イメージスキャナーは，図鑑や資料集等の印刷物や写真を画像として取り込む ICT 機器で，PC と連携させることで資料やワークシート等の教材を作成したり，授業後に子どものノートやワークシートを読み取ったりすることで，学習の履歴を保存することに役立つ。

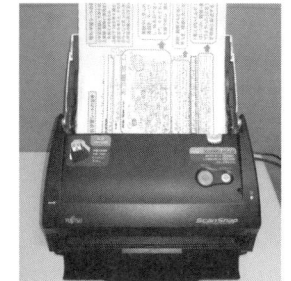

図2　イメージスキャナー

　そして，書画カメラは，テレビやプロジェクターと接続することで実物をそのまま投影することが可能なので，校内観察で採取した草花等を学級全体で観察の視点を共有しながら観察したり，また，授業中の子どものノートやワークシート

にある考えや意見を即時的に見せたりすることで，子どもの学習活動における意見交換の際の情報源として役立たせることも可能となる（書画カメラにも画像を記録メディアに保存できるものがある）。

情報出力のための機器

理科授業において取り入れた情報を出力するための ICT 機器としては，テレビ（プラズマディスプレイ），プロジェクター等がある。これらのテレビ（プラズマディスプレイ）やプロジェクターについては，日常における使用と大きな違いはないので，その活用方法に関する詳細な説明の必要はないと考えられるが，現在の学校現場では，PC の外部出力用に設けられている HDMI 端子や RGB 端子を介して PC に取り込まれた，静止画・動画・プレゼンテーションスライド等を表示するための PC の外部ディスプレイの１つとして，これらの機器が活用されている。

また，タブレット端末や電子黒板（電子ボード）も学校現場への導入が進んでいる ICT 機器の１つである。プロジェクターや PC（あるいは，タブレット端末等）を接続して授業前に取り入れた情報を出力しながら，新たに電子黒板に文字を記入したり描画したりすることができることが利点の１つだが，現状では従来からある黒板との

図3　ICT を活用した子どもの考えの共有場面

併用により，より多く効果をもたらす教具として活用が期待されている。

これらの情報を出力するための機器の活用は，予想・考察場面での子どもの考えや観察・実験結果の学級全体での情報共有に役立つ。

録画・再生機器

従来からあるビデオ等の視聴覚機器も ICT 機器としての役割を担っている。これらの機器は HDD・BD レコーダー等の録画・再生機器と DVD・BD プレーヤーの再生機器に大別することができるが，学校現場では，動画の再生機器が PC やタブレット端末に変わりつつある。テレビ放送や視聴覚教材には，理科学習の導入場面に適する興味深い内容や理解に役立つ内容のものも多く，適宜，編集することで見せたい内容を決まった時間だけ見せる教材づくりも可能となる。

さらに，情報入力機器と連携することで，作成した魅力的な教材を保存しておくことや，子どもの学習活動の履歴を改めて振り返ることにも役立つ。

情報処理機器

ICT 機器の教材・教具としての活用に際して，その連携の中核をなすのが PC やタブレット端末であることはいうまでもない。PC やタブレット端末は，教材の作成のための情報入出力機器としてだけでなく，PC を使用せずに学校教育現場における教育活動を遂行するのは難しくなっているといえるほど，情報処理機器としての役割も大きくなっている。教材研究（教材作成）の際には，PC を必ず活用しなければならないわけではないが，早い段階から将来を見据えて，ワープロソフト，表計算ソフト，プレゼンテーションソフト等の使用に慣れておいたほうがよい。

〈引用文献〉

1）文部科学省：教育の情報化に関する手引き，開隆堂出版，2010，p.48

（5）授業におけるコミュニケーション促進ツールとしての ICT

**理科授業における
コミュニケーショ
ン活動**

理科授業において，子どもと教師や子ども同士のコミュニケーション活動は，発問とその返答，板書による発言内容の共有，小集団における話し合いや学級における話し合い等の学習活動を通じて行われている。

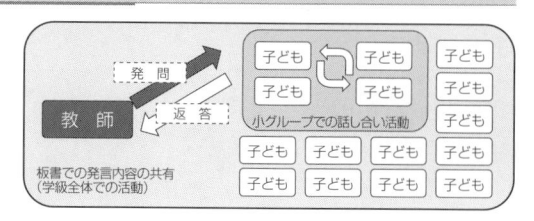

図1　学習場面における学級でのコミュニケーション

しかし，これらの理科授業場面における学習活動は，子どもの様々な考えに対する臨機応変な対応の難しさや時間的な制約等もあり，授業を実践する教師自らが満足するレベルで行われてきたとは必ずしもいい難いのが現状であり，理科授業場面でのあり方の改善を図るべきことの1つでもある。実際に，子どもの考えを，ノートやワークシートに書くことや発言させるなどして表出させる時間が確保できたとしても，教師自身がそれらの子どもの考えを集約し把握する時間や，学習が行われている学級全体で議論するための前提となる情報を共有する時間の確保には，相当の工夫が必要となる。このような時間の確保は，授業があらかじめ想起されたように展開するのではなく，子どもの興味や関心に従い，理科授業における展開が変化することからも，難しいことが容易に理解できる。

**ICT 機器の活用に
よるコミュニケー
ション活動の促進**

そこで，ここでは上記のような理科授業における課題を改善していくための方法の1つとして，授業におけるコミュニケーション促進ツールとしての ICT 活用の可能性について考えていきたい。

理科授業での学習場面においては，本時の学習問題（学習課題）についての子どもの理解を促進するために，従前では，あらかじめ用意された模式図等の教材を板書や模造紙等に書き（描き），子どもに提示されることが多くあった。

そのために，教材研究の段階で，板書する際の時間を考慮したり，模造紙等による教材を作成したりするための時間も，教師の教材研究の1つとしてとらえられてきた。さらに授業場面において，提示された模式図に理解を促すための注釈や，子どもの意見・考え等を書き入れることも想定しているのであれば，それらの活動に応じた時間も必要となる。

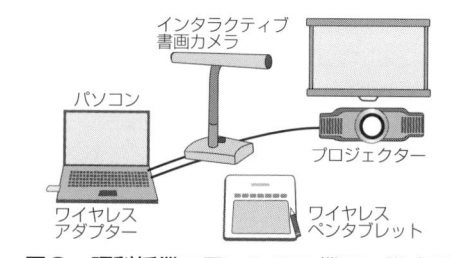

図2　理科授業で用いる ICT 機器の構成例

図2のような構成例で ICT 機器を活用した場合，あらかじめ用意した画像等を電子黒板（スクリーン，ホワイトボード）やテレビモニター画面に瞬時に映し出すことができる。

図3　ICT 機器を用いた子どもの考えの提示例

　また，その画像を利用し，子どもが必要と考える情報を子ども自らの文字や絵で付け足してつくり上げた，学級独自の模式図を書画カメラ，デジタルカメラやプレゼンテーション機器を用いて記録することも可能である。そして，学級全体でつくりあげた模式図等を後で配布することを伝えておけば，子どもは板書を書き写すことよりも，模式図づくりのための議論へ積極的に参加することも期待できる。

ICT機器の活用による子どもの考えの共有

　また，教材提示の場面だけでなく，観察・実験を通して得た結果や自分なりに導いた考え（意見）の共有場面においてもICT機器の活用に可能性が見いだせる。これまでにも，子どもの考えを重視した授業は数多く展開されてきた。しかし，子どもが書いた文字や図や絵で表現したとおりに，その考えを学級全体に提示することは即時的には難しく，また，小集団での話し合いの結果（班での考え等）をまとめたものも，すべての考えが提示できるように，文章表現での提示を子どもに促す場面が多くあった。

　自然事象への子どもの考えやイメージ等は文章（言葉）ももちろんだが，描画した絵図（モデル図・イメージ図）の中にもあり，そこに表現された考えをそのまま見ることで初めて子どもの考えを基にしたコミュニケーション活動が活発なものとなる。よって，上述の方法と同様に，ICT機器を利用して子どもの考えが書き込まれたノート等を拡大して提示し，子どもの考えを共有することは，学習課題への理解の可能性を広げる。また，議論の途中で，簡単に以前の考えを思い起こすことができることも，ICT活用の利点であるといえる。

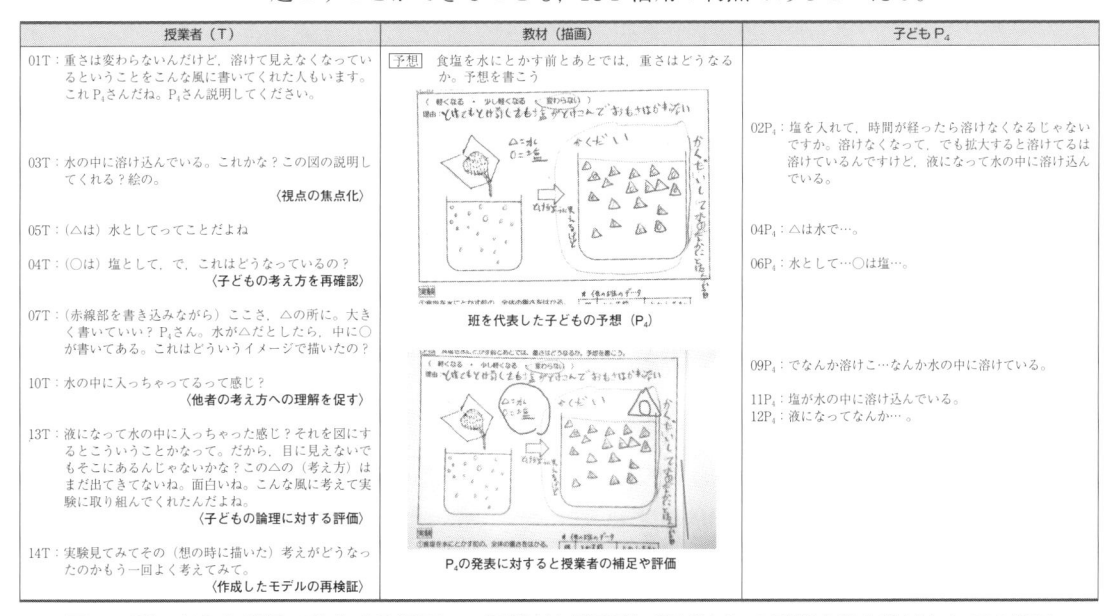

図4　班の考えを学級で共有する場面での授業者と発表者（子ども）の発話内容と教材としての描画

（佐藤寛之・小野瀬倫也・村澤千晴：理科学習での情報を結合するための比喩的表現に関する考察—小学校理科『もののとけ方』での子どもの理解—，佐賀大学教育実践研究，30，2014，pp. 7-16）

（6）子どもの学習履歴記録としての ICT 活用

ICT 活用の利点

　ICT 活用の利点の１つに，学習活動の記録を様々なメディアに保存し，必要なときに再度提示することが比較的容易であることが挙げられる。もちろん，従来どおり，ワークシート，ノートや模造紙等の紙媒体を中心に学習活動の記録を履歴として残しておくことは，ある意味，一番簡便な方法であるといえる。一方で，ICT 機器を利用することにより，単に個人の学習活動の履歴（記録）を残すだけではなく，それらを生かした新たな学習活動を導き出すことができ，最近では，ICT を活用して学習活動の履歴（記録）を残すことも増えつつある。

学習活動の履歴を保存するための ICT 機器

　子どもの学習活動の記録を履歴として保存する場合に最も利用しやすい ICT 機器として，書画カメラ（教材提示装置）やイメージスキャナーを挙げることができる。現在市販され，学校でも活用されてきている多くの書画カメラやイメージスキャナーでは，取り込んだ画像を写真のような JPEG 等の画像圧縮形式で保存するものばかりではなく，より高圧縮・高品位でどのパソコン（PC）やタブレット端末，スマートフォンでも閲覧することが可能な PDF ファイルに変換して保存できる（PDF ファイルでは，パスワードを設定することで，個人情報保護に関するセキュリティ面も，ある程度までは強化できる）。

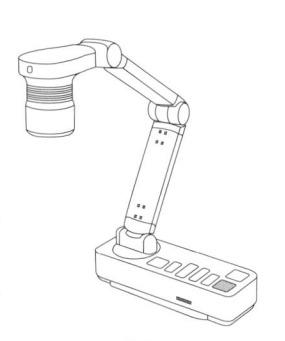

図１　書画カメラ

　さらに，原稿自動送り装置（ADF）のついたスキャナーやスキャナー機能を搭載したコピー機を使用すれば，学級全員のワークシートを数分で読み取ることも可能である（ただし，読み取りの際の画質や圧縮度の指定により，読み取りのための時間は変化する）。このようなスキャナーを PC やネットワーク HDD（NAS：network attached storage，ネットワーク（LAN）上に接続することができるハードディスクのこと）等の記録装置やプロジェクターと接続すれば，授業時間内にワークシート等にある学習

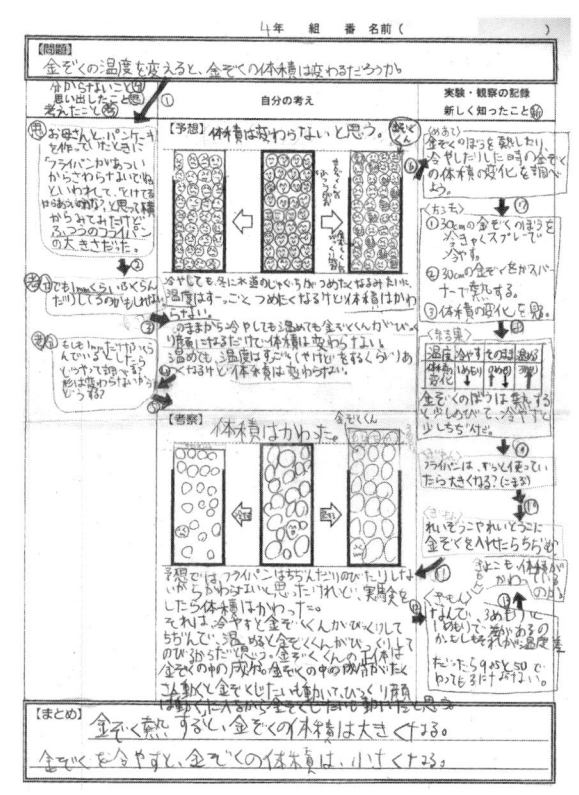

図２　スキャナーで取り込んだワークシート

活動の記録を読み取り，その後の授業で活用することも可能である（ノート等の
冊子状のものに学習活動を記録する場合でも，書画カメラや冊子のままスキャンできる
スキャナー等を使用すれば，上記のような活用は可能である。授業終了後にワークシー
トやノートを回収し返却する必要が少なくなるが，子どもがワークシートやノートに記
述する時間は十分に確保することも大切である）。

　また，これまでは個人用のファイルを学級の子どもの数だけ用意し，ファイリ
ングするなどして，学習活動の履歴を保存することも多くの学校現場でなされて
きた。これらの各個人の学習活動の履歴を保存し整理することが必要な場面で
も，ICT を活用することで効率よく整理が可能となる。そして，それらの記録
を保存したメディアとメディアを読み取ることのできる PC やタブレット端末等
の ICT 機器さえあれば，子どもの学習活動とその成果をいつでも見る（把握す
る）ことができる。保存するファイルに少しの工夫を施せば（個人フォルダーを
作成し，単元・日付別ファイルを保管する，検索可能なファイルを作成する，など），
見たい子どもの記録へすぐにアクセスできるので，子どもの学習活動に関する
様々な情報の把握（評価）にも ICT の活用は役立つ。

学習のまとめでの ICT 活用

　そして，個人の学習活動の履歴を保存という観点からだけでなく，前項で述べ
た活用例のように，子ども自らの文字や絵でつけ足してつくりあげた学級独自の
図表なども学習活動の履歴を残していくことが可能なので，「学習のまとめ」と
しての掲示物づくりにも ICT 活用の効果を発揮することができる。もちろん，
実際に子どもが PC を使用して作成してもよいが，仮に PC で作成しなくても，
学級全体でつくりあげた図表を印刷物として配布したり，実験や観察の様子や結
果等の画像を写真や印刷物として配布したりすることだけで，作業の効率は格段
に向上する。

ICT 活用での留意点

　前項（（5）授業におけるコミュニケーション促進ツールとしての ICT）や本項
で述べてきた理科授業場面における ICT 活用の可能性からも明らかなように，
ICT 機器の利用は，ティーチングマシンとして単に教師の活動の代わりを目指
したものではなく，教師と子どもとの間で築いていく学習活動を補完するものに
他ならない。つまり，これまでに使用してきた教材や教具から，すぐに置き換わ
るものであるとは考え難い。教師が子どもの理解を促進するために，必要に応じ
て最適な教材や教具を選択するのは今までと同様ではあるが，これまでの学習活
動における課題（時間的な制約や，子どもの表現をそのまま生かすことが難しい）を
克服する可能性を ICT 活用は秘めている。

　そして，小学校理科における学習活動の内容面に鑑みても，今後の授業におけ
るさらなる活用が期待されている。

〈参考文献〉
・文部科学省：教育の情報化に関する手引き，開隆堂出版，2010

（7）メディアミックスの活用

メディアミックスとは

　今後の ICT 機器の利用の考え方の 1 つとして，メディアミックス的な視点による活用を考えていきたい。メディアミックスとは，本来，広告効果が上がるように複数の広告媒体の最適な組み合わせをつくる広告戦略を意味し，様々な長所と欠点をもつ各メディアを戦略的に組み合わせることで，商品販売などで最適かつ相乗的な効果を出すことを目的として用いられている広告の手法のことである。

　これを理科教育に転用しようと考えるのであれば，媒体（メディア）は自然事象，観察や実験により得られた具体物や結果（データ），映像（写真）や模型，抽象的なイメージやモデル，資料（図書，聞き取り調査），他者（教師，子ども）となるであろう。実際の授業場面においても，子どもは複数の媒体を自分なりの考えの筋道が通るように組み合わせながら問題を解決しており，また教師も，多角的な媒体（メディア）を組み合わせて，理解を深化・拡大させようと試みている点で，考え方が似ている。

メディアミックス的な視点からのICT 活用例

　このメディアミックス的な視点で ICT を活用した例に，森山らの横浜市の研究グループの報告がある。この研究グループに所属していた八嶋は，理科授業での ICT 活用場面について，以下のように報告している[1]。

表1　理科授業での ICT の活用場面

活用場面	ICT 活用の具体例
①情報の収集	直接体験ができないことや実物を見ることができないとき，インターネットでの情報収集は大きな助けとなる。また，専門的な情報やリアルタイムの映像を取り寄せたいときも心強い手だてとなる。
②データの保存	観察記録や実験データ，写真だけでなく，実験の様子のビデオなどもデジタル化して保存しておくことによって，後で繰り返し比較したり検証したりできる。また，学級内の情報の共有化に生かすことができる。
③データの加工	実験のデータをまとめるとき，グラフ化するとき，モデル化するとき ICT の活用は大きな力を発揮する。
④観察・実験の検証（情報の再現）	実験を撮影して，検討の場で再検証したり予想を証明するときにビデオやインターネットを活用する。新たな視点で実験の再検証することができる。また，リアルタイムの映像を取り寄せて予想の検証ができる。
⑤情報の発信	学習のまとめとしてのプレゼンテーションツールとしてだけでなく，予想や検証の中で情報や考えを共有するための意図的なプレゼンテーションに用いる。

　表1のように，小学校における理科学習で ICT の活用場面を設定し，メディアミックス的に活用することで，子どもの学習活動の広がりが期待できる。

子どものアクティブな学習を支援するためのICT 活用

　さらに，「学習を深めていく過程で，子どもが相互に情報を交換したり，説明したりする手段」として ICT を活用することが求められている現在では，サンゾ（Sanzo,K.L.）らの所論を基にして森本が提言している「アクティブな理科の学習状況」に，具体的な「ICT 機器の活用場面」を組み入れてみることで，子どもの理科学習の支援に寄与する ICT 活用のあり方の一端も見えてくる[2]。

表2　子どもがアクティブに学習している状況と ICT 機器の活用場面

	アクティブな学習状況 （サンゾら）	アクティブな理科の学習状況 （森本）	ICT 機器の 活用場面
見通しをもって計画的に学習する	・今何を学習しているのかを説明できる。	・予想，観察，実験，結果のまとめ，考察等，問題解決のどの活動をしているのかを説明できる。	・活動内容についてICT 機器を用いて説明する。
	・学習を進める手順を説明できる。	・ノートやワークシートの記録から，現在の学習の状況を説明できる。 ・予想→観察，実験計画，結果→考察等活動の関係性から活動の手順を説明できる。	・自分の考えや学んできたことを，ICT 機器を用いて提示し，説明する。
協働的に学習をする	・学習を進める上で困っていることを解決するために他者から情報を得ようとする。	・観察，実験の実施，結果の解釈，考察等を行うために，話し合いによりクラスの仲間や教師から情報を収集する。	・様々な情報を協働的に収集する（情報を交換する）ために，ICT 機器を用いる。
学習の成果を適切に表現できる	・学習の進み具合を具体的な方法を示しながら説明できる。	・結果を表やグラフでまとめる，学習の成果を描画，概念地図，言葉等により示すことができる。	・観察・実験結果を，ICT 機器を用いて共有する。 ・ICT 機器を用いて学習の成果を記録・保存する。
	・学習全体を振り返り，説明することができる。	・ノートやワークシートの記録から，科学概念を理解するために必要とされた活動を説明することができる。例えば，予想（見通し）→観察，実験の計画・実施の計画・実施・結果の整理→考察の過程を説明できる。	・ICT 機器を用いて収集した情報（観察，実験結果・他者の考え）や学習の成果を共有し，合意形成を図る。

　表2のように，子どものアクティブな理科学習を支援するためには，子ども自身が見通しを立て計画的に学習する場面で，活動内容や学んできたことを説明できることや，協働的に取り組む問題解決の場面で他者（教師・子ども）と協力・協働して情報を収集することができるように ICT 環境を整備する必要がある。学習成果の共有場面で，子ども自身や他者（教師・子ども）の考えを解釈・吟味できるような ICT 活用環境の構築も，今後の理科学習では必要とされてくることが考えられる。

**ICT 活用における
コンテンツの取捨
選択**

　メディアミックス的な ICT 活用を考える際には，学習内容や学習問題に応じて，ICT 機器の活用だけでなく，様々なコンテンツの中から必要なものを取捨選択して利用することをあらかじめ考慮することも重要となる。つまり，子どもが受容すべき情報をどのように提供するのかに関する教材研究を行わなければ，ICT 活用の長所が生かしきれなくなってしまう。そして，教材研究の際には，学習材（教材）として用いる各媒体（メディア）の長所と欠点も，あらかじめ，教師としては理解しておかなければならない。よって，教師のメディアリテラシーの伸長も不可欠となる。

　ICT 活用においても，現実の世界にある自然現象や具体物についての理解を促すような授業をデザインしなければ，ICT 機器の操作に対する喜びや楽しさだけが増し，理科学習の本質的な意味合いを失う危険性もそこには隠れている。

〈引用文献〉

1）八嶋真理子：理科では ICT をどのように活用するのか～子どもの科学概念の構成に位置づけて～，理科の教育　2007年12月号，2007，pp. 12-14
2）佐藤寛之：ICT の活用によるアクティブに理科を学習する子どもへの支援，アクティブに学ぶ子どもの育む理科授業（森本信也ら），学校図書，2017，pp. 131-164

5 年間指導計画の作成と授業の準備

5.1 栽培カレンダーの作成

年間指導計画作成のための様式例（栽培カレンダー）を以下に示す。次頁にはその記入例を示した。

学年	植物名	4月	5月	6月	7月	8月	9月	10月	11月	12月	1月	2月	3月
第3学年	ホウセンカ												
	ヒマワリ												
	キャベツ												
	オシロイバナ												
第4学年	ツルレイシ												
	ヘチマ												
	ヒョウタン												
	オジギソウ												
第5学年	インゲンマメ												
	トウモロコシ												
	ウキクサ												
	アサガオ												
第6学年	ジャガイモ												
	インゲンマメ												
	ホウセンカ												

記入例, 凡例

凡例
土づくり
ポットまき
水で栽培
種とり
種まき・植いも植え
移植
開花

栽培カレンダーの記入例

学年	植物名	4月	5月	6月	7月	8月	9月	10月	11月	12月	1月	2月	3月
第3学年	ホウセンカ												
	ヒマワリ												
	キャベツ												
第4学年	オシロイバナ												
	ツルレイシ												
	ヘチマ												
	ヒョウタン												
	オジギソウ												
第5学年	インゲンマメ												
	トウモロコシ												
	ウキクサ												
第6学年	アサガオ												
	ジャガイモ												
	インゲンマメ												
	ホウセンカ												

栽培カレンダーの記入例を上に示した。これは、あくまでも例であるため、地域の気候に合わせて、植える時期や植物の調整を行うようにするとよい。

第3学年のキャベツは、キャベツそのものの学習ではなく、モンシロチョウがえるように卵を産み、卵を育てることで「昆虫の成長と体のつくり」の学習が行えるようになるのである。第6学年のジャガイモは、「植物の養分と水の通り道」で、主にでんぷんのできを学習するために準備する。よって、この2つは種や種イモを植えるという段階よりも、葉が茂った状態であることが重要である。

第5学年のインゲンマメは、種子の中の養分、発芽や成長の条件を調べる教材として扱うため、どのようにして種を植えるのかから、子どもが思考することが望まれる。また、結果を的確に記録することが必要があるため、カップなどのもち運びしやすい物に入れて観察することが望ましい。第3学年の植物については、種から育てる際に植木鉢等に植えて観察しやすくするという方法をとることも多いが、同時に花壇にも植え、大きく育てるとよい。植え替えをするという方法もよいが、たいていの場合、植え替えの際に根が傷んでしまい大きく育たない。草丈の伸びが大きくてわかりやすいといった状況をつくるためには、花壇に植えておくことが望ましい。第4学年の学習では、植物の成長と気温との関係を学ぶことから、冬に植物が種を残して枯れていく様子まで観察する。そのためには、性の植物を1年中観察できる場所を選ぶ必要となる。

地域に合わせて

学習に合わせて

5.2 授業の準備

内容の系統

　学習指導要領の解説には，学習する内容が，4つの柱に整理された。ここで
は，それぞれの柱ごとにどのような授業準備が必要となるかについて述べる。

	エネルギー	粒　子	生　命	地　球
第3学年	風とゴムの力の働き 光と音の性質 磁石の性質 電気の通り道	物と重さ	身の回りの生物	太陽と地面の様子
第4学年	電流の働き	空気と水の性質 金属，水，空気と 温度	人の体のつくりと 運動 季節と生物	雨水の行方と地面 の様子 天気の様子 月と星
第5学年	振り子の運動 電流がつくる磁力	物の溶け方	植物の発芽，成長， 結実 動物の誕生	流れる水の働きと 土地の変化 天気の変化
第6学年	てこの規則性 電気の利用	燃焼の仕組み 水溶液の性質	人の体のつくりと 働き 植物の養分と水の 通り道 生物と環境	土地のつくりと変 化 月と太陽

**エネルギー概念に
ついて**

　エネルギーを柱とした内容の構成で，特徴的なのは，すべての学年に電気の
学習が入っていることである。電池ボックス，わに口クリップ付き導線など共
通するものもあるものの，使用する教材は一様ではない。例えば，内容に合わせ
て電源は，乾電池が使用されたり，電源装置が使用されたりする。また，第6学
年「電気の利用」では，光電池，手回し発電機などが電源として使用される。第
4学年では，電流の向きや大きさを調べるために，モーターを使用することが多
い。学習内容に合わせて，子どもが理解を深めるためには，どのような教材が必
要かを吟味し，準備する必要がある。さらに，電流の大きさを数値化できる検流
計は，第4学年から第6学年まで使用する可能性があるため，教材を確保できる
ようにしたい。

　第3学年「光と音の性質」，第6学年「電気の利用」では，日光を使用するた
めに，雨や曇りの少ない時期に計画するのがよい。また，第3学年「風とゴムの
力の働き」では，風やゴムで動く車の走る様子を比較する活動が行われることが
多い。その場合，風に影響されにくい体育館のような場所が好ましい。体育等，
他教科の学習と調整しながら計画をすることが必要である。第6学年「てこの規
則性」でも大型のてこを利用する場合には，活動場所の確保，安全性を考慮した
教材の選定が重要である。

粒子概念について

　粒子を柱とする内容では，第4学年から火器，第5学年から薬品を使用するた
め，実験室を使用する。実験室で実験を安全に行うためには，どのようなことに
気をつけなければならないのかなどのルール確認や火器を扱うときの服装，姿
勢，マッチや電子ライター等の本数の確認，薬品を扱うときの保護めがねの使用

など，あらかじめ共通確認することが重要になる。また，塩酸などの薬品については，常に薬品管理簿で現在量を確認して，実験をする際や予備実験を行う際に使用した量の確認を徹底する必要がある。ビーカー等のガラス器具については，その単元が始まる前に，適度な大きさや個数の確認をする必要がある。割れていない物でもひびなどが入り，熱すると破損する場合もあるため，点検を怠らないようにしたい。第3学年から第6学年まで，粒子の保存性や粒子の存在を実証するために重さを測る器具を使用する。また，金属，水，空気と温度では温度に伴う変化をとらえる。特に，使用頻度が高い温度計や電子てんびんは，学習前に正しい値が示されるかの点検を行う必要がある。

生命概念について

　生命を柱とする内容では，季節により変化する動植物の様子を観察する機会が多い。そのため，前項に示した栽培カレンダーを作成し，意図的・計画的に植物を育てることが望まれる。その植物がどのような目的で使用されるのかを考えて準備を進めることが大切である。また，動物（昆虫など）の観察を行うには，学校や地域のどのような場所に昆虫等の動物が生息しているのかを調べておくことが望ましい。また，ハチなどの危険な生物，毒をもった植物など，観察場所の安全を確認することも必要である。

　第5学年「動物の誕生」では，メダカを飼育することが多い。どのような場所で飼育するとよいかと同時に，日照時間や気温との関連を考慮し，卵をできるだけ多く産卵するような環境を準備し学習を行うようにするとよい。

　生命の学習では，顕微鏡を使用する。単元が始まる前に，顕微鏡の台数の確保やレンズやライト，反射鏡等の点検を行っておく。

地球概念について

　地球を柱とする内容では，地層が見える露頭や太陽や月の動きなど，実物を見て感じた疑問をもとに，モデル実験を通して解決していくような授業が行われる。そのため，実物をどのような場所や時期に観察するのかを計画しておくことは重要である。第4学年「雨水の行方と地面の様子」では校庭などの高低差のある広い場所が，第5学年「流れる水の働きと土地の変化」では近くを流れる川，第6学年「土地のつくりと変化」では地層が観察できる場所があると，子どもは実物を通して学習を行うことができる。近隣の地域に安全に観察できる場所があれば，確認しておくことが望ましい。そのような場所がなければ，学校の地面の下を調べたボーリング試料や映像等の資料を通して学べるよう，準備を行っておく。また，「流れる水の働きと土地の変化」では，モデル実験として築山に水を流すこともある。築山を作る際には，土に加え少量の砂を加えると，水の流れた跡がよく見える。第6学年「月と太陽」では月の位置や形の変化を学習する。どのような時期に観察ができるかを月の満ち欠けを示したカレンダーなどで確認し，授業を行う時期の調整をする必要がある。

身辺材料の準備

　4つの柱にかかわらず，子ども自身が実験を計画したり，ものづくりを行ったりする際には，割り箸やストロー，輪ゴム，紙コップ，たこ糸，針金，ペットボトル，工作用紙などを必要とすることが多い。実験室に準備しておき，必要に応じて使用できるようにしておくとよい。

6.1　学習指導要領の分析に基づく単元計画の検討

（1）学習指導要領の分析について

4つの領域

　学習指導要領の分析にあたってはじめに行うことは，各単元の内容の把握と前後の学年との系統性や連続性の確認である。学習指導要領では，A（物質・エネルギー），B（生命・地球）という区分の整理に加え，知識および技能の確実な定着を図る観点から，小中高を通した内容の構造化を行うため4つの領域（エネルギー，粒子，生命，地球）が構成された。また，2017年改訂の学習指導要領では，資質・能力をより具体的に示し，その資質・能力を育成する過程で，子どもが働かせる物事をとらえる視点や考え方を「見方・考え方」として示した。

**理科の見方・
考え方**

　自然の事物を子どもがどのような視点でとらえるかという「見方」については，それぞれの領域ごとに整理が行われた。一方，「考え方」については，問題解決の過程で大切にされてきたことを基に学年ごとに整理された。「理科の見方・考え方」については，以下の表のような整理がなされた。

「理科の見方」

エネルギー	粒　子	生　命	地　球
主として量的・関係的な視点	主として質的・実体的な視点	主として共通性・多様性の視点	主として時間的・空間的な視点

「理科の考え方」

第3学年	第4学年	第5学年	第6学年
比較する	関係づける	条件を制御する	多面的に考える

　子どもが自ら意識的に「理科の見方・考え方」を働かせながら，繰り返し自然事象とかかわる中で，「理科の見方・考え方」は豊かで確かなものになっていき，それに伴い育成を目指す，資質・能力がさらに伸ばされると説明されている。ここからも，単元を構成する際には，「理科の見方・考え方」が働くように場を設定することが望まれる。学習指導要領にも示されているように，「理科の見方・考え方」は，「知識・技能」や「思考力，判断力，表現力等」の資質・能力とは異なるということに留意をする必要がある。

資料：小学校学習指導要領解説理科編（2017年6月）第5学年の内容の抜粋

（3）　電流がつくる磁力

　　電流がつくる磁力について，電流の大きさや向き，コイルの巻数などに着目して，それらの条件を制御しながら調べる活動を通して，次の事項を身に付けることができるよう指導する。（下線は説明上の加筆）

ア　次のことを理解するとともに，観察，実験などに関する技能を身に付けること。

　(ｱ)　電流の流れているコイルは，鉄心を磁化する働きがあり，電流の向きが変わると，電磁石の極も変わること。

　(ｲ)　電磁石の強さは，電流の大きさや導線の巻数によって変わること。

> イ　電流がつくる磁力について追究する中で，電流がつくる磁力の強さに関係する
> 　条件についての予想や仮説を基に，解決の方法を発想し，表現すること。

　本内容は，第4学年「A⑶電流の働き」の学習を踏まえて，「エネルギー」についての基本的な概念等を柱とした内容のうちの「エネルギーの変換と保存」に関わるものであり，第6学年「A⑷電気の利用」の学習につながるものである。

　ここでは，児童が，電流の大きさや向き，コイルの巻数などに着目して，これ……（後略）……。

系統について　　上記資料は，第5学年「A　物質・エネルギー」領域における「⑶電流がつくる磁力」の抜粋である。枠で囲まれた部分が学習する内容，枠外の部分が解説部分である。抜粋した解説部分には，この学習内容が「エネルギー」を概念とした柱に位置すること，同様の内容から第4学年と第6学年の学習の間に位置し，それを踏まえて単元計画をすべきことがわかる。

知識・技能　　枠内に記されたアには，育成する資質・能力の「知識・技能」が書かれている。(ア)(イ)には，育成すべき知識が書かれ，その知識を理解する過程での実験や観察で適切な器具の操作や結果の記録等の技能が育成されるように授業を計画しなければならない。またイには，資質・能力の「思考力，判断力，表現力等」が

思考力，判断力，表現力等　　書かれている。第5学年では，「解決の方法を発想し，表現すること」に重点が置かれている。本単元ではコイルに電流が流れたときに生じる電磁石の磁力の強さと巻数や電流の大きさとの関係について，予想や仮説をもとに，子どもが自ら実験方法を計画し，表現するという力を育成するよう授業を計画することが考えられる。資質・能力である「学びに向かう力，人間性等」については単元ごとには記載されていないが，第5学年の目標の部分に「電流がつくる磁力について追

学びに向かう力，人間性等　　究する中で，主体的に問題解決しようとする態度を養う」と書かれている。

　これらの資質・能力を育成するために，どのような授業を行うべきか書かれた部分が枠内の最初の3行である柱書（前頁　下線部）である。ここには，資質・

柱書の分析　　能力を育成するためには，児童がどのように「見方・考え方」を働かせるとよいかについてが記載されている。

　本単元でも「電流の大きさや向き，コイルの巻数などに着目して……」の部分に児童が「見方」を働かせたときの着眼点が示されている。「エネルギー」の「見方」は，主に量的・関係的な視点であるため，電流がつくる磁力と電流の大きさや向き，コイルの巻数との間に量的・関係的な視点を働かせるような場の設定を行う必要がある。「考え方」についても「条件を制御しながら調べる……」ということが明記されている。これらを児童が働かせる場を授業の中にどのように位置づけて，資質・能力を育成するような授業を行うかを考えていくようにする。

　学習指導要領には授業づくりに関する最低限の内容が記されている。具体的な授業をつくるのは教師であるということを意識し，求めたい子どもの姿，それを具現化する授業を目指し，具体的に，そして創造的に検討していくことが大切である。

（2）単元計画立案において留意すべき点

　　学習指導要領の内容に関する分析に続いて行っていくべきことは，分析結果をもとにして授業の流れを組み立てることである。ここでは，「単元の導入」「学習の展開」「単元のまとめ」の３つの場面を柱に全体を構成していく手続きについて述べていく。

単元の導入

　　「単元の導入」は，子どもがこれから追究する対象である，自然事象と出あう大切な場面である。ここで，どのような自然事象に出あうかで，子どもがこれから始まる本単元の学習に意欲を高められるか，見通しをもてるかが決まる。導入では子どもが，これまでに学習したことや生活経験などと照らし合わせながら，目の前の自然事象を観察し，矛盾点や疑問から問いをもてるような活動が望ましい。

　　単元の導入には，いくつかのタイプがあるため，下に例示する。

　・教師が準備した教材を使い，子どもが自由に活動し（自由試行），不思議に感じたこと疑問，発見などを集約するような導入。

　・教師が仕組みを見えないようにしたものを準備し，子どもに演示する。その仕組みを解明したいという意欲を引き出す導入。

　・子どもが普段の生活では意識せずに過ごしていた事象に焦点を当て，それを子どもが観察するなかでもった疑問や矛盾をもとに学習の意欲を高める導入。

　　上述した導入以外にも単元の導入の方法はあるが，導入の場面で大事にすべきことは，子ども自身が問いをもてるようにすること。また，子どもがその疑問を解決したい，取り組んでみたいという意欲を喚起することである。

学習の展開

　　「学習の展開」は，導入場面において教師と子どもによって，共有した問いをもとに，問題を科学的に解決していく場である。問題解決は，問題を見いだし，その問題に対する予想や仮説の設定，その予想を検証する方法（実験計画）の確定，実験・観察の実施，結果の記録や整理，そして予想や仮説と実験結果とを照らし合わせた考察および明らかになった結論の導出という過程が大切にされる。この問題解決を何度も繰り返しながら，導入場面に学級で共有した問いの答えに近づいていくように単元の計画を行うようにする。問題解決の過程の中で，「予想や仮説の設定」や「予想や仮説と実験結果とを照らし合わせた考察」の場面では，子ども自身の考えを十分に引き出せるよう，言葉だけでなく図や絵などを使って子どもが表現できるような手立てが必要である。また，学級全体で，その表現を使った対話活動を行う。予想や仮説を設定する場面で行う対話活動では，学級で行うべき実験や観察の計画，また，実験や観察を行う際の視点を明確にすること，結論に向かう考察の場面で行う対話活動では，実験や観察の結果からいえることは何かを明らかにして，結論を導き出すことを大切にしたい。

単元のまとめ

　　「単元のまとめ」は，問題解決の過程で得られたいくつかの結論を羅列するのではなく，単元全体を通した学習の整理を行う。導入の場面でもった問いに対する答えは見つかったかを振り返り，子ども自身が導入時とは変わっている自分に気づくようなまとめを行えるようにしたい。

6.2　単元全体を見通した評価規準

　子どもが単元の学習を通して確かな理解を得られるようにするには，単元内容を把握し，指導計画を立てるのと同時に，評価規準を定めていくことが重要である。単元で計画したことをもとに，評価の計画を立てる際には，いつ，何を，どのような方法で評価するのかを明確にすることが必要である。また，行った評価をもとに，子どもへ即時的に支援を行うことは，大変効果が高い指導となる。例えば，ノートやワークシートへの記述を評価するのと同時に，評価した内容に基づいて，素晴らしかった点や改善への助言を朱書きすることがそれにあたる。このように，指導と評価が一体化した授業を行うためにも評価計画は重要である。

指導と評価の一体化
資質・能力

　学習指導要領では，育成を目指す資質・能力として「知識・技能」「思考力，判断力，表現力等」「学びに向かう力，人間性等」の整理がされている。

評価規準の作成

　学習指導要領の理科解説に記載されている単元ごとの内容，育成すべき資質・能力をもとに単元ごとに評価規準を作成する。表1には第6学年「燃焼の仕組み」についての評価規準例を示した。評価規準を作成する際には，前項に示したような学習指導要領の分析結果と計画した授業の内容との照らし合わせが必要である。計画した授業が変更されれば，具体化された評価規準の内容も修正することとなる。表1に示したように，評価規準については，具体化することで，評価内容が明確になるだけでなく，その後の支援についても的確に行えるようになる。

表1　第6学年　「燃焼の仕組み」における，育成する資質・能力に対応した評価規準例

知識及び技能	思考力，判断力，表現力等	学びに向かう力，人間性等
(1)　物が燃えるときには，空気中の酸素が使われて二酸化炭素ができることを理解している。 (2)　物が燃え続けるには，上下に隙間を開けて，空気の通り道が必要であることを実験を通して調べている。 (3)　酸素や二酸化炭素，窒素の中にろうそくの火を入れると，どのようになるのかについて実験を通して安全に調べている。 (4)　燃焼の仕組みについて酸素の割合や二酸化炭素の割合を数値化して調べ，その過程や結果を記録している。	(1)　空気と植物体の燃焼との関係について，蓋を開けた時と閉じたときの瓶の中の様子を比較しながら調べて問題を設定し，表現している。 (2)　燃焼の仕組みについて実験結果から傾向を読み取り，より妥当な考えをつくりだして表現している。 (3)　物が燃える時の酸素と二酸化炭素の割合の変化について実験結果から傾向を読み取り，より妥当な考えをつくりだして表現している。	(1)　燃焼についての自然事象との出会いから，これからの学習に見通しをもち，意欲的に活動している。 (2)　これまでの学習を振り返り，燃焼の仕組みについて学習したことと日常生活との関連とを見つけ活かそうとしている。

評価計画

表2　第6学年「燃焼の仕組み」における，評価計画（8時間）

	学習内容	評　価
導入	燃焼との出あいから学習計画を立てる。	学びに向かう力・人間性等
第1次（4時間）	燃焼の前後の空気の変化を調べる。 空気の組成と気体の特徴を知る。 酸素と二酸化炭素の割合を調べる。 燃焼の前後の空気の変化をまとめる。	思考力等① 知識・技能③ 知識・技能④　思考力等② 知識・技能①
第2次（2時間）	空気の通り道を作り燃焼について考える。 空気の通り道と燃焼の仕組みを調べる。	思考力等③ 知識・技能②
終末	燃焼の仕組みの学習を振り返る。	学びに向かう力・人間性等

※表中の○数字は，表1の評価規準と対応している。
※評価の表現については，スペースの関係で筆者が簡略化したものである。

評価規準の作成を行った後に，単元計画の中に入れていくようにする。計画の中に評価規準を入れていく際には，学習の内容や順序に無理はないかを見直し，評価規準の内容や学習の内容を柔軟に修正することも必要である。表2には「燃焼の仕組み」における評価計画を示した。表1の評価規準を単元計画の中に挿入していったものである。この評価計画は，評価場面や観点を中心に示したが，これに加え，子どものノートの記述，発言内容等，何を中心にして評価をするのか，つまり，評価方法についてもあらかじめ定めておくことで，評価計画は具体化する。単元計画を行う上で，評価の観点は1時間に1つか2つに絞り，無理のない計画を行うことが学習内容の焦点化にもつながる。また，評価のための授業にならないよう，常に指導と評価を一体化させ，子どもの実態と学習内容のバランスをとり柔軟な授業を行うことが重要である。

6.3 子ども，学校および地域の実態に基づく単元計画の検討

**カリキュラム・
マネジメント**

　指導計画を立てたり，評価規準を設定したりする際には，地域や学校の実態を含めた子どもの実態を踏まえることが重要である。その上で計画を行うことで，弾力的な運用が可能になる。学習指導要領に書かれているカリキュラム・マネジメントの重視は，学校に応じたカリキュラム作成の必要性を伝えている。子どもを主体にした授業を展開するために，また，効果の高い授業を行うためにも子どもの実態を教師が把握することは不可欠である。

　ここでの子どもの実態は，主に自然事象に対する理解や知識獲得に至るまでの過程でどのような思考を行っているか（認知面）と，科学に対する興味や関心，学びに向かおうとする態度（情意面）に分けられる。

**全国学力・学習
状況調査**

　これらについては，国立教育政策研究所が行っている全国学力・学習状況調査（理科は2012年度より3年おきに実施）や地域で行っている学習状況調査等の結果を参照にしてもよい。理科の問題の通過率だけでなく，生活習慣や学校環境に関する質問紙調査の結果なども併せて分析することも重要である。

　ここでは，単元計画や授業づくりを行う上で国や地域で行われている学習状況調査を参考にした例を紹介する。先に挙げた全国学力・学習状況調査の理科の問

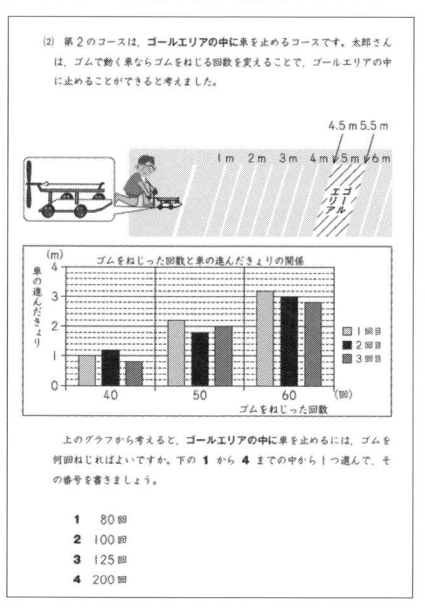

図　2012年度全国学力・学習状況調査
（理科）での「分析」の調査問題[1]

「知識」と「活用」

題は，主として「知識」を問う問題と，「活用」を問う問題に分けられている。「活用」を問う問題は，実際の自然や日常生活などの他の場面や他の文脈におい

て，学習で身に付けた「知識・技能」を活用しているかどうかを問うものである[1]と，説明されている。「活用」は，「適用」「分析」「構想」「改善」に分けられて調査結果が示される。2012年度の調査結果を分析したところ，他の問題の通過率と比較して「分析」の数値が著しく低いことがわかった（前頁の図が「分析」の問題の一例）。

　そこで，単元計画および授業を構成する際に，子ども一人一人が実験結果に対する見通しがもてるように予想を行い，実験計画を終えた後に自分の予想が正しければどのような結果が出るのか，いわゆる結果の見通しができるような授業を計画した。また，クラス全体で実験結果を見合い，そこからどのような結論が導き出せるのか，結果と向き合う時間を確保するような授業設計を行った。

　また，地域で行った学習状況調査では，理科の学習に対する意欲は平均値より高かったものの「理科の学習が役立つか」といった項目では低い値となっていた。また，意識調査では学習に対してだけでなく自己に対する有用感についても改善の必要があると感じ，単元計画を行った。

　振り子の学習で公園のブランコを導入に用いたり，てこの学習では，校庭で抜けなくなった杭を抜くところから学習を始めたりというように，理科の学習に対する有用感を高めるために，授業と生活経験とを徹底して密着させるような授業を学校全体で計画した。また，自己有用感を高めるために，教師が子どものつぶやく言葉や表現を評価し，学習内容につなげるような授業を計画した。

　上述したように，学習状況調査等を使って地域や学校の実態を把握することは，単元計画や授業を構想する上でも重要である。それとともに，単元の学習内容に関する調査を行うことは，単元計画を具体化する上でも計画に柔軟性をもたせる上でも大きな意味をもつ。

　ここでは，第5学年「電流がつくる磁力」を例に挙げる。コイルに電流を流すことで，鉄心が電磁石になることを，子どもが驚きをもってとらえるためには，過去の学習がどのくらい理解できているかを把握しておく必要がある。

　鉄心の周りのコイルに巻かれている導線の材質は，銅である。電流が流れていないときには，方位磁針は反応しない。銅が磁石に引きつけられないからである。それが，電流が流れることで，方位磁針の針が動く。ここに驚きがある。

　また，コイルに生じた磁界が，コイルとは離れている鉄心に伝わる仕組みも，電気は接触しないと伝わらないが，磁力は離れていても伝わるということが理解されていてはじめて納得できる。さらに，電池の極の向きを変えることで，電磁石の極の向きも変わるということは，電池の極を変えると電流の流れる向きも変わるということがとらえられているからこそ，考えることができる。このように，「電流がつくる磁力」では，第3，4学年で学習した電気や磁石の内容の理解について調査することで，これまでの学習の振り返りをどのくらい行うべきか，子どもに何を想起させるべきかを含め，計画をより具体的に行うことができる。

〈引用文献〉
1）国立教育政策研究所：平成24年度全国学力・学習状況調査解説資料，2012

6.4　見方・考え方による働きかけ

理科の見方

　理科の見方は，自然事象をどのようにとらえるかという視点として，理科を構成する領域ごとの特徴から整理されている（p.174参照）。

エネルギー
量的・関係的な
視点

　「エネルギー」を柱とする領域では，主として量的・関係的な視点で事象をとらえられるようにする。第3学年「風とゴムの力の働き」では，体育館等の広い場所で風で動く車をうちわ等で自由に走らせるという導入を行うことがある。子どもは次第に，強くあおいで風を起こせば，車を速く遠くまで走らせられることを感じる。うちわのあおぎ方と車の動きとを関係的な視点でとらえようとしている。この関係的なとらえをもとに，どのくらい風を起こせば，車がどのくらい走るのかといった視点や，友だちと車の走り方を比較しようとする視点が出てくる。これが量的な視点である。この例からも，量的・関係的な視点は切り離せないこと，子どもがどのような視点を働かせているかを見取り，必要に応じて巻き尺を準備したり，グラフや表を準備したりすることが重要である。

粒子概念
質的・実体的な
視点

　「粒子概念」を柱とする領域では，主として質的・実体的な視点で事象をとらえられるようにする。第5学年「物の溶け方」では，食塩が水の中で溶けて見えなくなっていても，子どもが食塩の存在を，重さの比較や蒸発乾固を通して実体的にとらえる。また，見た目には同じように見えても，飽和に近い食塩水とほとんど何も溶けていない食塩水とでは，食塩を入れたときの食塩の溶け込み方に違いがあるといった質的なとらえを行うようになる。「粒子概念」を柱とする領域では，子どもが見た目ではとらえにくい事象をどのようにとらえ，それを示すにはどうするかを考える際に，子どもは質的な視点や実体的な視点を働かせることが多い。そこで，事象に対する子どものとらえを外化させるためにも，図や絵を用いた表現が有効である。事象に対する子どものとらえを外化させる手立てを，単元計画の中に組み入れたい。

生命概念
共通性・多様性

　「生命概念」を柱とする領域では，主として共通性・多様性という視点でとらえられるようにする。第3学年「身の回りの生物」では，植物の体のつくりを調べる中で，例えばホウセンカの体は，根，茎，葉に分けることができることを学ぶ。これまで学習してきた植物だけでなく，身の回りの植物はどうだろうかと，子どもは観察を始める。共通性で植物の体のつくりを見ていくと，多少の特徴の違いはあるものの，根，茎，葉に分かれていることに気づく。ここで，「ホウセンカは体が根，茎，葉に分かれている」としていた子どもの考えは，「植物の体は根，茎，葉に分かれている」というものに変わる。さらに，調べていくと，生活科で育てたサツマイモは，土の中に茎があることに気づき，根のように土の中にあっても茎と呼ばれるものがあるという多様性にも気づく。

　「生命概念」領域では，子どもがもった共通の枠を様々な生物に当てはめていきながら，共通性・多様性の見方を働かせていくことが多い。観察してきた生物で考えたことを他の生物へ広げていく過程や，多くの生物の観察をある視点で整理していく過程で，子どもが共通性・多様性の見方を働かせられるよう，板書や

ノートでの整理等での支援を行うことが重要である。

地球概念
時間的・空間的な
視点

　「地球概念」を柱とする領域では，主に時間的・空間的な視点で事象をとらえられるようにする。第6学年「月と太陽」では，月の位置や形が日によって変化することを，観察事実を集めることでとらえる。子どもはこれまで，太陽や星が時間ごとに東から西へと動くことを時間的・空間的な視点でとらえている。ここでは，時間ごとの変化だけではなく，日にちごとに起こる変化も同時にとらえ，太陽と月の位置関係の変化にも目を向けていく。つまり，これまでの学年で働かせてきた見方を広げていくことになる。教師は，これまでの学年での既習事項を知識として想起させる助言と同時に，方位として空間的にとらえてきたこと，時間ごとに記録をとることで天体の動きをとらえてきたことを評価しながら，子どもが時間的・空間的な見方を自在に働かせるための支援を行うようにする。

部分と全体
定性と定量
理科の考え方

　領域ごとに，述べてきた理科の見方は，子どもが主に働かせるものであり，領域を超えて働かせることもある。また，これらの見方以外にも，「部分と全体」「定性と定量」といった見方を働かせることがあることにも留意したい。

　理科の考え方については，学年ごとに整理がされているが，理科の見方と同様に限定的にとらえるのではなく，様々な学年で働かせるようにする。

比　　較

　「比較」については，事象をどのように提示するかがポイントなる。2つの事象を同時に提示する方法や，1つの事象を継続的に提示する方法がある。前者は同時に比較することを促し，後者は経時での比較を促す。このように提示の方法によっても，子どもが理科の考え方をどのように働かせるかは変わる。

関係づけ

　「関係づけ」についても，「比較」によってとらえた変化同士をどのように結びつけるか考える際に働かせることが多い。子どもがとらえた変化を，教師がどのように授業の中で焦点化するかが重要になる。例えば，数か月にわたって記録してきた生物の成長と，気温の変化を並べて，とらえてきた変化同士を結びつけていく場面に，「関係づけ」の考え方を働かせることになる。

条件制御

　「条件制御」は，「比較」や「関係づけ」によって明らかになろうとしている予想や仮説を，実験や観察によって検証するときに働かせる考え方となる。子どもが明らかにしようとしている予想や仮説が，検証できるものになっているかを子ども自身が確かめられるような場が必要となる。この考え方を働かせるためには，結果の見通し，方法の改善等の機会を設けることが重要である。

多面的に考える

　「多面的に考える」については，実験や観察によって出てきた複数の事実をどのように結論づけるか，また，これまでに学習してきたことと，実験結果や結論をどのように結びつけるかなど，主に考察の場面で働かせる考え方となる。もちろん，子ども自身の考えが変容していく際に重要になる考え方であるので，考察の場面に限定することなく，教師は子どもが「多面的に考える」場面に対するアンテナを高くしておくことも重要である。

　これまで述べてきた「理科の考え方」は，相互に関係し合い，問題解決の過程で繰り返し働かせる機会が訪れるということにも留意したい。

7 本時授業の立案

7.1 理科における学習指導案の形式

作成の意義

　学習指導案は，教師の授業構想を言語化し表現したものである。指導案を作成する意義としては，3点が挙げられる。

　第1は，イメージする授業を言語化することで，授業構想をより具体的にかためていくことである。科学観を含んだ単元観や教材観，児童観，指導観，指導計画などを言語化する中で，それらを意識化し，整理し，修正を行うことができる。

　第2は，自分の授業を振り返り，授業分析を行うための手立てとなる。立案時の考えに戻って自分の授業構想を振り返ることで，指導の改善が図れる。

　第3は，授業構想を言語化することで，授業についての指導や意見を受けることができる。指導案によってある程度の授業イメージを他者と共有することが可能となる。意見や指導により授業構想を見直し，修正する機会を得られる。また，授業構想を言語化することで，よい授業実践が社会的に共有され，他の授業者による再検証が可能となる。

作成の準備

　学習指導案からは，授業者の指導に対する姿勢や力量が伝わる。それは，教材，子ども，教師の3要素の相互作用をどのように意識しているかが読み取れるからである。すなわち，授業者の「児童観」「単元観」「指導観」である。そこで，学習指導案を作成するためには，事前の教材研究，児童の実態調査が大切である。

　教材については，学習指導要領に記載された目標や内容，指導上の留意点などを把握する。その際，内容の系統性については異学年の内容も確認が必要である。さらに，教科書を参考にして子どもがもつ問題や観察，実験などの問題解決の方法，その配列などを十分に把握するとともに，予備実験を行っておく必要がある。

　子どもの実態については，これまでの学習や生活体験をもとに，教材についてどのような概念をもっているのか（知識・理解），何ができるのか（技能・表現），どんな興味や関心があるのかをレディネス調査を通して十分把握する必要がある。

　授業者の教材や学習者への思いが，授業に命を吹き込むことになる。教材分析を通して，自分は何に面白さを感じているのか。子どもの実態を理解した上で，何をもって心を揺さぶりたいのか。指導内容と実態を的確にとらえた上で，授業デザインの細部を決定しながら学習指導案を作成していく。

形　　式

　学習指導案は，通常，1時間の授業について，A4判縦置き横書き形式で3，4枚程の分量を目安として作成される。形式は様々であるが，基本的な構成は共通しており，図に示すような項目で作成される。

単 元 名

　単元名は，学習指導要領や教科書を参考に内容がわかるように示す。子どもの主体的な活動目標となる副題をつけることもある。

児 童 観
単 元 観

　単元については，授業成立の3要素である「児童観」「単元観」「指導観」を記述する。「児童観」は，事前調査の結果を踏まえて，本単元の内容に即して認知，技能，情意の面から子どもの実態を記載する。「単元観」は，本単元の目標や内容から，単元をどのようにとらえ指導していくかを明記する。子どもの主体的な深い学びを成立するためには，どのような教材を用い，どのような単元構成

指導観

「指導観」は，子どもの実態を踏まえ，どのような教材で，どのように学習を展開することでねらいに迫れるか，問題解決の過程に沿って具体的に述べる。指導の手立てとして別立てで項を起こし記述することもある。

単元目標

単元目標は，学習を通して子どもが実現すべきねらいを教師が想定する。その際，学習指導要領に示された目標および内容を踏まえて，子どもの実態を考慮し，単元全体を見通した単元目標を設定する。

を行うことが大切かを記述する。

理科学習指導案

指導者 〇〇　〇〇

1. 日時・場所　〇〇年〇月〇日（〇曜日）第〇校時　理科室
2. 学年・組　　第〇学年〇組　　〇〇名
3. 単元名　　　磁石の性質「じしゃくのふしぎを見つけよう」
4. 単元目標
5. 単元について
　（1）子どもの実態（児童観）
　（2）単元観
　（3）指導観（教材観を含む）
6. 単元の評価規準
　（1）知識及び技能
　（2）思考力・判断力・表現力等
　（3）主体的に学習に取り組む態度
7. 単元の指導計画（全〇〇時間）

時	子どもの学習活動	教師の支援（〇）・評価（☆）
一次〇〇〇時間	じしゃくのふしぎをみつけよう 1　いろいろな磁石や身近なものを使って「じしゃくのふしぎ」見つけをする。 ・磁石にクリップがたくさんついたよ。 ・磁石どうしは，くっつき合ったり逃げたりするね。	〇生活の中で磁石を使った経験を想起させ，磁石の特徴的な性質（ふしぎ）を調べたいという意欲を高める。 〇何種類かの磁石や磁石につくもの，つかないものを自由に使えるように用意する。 ☆磁石の性質について興味・関心をもって調べようとしている。（関心・意欲・態度）
二次		

8. 本時について
　（1）本時の目標
　（2）本時で働かせる「見方・考え方」
　（3）本時の展開（〇 / 〇〇時間）

子どもの学習活動	教師の支援（〇）・評価（☆）

図　学習指導案の基本的な構成

評価規準

単元の評価規準は，子どもの学習状況を分析的にとらえ指導に生かすために，評価の観点ごとに設定する。単元目標を分析し，対象となる学習活動の評価目標を観点ごとに具体化することが必要である。

指導計画

単元の指導計画は，単元をどのように展開していくかを，子どもの問題解決の流れをイメージして作成する。作成にあたっては，学校のカリキュラム，学習指導要領，教科書等を参考にしながら，子どもが問題解決の活動ができるように学習内容を決めていく。形式は，学校によって異なるが，学習の計画に沿って観点別の評価規準を位置づけ，どのような方法で評価し，支援に生かすかを具体的に記述しているものが多くなっている。

本　時

本時については，本時の目標，準備，具体的な評価方法などを示す。

本時の目標

本時の目標については，本時が単独で成立することはないことを踏まえて，指導計画の流れの中での本時の役割をしっかりととらえて決定する。本時の目標は1つに絞り，本時の活動や評価との関係がわかるようにする。

本時の展開

本時の展開は，単元の指導計画の1時間分を細案として示したものである。形式は多様であるが，一般的には，「子どもの学習活動」と「教師の支援・評価」の両面から記述する。子どもは，どのような問題をもち，どのような見通しを立てて，問題を解決するのか。教師は，どの教材，どのような観察・実験の方法，評価法を用意して子どもを指導するのか。子どもの活動や教師の指導が具体的にイメージできるように記述する。

7.2.1　授業の立案　中学年の学習指導案（第3学年）

（1）学習の構想

１）学習内容の分析

ここでは，第3学年「昆虫の体のつくり」について学習指導案作成に至る授業の構想を例示する。

内容の確認

まず，学習指導要領と学習指導要領解説理科編を用いて内容分析を行う。2017年6月改訂の学習指導要領解説理科編，第3学年の内容「B　生命・地球　(1)身の回りの生物」の内容は，次のとおりである。

> 身の回りの生物について，探したり育てたりする中で，それらの様子や周辺の環境，成長の過程や体のつくりに着目して，それらを比較しながら調べる活動を通して，次の事項を身に付けることができるよう指導する。
> ア　次のことを理解するとともに，観察，実験などに関する技能を身に付けること。
> 　(ア)　生物は，色，形，大きさなど，姿に違いがあること。また，周辺の環境と関わって生きていること。
> 　(イ)　昆虫の育ち方には一定の順序があること。また，成虫の体は頭，胸及び腹からできていること。
> 　(ウ)　植物の育ち方には一定の順序があること。また，その体は根，茎，葉からできていること。
> イ　身の回りの生物の様子について追究する中で，差異点や共通点を基に，身の回りの生物と環境との関わり，昆虫や植物の成長のきまりや体のつくりについての問題を見いだし，表現すること。

> （内容の取扱い）
> (3)　内容の「B生命・地球」の(1)については，次のとおり取り扱うものとする。
> 　ア　アの(イ)及び(ウ)については，飼育，栽培を通して行うこと。
> 　イ　アの(ウ)の「植物の育ち方」については，夏生一年生の双子葉植物を扱うこと。

学習指導要領から，「昆虫の体のつくり」の内容をとらえていくと，「身の回りの生物」であること，「探したり育てたりする」中で学習すること，「成虫の体は頭，胸及び腹からできていること」を学習することなどがわかる。

働かせる「見方・考え方」

さらにここで，働かせる「見方・考え方」についてとらえていく。「見方」については，生命を柱とする領域の内容であるから，主として多様性と共通性の視点で対象をとらえていくことになる。ここでは「周辺の環境，成長の様子，体のつくりに着目」とあるので，昆虫の体のつくりについて多様性と共通性の視点でとらえることになる。「考え方」は「比較しながら調べる活動を通して」とあるので，「比較する」という考え方を働かせることになる。そこで，多様性と共

通性の視点から体のつくりに着目し，比較して調べることによってどのような事物・現象の面白さが見えてくるのかが，授業デザインのポイントになる。

内容の系統性

　次に，内容の系統性を確認する。学習指導要領解説理科編では，「この内容は，生活科「(7)動植物の飼育・栽培」の学習を踏まえて「生命」についての基本的な概念等を柱とした内容のうちの「生物の構造と機能」「生命の連続性」「生物と環境の関わり」に関わるものであり，第4学年「B(1)人の体のつくりと運動」「B(2)季節と生物」，第6学年「B(2)植物の養分と水の通り道」，中学校第2分野「(1)いろいろな生物とその共通性」の学習につながるものである」と述べられている。つまり，第3学年の内容「B　生命・地球　(1)身の回りの生物」の内容は，これから始まる理科学習の「生命」を柱とする領域全体の導入となる内容であるということを踏まえておく必要がある。

単元目標

　次に，解説の「ここでは，」から始まる段落は，本内容についての学習のねらいを示すものである。この学習内容のねらいを参考にして，単元目標を設定することができる。例えば，「身の回りの生物について，探したり育てたりする中で，体のつくりに着目して，それらを比較しながら，体のつくりを調べる活動を通して，それらについての理解を図り，観察，実験などに関する技能を身に付けるとともに，主に差異点や共通点を基に，問題を見いだす力や生物を愛護する態度，主体的に問題を解決しようとする態度を育てる」などが考えられる。

学習対象
学習活動

　解説の(イ)では，内容に関する事象をとらえる視点と，考え方および児童の活動が示されている。ここでは「昆虫の体のつくりに着目して，複数の種類の昆虫の体のつくりを比較しながら調べる。これらの活動を通して，差異点や共通点を基に，昆虫の体のつくりについての問題を見いだし，表現するとともに，昆虫の成虫の体は，頭，胸，腹の3つの部分からできていること，頭には目や触角，口があること，胸には3対6本のあしがあり，はねのついているものがあること，腹にはいくつかの節からできていることなど体のつくりの特徴をとらえるようにする」としている。このことから，学習対象となる昆虫は，子どもにとって，頭，胸，腹のつくりやあしの着き方，目や触角，口などがはっきりしているものを選ぶ必要があることがわかる。また，複数の昆虫を比較するということから，何種類かの昆虫を用意して，観察することがわかる。

　解説の「ここで扱う対象としては」には，「飼育が簡単で，身近にみられる昆虫を扱うようにする」とあることから，珍しい昆虫を用いるのではなく，子どもの身近に見られる昆虫を対象にすることがわかる。

　「ここでの指導に当たっては」からは，直接観察することや昆虫の特徴を図や絵で記録して考えたり，説明したりする活動を充実することや，虫めがねや携帯型の顕微鏡などの器具の使用について記されている。さらに，野外での活動を想定して，毒をもつ生物への注意や，生態系の維持に配慮して，採集は必要最低限にとどめることなど，安全や環境保全への配慮を行うように記されている。

　ここまで，学習指導要領解説理科編をもとに学習内容を分析した。指導案を作成する前提として，内容を把握して教材を選定し，指導計画を立案する。

2）教材教具の準備

① 身近な昆虫

昆虫の定義　　一般的に「虫」と呼ばれるものの中には，昆虫以外のものも多く含まれる。本単元では，体の特徴から「昆虫」を見分けていく。一般的に昆虫の体の特徴は，頭，胸，腹の3つの部分からできていること，頭には触角および複眼があること，胸に4枚のはねと6本のあしがついていることなどが挙げられる。ただし，アリのようにはねのないものや，ハエ，アブ，カなどのように，はねが2枚しか見えないものもある。ここでは「体が，頭，胸および腹の3つの部分からできていて，胸に3対6本のあしがあるもの」を昆虫の特徴としている。

　本単元は，小学校第3学年の理科のスタートとして扱いたい内容であることから，4月から6月頃に見られる「飼育が簡単で身近にみられる昆虫」を取り上げて教材研究を行うことにする。

モンシロチョウ　　**② モンシロチョウ**

　日本で一般的に広く，長い期間（3月から10月頃）観察され，比較的採集しやすいことから教材として活用される。はねに灰黒色の斑点が2つあり，和服の紋に似ていることが和名の由来といわれる。雌は前翅の付け根に黒い部分が多い。4枚のはねと3対6本のあしは胸から出ている。口吻は長い。体全体に毛がある。

　幼虫の食草はアブラナ科の植物で，成虫はキャベツ，アブラナ，ブロッコリーなどに卵を産みつける。前年度のうちにキャベツの苗を植えつけておくと教材の卵を採取できる。卵は葉ごと採取して観察する。

　卵は，1週間ほどで孵化（ふか）する。最初の食べ物は，卵の殻である。その後葉を食べると体色も緑色のアオムシになる。さなぎになるまでに2週間くらいかかり，その間に4回脱皮して体長4cmくらいまで成長する。さなぎになるために適した場所を探し，糸の帯をはいて体を固定してさなぎと

図1　モンシロチョウ

なる。暖かい時期は1週間ほどで羽化する。羽化は朝方に行われることが多い。

　幼虫に寄生する寄生バチとして，アオムシコマユバチが知られている。学習時期が遅れて幼虫から飼育をすると，アオムシコマユバチが寄生していて失敗することがある。5月下旬頃からは，アオムシコマユバチの寄生が多く見られる。

ア　リ　　**③ ア　リ**

　ハチ目アリ科に属し，人家の近くにも多く，身近に見られる昆虫である。産卵行動を行う少数の女王アリと，育児や食料の調達などを行う多数の働きアリが群れをつくって生活する社会性昆虫である。基本的に肉食であるが，食性は多様である。

　体のつくりは，基本的にはハチと共通の特徴をもつ。頭部，胸部，腹部のそれぞれの間がくびれ，大きく動かすことができる。腹部の前方の節が細くくびれて

柄のようになった「腹柄節」は，昆虫でもアリだけに見られ，狭い穴の中での生活に適応している。頭部には大顎が発達し，餌をくわえたり外敵に噛みついたりできる。胸部は，4つの節からなり，あし3対6本はよく発達している。繁殖行動をする雌雄にははねがあるが，圧倒的多数を占める働きアリにははねはないので，アリははねがないという印象をもたれている。教材とし

図2　クロヤマアリ

て，体のつくりを観察すると，「腹柄節」や胸のつくりから，頭，胸，腹の3つに分かれているとは見えないで，胸を2つに見えるという子どもが多いので，説明が必要である。

　アリは，卵—幼虫—さなぎ—成虫という完全変態を行う。卵からさなぎまでを保護しながら家族単位で生活することがよく知られている。成虫は性別や役割に応じて，「女王アリ」「働きアリ」「兵隊アリ」「雄アリ」等と分化していることがよく知られている。いわゆる社会性昆虫の代表格である。

ダンゴムシ

④ ダンゴムシ

　甲殻類の仲間で等脚目の動物のうち，陸生で刺激を受けると丸くなる習性をもつものを指す。一般に日本でダンゴムシと呼ばれるものは，オカダンゴムシである。

　オカダンゴムシは，庭先，畑などで見ることができ，主に落ち葉や雑草，動物の死骸などを食べて育ち，食性と生態から自然界の分解者という要素が強い。

図3　オカダンゴムシ

　頭部には2対の触角が見られ，胸部には7対14本の脚があり，腹部は5節からなる。上から見てもこれらの区別は難しい。背面は丸く盛り上がり，腹面は平らで，刺激を受けると，腹面を内側に丸まり，ほぼ完全な球形になる。これがダンゴムシの名の由来である。この姿は敵に対する防御の姿勢と考えられる。

　身近な生物であり，子どもにも容易に採集できることから，生活科の学習で飼育することも多い。

観察器具
携帯型実体顕微鏡

⑤ 観察器具

　昆虫の観察にはルーペや携帯型実体顕微鏡を用いる。ルーペの使用については，適切な使用方法を学習できるようにする。携帯型実体顕微鏡はもち運びにも適しており，教室でも野外でも生物の観察に便利であるので活用していく（詳しくは p.73を参照）。

（2）学習指導案の作成

─── 3年1組（35名）───	理科 ───

目指せ，虫博士！
「こん虫を調べよう」

授業者　　○○　○○
授業会場　教室

1　単元目標

　身の回りの生物について，探したり育てたりする中で，成長の過程や体のつくりに着目して，それらを比較しながら，昆虫の成長や体のつくりを調べる活動を通して，それらについての理解を図り，観察，実験などに関する技能を身に付けるとともに，主に差異点や共通点をもとに，問題を見いだす力や生物を愛護する態度，主体的に問題解決しようとする態度を育てる。

2　子どもの実態

　子どもは，1・2年生の生活科の学習で，ザリガニやダンゴムシなどを採集し，クラスの中で育てる経験をしてきている。ザリガニやダンゴムシの動きやすみかなど，生物が生息しやすい環境を自分たちで考えて育ててきている。

　本単元のはじめに行ったアンケートでは，生き物が好きだと答えた子が83％。その中でも虫が好きだと答えた子は77％だった。虫が好きだと答えた子どもに対して，どんな虫が好きなのかと聞いたところ，チョウ，アリなどの昆虫だけではなく，クモ，ダンゴムシなどを挙げる子どももいた。しかし，トカゲ，カタツムリやザリガニを虫の仲間と考えている子どももおり，虫の概念についてはあいまいである。

　春の自然観察を行ったときには，見つけた植物を仲間分けする方法として，生育場所や色，形，大きさなどの視点があることを学習してきた。それに伴って，観察の視点も明確になってきている。

3　単元について

　第1次では，春の自然観察で見つけた虫のイメージをもとに，虫の体のつくりに目をむけ，「実際に観察してみたい」「虫の体について調べたい」という意欲をもたせ，学習問題をつくっていく。第2次では，虫を採集するための視点を絞り，実際に採集を行う。第3次では，虫の足の本数や体の分かれ方に着目して，予想，観察，考察を行う。そして，第4次では，学習してきたことをもとに，昆虫のイラストや模型を作成し，単元のまとめとする。

　教材としては，数ある虫の中でも，子どもの身近にいる虫を取り上げ，可能な限り自分たちで採集することを大事にしたい。複数の虫を取り上げるので，観察の視点などを明確に示していき，学習の目的がずれないようにしていく。

　文章や発表という言葉による説明も大切にはするが，考えを共有するツールとして，模型を使う。発泡スチロールを使った簡易的な模型をつくることで，色や模様などの特徴を省き，体のつくりだけを深め合わせていきたい。

　本単元では，知っているようで知らなかった身近な虫の「体のつくり」について沢山の発見をしてほしい。

4　本単元における見方・考え方──見方「多様性と共通性」　考え方「比較する」

　多様性と共通性の視点を働かせ昆虫の成長の過程や体のつくりに着目して，それらを比較しながら調べる活動を通して，昆虫の成長の過程や体のつくりについてとらえていく。

5　本単元の評価規準

知識及び技能	思考力，判断力，表現力等	主体的に学習に取り組む態度
①昆虫の育ち方には一定の順序があり，その体は頭，胸および腹からできていることを理解している。 ②昆虫の飼育をしながら，虫めがねなどの器具を適切に使って，その活動や成長を観察している。 ③昆虫の体のつくりや育ち方を観察し，その過程や結果を記録している。	①昆虫同士を比較して，差異点や共通点について予想や仮説をもち，表現している。 ②昆虫同士を比較して，差異点や共通点を考察し，自分の考えを表現している。	①身近な昆虫に興味・関心をもち，進んでそれらの成長のきまりや体のつくりを調べようとしている。 ②身近な昆虫に愛情をもって，探したり育てたりしようとしている。

6 「主体的・対話的で深い学び」の実現に向けた手立て

手立て1 〈教材と場①〉　自然とかかわり問題意識をもつことができる教材と場の工夫

・虫の体のつくりについて興味をもって学習できるように，アリ，ダンゴムシ，テントウムシなど春の生き物を見つけ出あった身近な虫の絵をかき，「虫を採集し，体のつくりを調べてみたい」という意欲をもつことができるようにする。

手立て2 〈教材と場②〉　自分の問題を追究できる教材と場の工夫

・子どもが主体的に虫の体のつくりについて考えていくことができるように，自分たちで虫の採集を行い，観察できるようにする。

・虫のあしの本数や生え方について比較しながら調べられるように，クラス全体で数種類の虫について観察するようにする。

・それぞれの虫の体の分かれ方について比較しながら調べられるように，クラス全体で数種類の虫について観察したり，図鑑を用いて調べたりできるようにする。

手立て3 〈解釈・説明〉　問題解決の過程で自分の考えを組み立てるための解釈・説明の場の工夫

・子どもの予想したことが明確になるように，掲示物で学習の履歴を残し，示すようにする。

・自分の予想に対する考えの変容や深化が見られるよう，予想と考察のイメージが比較できるような学習カードを用意する。

・虫のあしの本数や生え方について説明できるよう，模型を用いて表現する場を設定する。

・虫の体の分かれ方について説明できるよう，模型を用いて表現する場を設定する。

手立て4 〈討論・協同〉　個の考えから集団の考えをつくるための討論・協同の場の工夫

・一人一人の考えをクラスで共有化できるように，小黒板とネームプレートを活用し，子ども一人一人の考えを常に見えるようにする。

・子どもが話し合いをスムーズに行えるように，子どもから出てくる予想を整理し，視点を絞り込み，学習問題に対する自分の考えを明確にする。

◎虫の体のつくりの差異点や共通点についての考えを共有し合えるように，小グループでの話し合い活動を取り入れる。

手立て5 〈振り返り〉自分の学びを見つめ，見方・考え方の変化に気づくための振り返りの場の設定

・自分の考えの変容が実感できるように，虫の体のつくりについて学習したことをもとに，模型や絵を作成する活動を設定する。

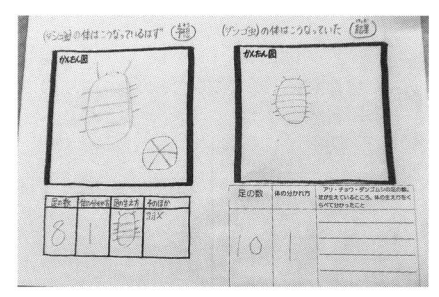

予想のカード

本時の板書

7　本単元の指導計画と評価（10時間扱い）

	学習活動と内容・主な子どもの反応	☆テーマにせまるための具体的な手立て ＊指導上の留意点
第1次　問題づくり　（2）	1・2 **虫のすみかや体のつくりについて，問題を見いだす。** ○春の生き物探しで見つけた虫を想起し，絵に表す。 　・アリがいたよ。 　・テントウムシがいたよ。 　・ダンゴムシがいたよ。 　・チョウも飛んでいたね。 ○みんなの描いた絵を見比べてイメージを共有し，気づきをもとに学習問題をつくる。 　・それぞれの虫のあしの数が違うね。 　・ダンゴムシはあしがいっぱいあるような。 　・本当はあしが何本あるのかな？ 　・あしが生えている場所も違っているよ。 　・はねがある虫とない虫がいるんだね。 　・虫を観察して，虫の体を調べてみたいな。 　・それぞれの虫はどこでつかまえられるのかな。 　＿＿＿＿＿＿＿＿＿＿＿＿＿＿＿＿＿＿＿ 　| 虫が生活している場所はどんなところだろうか。 | 　＿＿＿＿＿＿＿＿＿＿＿＿＿＿＿＿＿＿＿ 　| 虫のあしの本数や，あしが生えている場所（体のつくり）はどうなっているのか。 |	☆虫の体のつくりについて興味をもって学習できるように，アリ，ダンゴムシ，テントウムシなど春の生き物を見つけ出あった身近な虫の絵を描き，「虫を採集し，体のつくりを調べてみたい」という意欲をもつことができるようにする。 　　　　　　　　　　　　　〈教材と場①〉 　[関①] 　身近な虫に興味・関心をもち，進んで体のつくりを調べようとしている。
第2次　生きものの様子を調べよう　（2）	3・4 　| 虫が生活している場所はどんなところだろうか。 | **《見方・考え方》** **虫のすみかについて，結果をもとに比較して考える。** ○予想を立て，採集方法を確認する。 　・2年生のときにダンゴムシをつかまえたよ。ダンゴムシは，石の下にいるよ。 　・チョウは花のみつを吸うから，花があるところにいると思う。 　・この前，ペンギン池の近くでテントウムシを見つけたよ。 　・花壇のところにアリの巣があったと思う。 ○予想をもとに，自分で採集を行う。 　・やっぱり石の下にダンゴムシがいた。 　・キャベツの葉のところにチョウが飛んでいたよ。	☆子どもが主体的に虫の体のつくりについて考えていくことができるように，自分たちで虫の採集を行い，観察できるようにする。 　　　　　　　　　　　　　〈教材と場②〉 　[関②] 　身近な虫に愛情をもって，探したり育てたりしようとしている。 ＊虫を傷つけないように，優しく扱うなど採集方法を指導する。

・花壇の周りにアリがいっぱいいた。物を運ん
でいるアリもいるよ。
・草の葉のところでテントウムシを見つけた
よ。
○結果からわかったことを話し合う。

> 虫が生活している場所は，草むらや石の下など
> 様々。食べ物があるところに関係している。

	思②
	虫同士を比較して，差異点や共通点について考察し，虫が生活する場所について自分の考えを表現している。

第3次　こん虫の体を調べよう（6）

5・6　　本時6／10

> 虫のあしの本数や，あしが生えている場所（体
> のつくり）はどうなっているのか。

《見方・考え方》
虫のあしの本数や生え方の共通点や差異点について，観察結果をもとに比較して考える。

○虫のあしの本数や，あしが生えている場所など
の，体のつくりに着目して予想をする。
・ダンゴムシはあしがいっぱいある。
・アリはあしが8本かな。でも，どこから生え
ているんだろう。
・テントウムシは，あしが6本。
・チョウのあしは4本かな。
○観察を行い，観察結果からわかったことを話し
合う。
・ダンゴムシのあしは14本だった。全体的にあ
しがついていたよ。
・アリのあしは6本だった。体が3つに分かれ
ていて，真ん中の部分からあしが生えてい
た。
・テントウムシのあしも6本だったよ。お腹の
あたりにあしが生えていた。
・チョウのあしも6本。はねもあるよ。あしも
はねも体の真ん中あたりについていた。
・チョウの体は3つに分かれていたよ。

> 虫には，あしが6本あるものと，14本あるもの
> がいる。あしは体の真ん中のあたりから生えて
> いる。

・体がいくつに分かれているのかはわからなか
ったな。本当はどうなっているのかな。
・その他の虫はどうなっているのかな。

☆子どもの予想したことが明確になるように，掲
示物で学習の履歴を残し，示すようにする。
〈解釈・説明〉
☆一人一人の考えをクラスで共有化できるよう
に，小黒板とネームプレートを活用し，子ども
一人一人の考えを常に見えるようにする。
〈討論・協同〉

思①
虫同士を比較して，差異点や共通点について予
想や仮説をもち，表現している。

☆それぞれの虫のあしの本数や生え方について比
較しながら調べられるように，クラス全体で数
種類の虫について観察するようにする。
〈教材と場②〉
☆自分の予想に対する考えの変容や深化が見られ
るよう，予想と考察のイメージが比較できるよ
うな学習カードを用意する。
〈解釈・説明〉

☆虫の体のつくりの差異点や共通点についての考
えを共有し合えるように，小グループでの話し
合い活動を取り入れる。　〈討論・協同〉
☆虫のあしの本数や生え方について説明できるよ
う，模型を用いて表現する場を設定する。
〈解釈・説明〉

思②
虫同士を比較して，差異点や共通点を考察し，
自分の考えを表現している。

7・8

《見方・考え方》

虫の体の分かれ方の共通点や差異点について，観察結果をもとに比較して考える。

> 虫の体はどのように分かれているのか。

○虫の体の分かれ方について予想をする。

・テントウムシを観察したときに，頭の部分とそれ以外の部分と2つに分かれていたよ。

・アリは，頭とお腹とおしりの3つに分かれていたよ。

・チョウも3つに分かれていると思う。はねが真ん中の部分についているよ。

・ダンゴムシは，たくさんの部分に分かれていると思う。

○観察を行い，グループごとに共有する。

・テントウムシは，上から見ると2つに分かれているように見える。でも，裏側から見ると，3つに分かれていたね。

・アリはやっぱり3つに分かれていた。

・チョウも3つの部分に分かれていた。あしとはねが真ん中の部分についている。

・ダンゴムシは，裏側を見てみたけれどよくわからなかったよ。

○観察結果や図鑑をもとに，昆虫とその他の虫の体のつくりについてまとめる。

> 体が頭・胸・腹の3つに分かれていて，胸に6本のあしがついている虫を昆虫という。それ以外の体のつくりをしている虫もいる。

9・10

《見方・考え方》

虫の体のつくりについて学習したことをもとに，イラストや模型を作成する。

○学習したことをもとにして，オリジナルの模型や絵を作成する。

・カブトムシも昆虫だね。あしが6本で，頭・胸・腹に分かれている。

・クモはあしが8本あるから，昆虫ではないよ。

・モンシロチョウの幼虫は，体のつくりが違うのかな。育ててみたいな。

☆子どもが話し合いをスムーズに行えるように，子どもから出てくる予想を整理し，視点を絞り込み，学習問題に対する自分の考えを明確にする。　〈討論・協同〉

☆それぞれの虫のあしの本数や生え方について比較しながら調べられるように，クラス全体で数種類の虫について観察するようにする。　〈教材と場②〉

技①

昆虫の飼育をしながら，虫めがねなどの器具を適切に使って，その活動や成長を観察している。

☆虫の体の分かれ方について説明できるよう，模型を用いて表現する場を設定する。　〈解釈・説明〉

技②

昆虫や植物の体のつくりや育ち方を観察し，その過程や結果を記録している。

☆自分の考えの変容が実感できるように，虫の体のつくりについて学習したことをもとに，模型や絵を作成する活動を設定する。〈振り返り〉

知①

昆虫の体は頭，胸および腹からできていることを理解している。

〈子どもが学習を通して身に付ける概念や言葉〉

昆虫・頭・胸・腹

8　本時について

（1）本時の目標

虫の観察やグループでの結果の共有を通し，それぞれの虫の差異点や共通点に気づき，自分の言葉で説明している。

（2）主に働かせる理科の「見方・考え方」→「多様性と共通性」「比較して考える」

（3）見方・考え方を働かせて考えを深め合う場

虫のあしの本数や生え方について，予想図と結果を比較したり，それぞれの虫の差異点や共通点を比較したりしながら，模型を用いてグループで話し合い，考えを共有する場。

（4）本時の展開

学習活動と内容・ 主な子どもの反応　見方（着目点）・考え方	☆支援　評価
前時 1　学習問題を確認する。	
虫のあしの本数や，あしが生えている場所（体のつくり）はどうなっているのか。	
2　身近にいる虫のあしの本数や，あしが生えている場所について予想をする。 ⇒虫の体のつくりについて，**あしの本数や生え方に着目して予想する。** ・ダンゴムシはあしがいっぱいある。 ・アリはあしが8本かな。でも，どこから生えているんだろう。 ・テントウムシは，あしが6本。お腹のあたりにあしがついていたような。 ・チョウのあしは4本かな。 3　予想を確かめる方法を確認する。 ・アリのあしがどこから何本生えているかを数えるよ。 ・裏側から見たほうが，ダンゴムシのあしの数がよくわかるよ。 ・透明なケースに入れて観察したらいいね。 ・虫めがねを使ってよく見てみよう。	☆子どもの予想したことが明確になるように，掲示物で学習の履歴を残し，示すようにする。 〈解釈・説明〉 ☆一人一人の考えをクラスで共有化できるように，小黒板とネームプレートを活用し，子ども一人一人の考えを常に見えるようにする。 〈討論・協同〉 ＊虫めがねの適切な扱い方を指導する。 思① 虫同士を比較して，差異点や共通点について予想や仮説をもち，表現している。
本時 4　自分たちが予想した虫のあしの本数や生え方について観察する。 ・アリ，テントウムシ，チョウは6本。ダンゴムシは14本。 5　実験結果をもとに個々で考察を行う。 6　それぞれの虫のあしの本数や生え方について，全体で話し合う。 ⇒虫のあしの本数や生え方についての差異点や共通点について，それぞれのグループの模型をもとに実験結果を比較する。 ・アリ，テントウムシ，チョウはあしが6本のところが同じだね。 ・ダンゴムシだけ，あしの数が違う。 ・アリ，テントウムシ，チョウは体の真ん中のあたりからあしが生えているね。	☆それぞれの虫のあしの本数や生え方について比較しながら調べられるように，数種類の虫について観察するようにする。〈教材と場②〉 ☆自分の予想に対する考えの変容や深化が見られるよう，予想と考察のイメージが比較できるような学習カードを用意する。〈解釈・説明〉 ◎虫の体のつくりの差異点や共通点についての考えを共有し合えるように，小グループでの話し合い活動を取り入れる。〈討論・協同〉 ☆虫のあしの本数や生え方について説明できるよう，模型を用いて表現する場を設定する。 〈解釈・説明〉

7　全体で考察したことをもとに，虫のあしの本数や生え方についてまとめる。 　虫には，あしが6本あるものと，14本あるものがいる。あしは体の真ん中のあたりから生えている。 　・体がいくつに分かれているのかはわからなかったな。本当はどうなっているのかな。 　・その他の虫はどうなっているのかな。	思② 虫同士を比較して，差異点や共通点を考察し，自分の考えを表現している。

（参考）

●体のつくりを観察する

　アリやダンゴムシの観察では，透明のプラカップ等を用いるとよい。子どもが安心して間近で観察でき，いろいろな角度から体のつくりを調べられる。

　各自，虫めがねを用いてじっくり昆虫を観察した。身近にいる生き物であるが，しっかりと観察する経験は少なく，予想とは違う様子に驚いた。

●学級の予想を分類して掲示する

　「アリの体はこうなっているはず」
　「ダンゴムシの体はこうなっているはず」
　「モンシロチョウの体はこうなっているはず」
　の予想カードを，子どもは観察前に描いた。

　アリは，体が3つに分かれていると考える子どもが多かったが，モンシロチョウは，体が1つだと考える子どもが多かった。

7.2.2　授業の立案　高学年の学習指導案（第6学年）

（1）授業の構想

1）学習内容の分析

ここでは，第6学年「燃焼の仕組み」について，学習指導案作成に至る授業の構想を例示する。

内容の確認

まず，学習指導要領の内容を確認する。学習指導要領解説理科編を用いて内容分析を行う。2017年6月改訂の学習指導要領解説理科編，第6学年の内容「A　物質・エネルギー　(1)燃焼の仕組み」の内容は，次のとおりである。

> 燃焼の仕組みについて，空気の変化に着目して，物の燃え方を多面的に調べる活動を通して，次の事項を身に付けることができるよう指導する。
> ア　次のことを理解するとともに，観察，実験などに関する技能を身に付けること。
> 　(ア)　植物体が燃えるときには，空気中の酸素が使われて二酸化炭素ができること。
> イ　燃焼の仕組みについて追究する中で，物が燃えたときの空気の変化について，より妥当な考えをつくりだし，表現すること。

ここから学習指導要領の内容を確認すると，「植物体」の燃焼を扱うこと，植物体が燃えるときの空気の変化を調べること，植物体の燃焼では「空気中の酸素が使われ二酸化炭素ができること」などを学習することがわかる。

働かせる「見方・考え方」

さらに，この学習で働かせる「見方・考え方」について確認していく。「見方」については，「粒子」を柱とする領域では，主として質的・実体的な視点で事象をとらえていくことになる。ここでは「空気の変化に着目して」とあるので，燃焼の仕組みについて，空気の変化を質的・実体的な視点でとらえることになる。「考え方」は「物の燃え方を多面的に調べる活動を通して」とあることから，「多面的に考える」という考え方を働かせることになる。そこで，本単元の学習における「見方・考え方」を整理すると，「空気の変化を質的・実体的な視点でとらえ，物の燃え方について多面的に調べ考える」ということになる。この見方・考え方を働かせる学習活動から，どのような事物・現象の面白さが見えてくるのかが，授業デザインのポイントの1つになるところといえる。

内容の系統性

次に，内容の系統性について，学習指導要領解説理科編　「第6学年の内容A　物質・エネルギー　(1)燃焼の仕組み」より確認する。「本内容は，第4学年「A(1)空気と水の性質」の学習を踏まえて，「粒子」についての基本的な概念等を柱とした内容のうちの「粒子の存在」「粒子の結合」に関わるものであり，中学校第1分野「(2)ア(ア)物質のすがた」「(4)ア(イ)化学変化」の学習につながるものである」と述べられている。つまり，本内容は「粒子」を柱とする領域において，中学校の学習にそのままつながることを踏まえておく必要がある。

さらに，学習のねらいについて，同じく学習指導要領解説理科編の記述から確認する。解説では本内容についての学習のねらいを次のように述べている。「こ

単元目標

こでは，児童が，空気の変化に着目して，物の燃え方を多面的に調べる活動を通して，燃焼の仕組みについて理解を図り，観察，実験などに関する技能を身に付けるとともに，主により妥当な考えをつくりだす力や主体的に問題解決しようとする態度を育成することがねらいである」。この学習のねらいを参考にして，単元目標を設定することができる。例えば，「空気の変化に着目して，物の燃え方を多面的に調べる活動を通して，燃焼の仕組みについて理解を図り，観察，実験などに関する技能を身に付けるとともに，主により妥当な考えをつくりだす力や主体的に問題解決しようとする態度を育てる」等が考えられる。

学習対象
学習活動

　解説の(ア)では，内容に関する事象をとらえる視点と，考え方および児童の活動が示されている。ここでは「植物体が燃えるときの空気の変化に着目して，植物体が燃える前と燃えた後で空気の性質や植物体の変化を多面的に調べる。これらの活動を通して，燃焼の仕組みについて，より妥当な考えをつくりだし，表現するとともに，植物体が燃えるときには，空気中に含まれる酸素の一部が使われて，二酸化炭素ができることを捉えるようにする。また，酸素には物を燃やす働きがあることや，燃えた後の植物体の様子も変化していることを捉えるようにする。さらに，実験結果や資料を基に，空気には，窒素，酸素，二酸化炭素が含まれていることを捉えるようにする。その際，植物体を空気中で燃やすと，空気の入れ替わるところでは燃えるが，入れ替わらないところでは燃えなくなってしまうことを，実験を通して捉えることが考えられる」としている。このことから，目に見えない空気の変化を実体的に把握できる手立てを用いて調べる必要があることがわかる。また，酸素には物を燃やす働きがあること，窒素，酸素，二酸化炭素などの空気の組成，空気の入れ替わりなどについて追究する学習活動を計画する必要があることがわかる。

　解説の「ここで扱う対象としては」には，「燃焼の様子を観察しやすい植物体としては，例えば，木片や紙などが考えられる」とあることから，割り箸や新聞紙などの身近な物の中から植物体を教材として選ぶ必要があることがわかる。

　解説の「ここでの指導に当たっては」においては，日常生活の中で物を燃やす体験が少ない現状を取り上げて，物が燃える現象を十分に観察できるような場を設定するようにと述べている。また，目に見えない空気の質的な変化をとらえるために，二酸化炭素の有無を調べることができる石灰水や，酸素や二酸化炭素の割合を調べることのできる気体検知管や気体センサーなどの，測定器具を用いることなどが紹介されている。さらに，物が燃えたときの空気の変化を実体的にとらえるために，図や絵，文を用いて表現するなど，燃焼の仕組みについて考えたり，説明したりする活動の充実を図るようにすることが示されている。

　安全への配慮としては，燃焼実験を行う際の火の取り扱いや気体検知管の扱い方などについて，十分指導するよう示されている。また，実験においては，保護めがねを使用することなどにも触れられている。日常生活における火の取り扱いについてのリテラシーを高めるためには，実験後の後始末のしかたなども，しっかりと指導していきたいところである。

　ここまで，学習指導要領解説理科編をもとに，学習内容を分析した。指導案を作成する前提として，本内容で求められていることをていねいに把握して指導計画を立てることが大切である。

２）教材教具の準備

気体検知管

① 気体検知管

　気体検知管は採取器と検知管からなり，採取器のハンドルを一気に引くことで検知管内に測定したい気体を吸い込む仕組みになっている。

　検知管は密封したガラス管の中に化学物質が入っており，測定する気体や濃度によって使い分ける。子どもの実験に用いる気体検知管は，検知管内の変色部分を表面に印刷された目盛りに従って読み取ることで測定値を得られるものが多く用いられている。

気体センサー

② 気体センサー

　教材用に開発された気体センサーは，吸引部をサンプル内に一定時間差し込むことで，酸素と二酸化炭素の割合を同時に測定することができる。デジタル表示で数値を確認できるので，グループ実験に適している（詳しくはp.63を参照）。

石　灰　水

③ 石　灰　水

　石灰水は，少量の二酸化炭素と反応して白色の炭酸カルシウムの沈殿を生じる。この性質を利用して二酸化炭素の検出に用いる。水酸化カルシウム（消石灰）を水に溶かしてつくる。水１Lに1.5gほどしか解けないので，石灰水用のポリタンクにつくりおきして，上澄み液を使用する。

④ 実験用気体

　安全で扱いやすいことから，実験用酸素や二酸化炭素といった実験用気体ボンベを用いることが多くなってきた。点検をして用いることや使用後の廃棄のしかたに注意が必要である。

酸　　素

　酸素は，無色無臭の気体で，空気よりやや重い気体である。物を燃やす働きがある。二酸化炭素と異なり水に溶けにくい。実験的には，過酸化水素を触媒で分解することで得られる。触媒としては，二酸化マンガン，ジャガイモ，動物のレバーなどが用いられる。理科の実験では，二酸化マンガンに薄い過酸化水素水を加えることで酸素を発生させ，水上置換法で集める方法が行われている。

二酸化炭素

　二酸化炭素は，無色無臭の気体で，空気より重い気体である。物を燃やす働きはない。水に少し溶ける。圧力をかけて水に二酸化炭素を溶かすと炭酸水ができる。石灰水と反応して，炭酸カルシウムをつくり白濁が生じる。実験では，石灰石に薄い塩酸を加えることで二酸化炭素を得られる。水に溶けやすいので下方置換法で集めることが多い。ドライアイスは，二酸化炭素が白い個体になったもので，常温に置くと昇華して二酸化炭素に戻る。

空　　気

　空気は，無色無臭で複数の気体からなる混合物である。その組成は約78％が窒素，約21％が酸素であり，残り１％弱に二酸化炭素やヘリウム，水素など様々な気体が含まれている。地球上の人為的活動による大量の燃焼によって二酸化炭素が発生することから温室効果ガスの削減など地球温暖化をめぐる問題にも目を向

けられるようにしていきたい。

ろうそく

⑤ ろうそく

　学習指導要領では，本内容について植物体の燃焼を扱うことになっているが，ろうそくは，燃焼実験の教材としてよく利用されている。炎の様子がわかりやすく，ふたをした集気びんの中で燃焼させて一定時間後に消えていく様子を，効果的に観察することができる。

　もともと，日本で使われてきた和ろうそくは，イグサと和紙からなる芯にハゼノキの果実からとれる木ろうを塗り重ねてつくった植物性の製品であった。現在は，大量生産を行うため，石油パラフィンとステアリン酸のろうを型に流して生産されているが，歴史的背景もあり，理科の授業で広く使われているものと考えられる。

安全指導

⑥ 安全指導（火の扱い：消火）

　本単元の学習は，毎回のように物を燃やす活動を行う。安全指導を徹底して行う必要がある。

・実験では，燃えやすい服装を避ける，長い髪の毛は縛る，軍手や実験用めがねを着用する，ことなどをていねいに指導する。

・机上には，ノートや筆箱など実験用具以外の物は置かない，燃焼実験は机の中央部で行い燃えた物を机の端に置かない，ことなどの指導をする。

・燃焼実験では，ぬれ雑巾をいつも机上に用意する，ぬれ雑巾を用いた正しい消火法を練習してから実験を行う，教室の消火器の位置を確認しておく，教室の換気に注意する，ことなどしっかりとした配慮を行いたい。

（2）学習指導案の作成

───── 6年1組（33名）─────────────────────────────── 理科 ─

縄文時代の人々に挑戦！　燃やし続けるには…
「燃焼の仕組み」

授業者　　○○　　○○
授業会場　理科室

1　単元目標

　空気の変化に着目して，物の燃え方を多面的に調べる活動を通して，燃焼の仕組みについての理解を図り，観察，実験などに関する技能を身に付けるとともに，主により妥当な考えをつくりだすといった問題解決や主体的に問題解決をしようとすることができるようにする。

2　子どもの実態

　生活の中でマッチやライターを使ったことがあるかとの質問に対し，ほとんどの子どもがキャンプ等で使った経験をもっている。しかし，日常生活の中では，電気で対応できる場面も増え，火の扱いや火が生活に欠かせないものであるというとらえはあまりもてていない現状がある。

　社会科の学習で縄文時代の人々の生活を理解するために行った火起こし体験でも，事前に行ったアンケートでは，火を起こすことができると答えた子どもは2人だった。学習の中で，縄文時代は，生活に火が欠かせず命の次に大切と表現していたが，実際の自分たちの生活に置き換えることはできていなかった。

　しかし，実際の火起こし体験を通じ，火を起こすことの大変さを感じ，自分たちにとって火がどのような存在で，火を起こして燃やし続けるには，どうすればいいのかを考え始めたところである。特に，今回は，縄文時代の人々と同じように調理をすることに挑戦したいという目標をもっているため，火を燃やし続けることについての目的意識は高い。

3　単元について

　第1次で物を燃やす活動を設定する。大きめの缶に雑誌を入れて燃やす活動を通して，簡単に燃え切ると思っていた紙が燃え残ってしまうことで，燃え続けるにはどうするかという大問題を出させたい。第2次では，子どもの疑問から，集気びんを缶に見立て，ろうそくを使った実験を行う。ろうそくが燃え続けるには何が必要か，物が燃えているときにはどのような現象が起きているのかを自分たちで結果を見通して考えた実験方法で追究していく。第3次では，これまでの学習を生かし，缶の中の雑誌を燃やし尽くせるようにする。

　教材としては導入と最後の振り返りで大きめの缶と雑誌を使う。缶は空気の流れを遮断し，雑誌も1枚1枚が密着した状態では，まとまった空気が入らず燃え続けない。燃えると思っていたものが燃えないことから学習問題につながると考える。

　自分の予想に立ち返って考察ができるように，イメージ図を活用しグループ・全体で考えを共有する場を設けることで，考えを深め合う姿を実現したい。

　この単元を通し，生活を豊かにするための知恵を身に付けるだけでなく，目に見えない現象を推論・検証する理科の学びの力をつけてほしい。

4　本単元における見方・考え方──見方「質的・実体的」　考え方「多面的に考える」

　質的・実体的な見方を働かせ空気の変化に着目して，物の燃え方を多面的に調べ，燃焼の仕組みをとらえることができる。

5　本単元の評価規準

知識及び技能	思考力，判断力，表現力等	主体的に学習に取り組む態度
①植物体が燃えるときには，空気中の酸素が使われて，二酸化炭素ができることを理解している。 ②植物体が燃える様子を調べる工夫をし，気体検知管や石灰水などを適切に使って安全に実験している。 ③植物体の燃焼の様子や空気の性質を調べ，その過程や結果を記録している。	①物の燃焼と空気の変化を関連づけながら，物の燃焼の仕組みについて予想や仮説をもち，推論しながら追究し，表現している。 ②物の燃焼と空気の変化について，自ら行った実験の結果と予想や仮説を照らし合わせて，より妥当な考えをつくりだし表現している。	①植物体を燃やしたときに起こる現象に興味・関心をもち，自ら物の燃焼の仕組みを調べようとしている。 ②物の燃焼の仕組みを適用し，身の回りの現象を見直そうとしている。

6　テーマにせまるための手立て

手立て1　〈教材と場①〉　自然とかかわり問題意識をもつことができる教材と場の工夫

・物を燃やし続けるには新しい空気が必要なのではないかという仮説をもつことができるように，大きめの缶で木片や雑誌を燃やす活動をする。

・物が燃えるという現象に興味・関心をもつことができるように，大きめの缶で物を燃やし，物が燃えている様子をじっくりと観察する時間を確保する。

・空気の成分だけでなく，空気の通り道にも注目できるように，長さの違うろうそくを準備する。

手立て2　〈教材と場②〉　自分の問題を追究できる教材と場の工夫

・自分たちの問題を主体的に追究できるように，実験はペットボトルや空き缶など，自分たちで計画し自分たちで加工できるものにするよう助言する。

・子どもたちが主体的に活動し，実験結果について多面的に考えることができるように，一人一人実験をし，繰り返し実験をする場を設定する。

手立て3　〈解釈・説明〉　問題解決の過程で自分の考えを組み立てるための解釈・説明の場の工夫

・子ども自身が考えの深まりや，考えの変容がわかるように，予想を分類して板書する。

・自分の予想に対する考えの変容や深化が見られるよう，予想と考察のイメージが比較できるような共通の図を用意する。

・子どもの考えが深まるように，ノートに書かれた子どもの考えを価値づけし，次につながるようなコメントを書く。

◎実験結果を空気の成分や空気の流れなど多面的にとらえ，物の燃焼と空気の変化を関連づけて推論できるように，矢印や図・絵・言葉で表現するように助言する。

・科学的に考えを深めることができるように，結果を数値化して表すことを大切にする。

◎様々な視点から物を燃やす前と燃やした後，物を燃やしているときの空気の様子の違いに気づけるように，実験はグループで行い，視点をもって見合い，話し合えるようにする。

・自他の意見や感想を比較しながら見通しをもって実験をしたり結果を修正したりできるように，小グループ間での情報の共有を行う場を設定する。

手立て4　〈討論・協同〉　個の考えから集団の考えをつくるための討論・協同の場の工夫

・予想の共有をすることができるようにイメージ図を用いながら，板書の整理をしていく。

・一人一人が自分なりの根拠をもって予想したことを共有できるよう，ネームプレートを使って立場を明らかにする。

◎結果からわかったことを空気の成分の変化から総合的な視点でまとめられるようにするために，グループで考察を共有し，話し合う場を設定する。

◎自分の考えを再構築できるように，個の考えをグループや全体で共有し，個に考えを戻す場を設定する。

手立て5　〈振り返り〉　自分の学びを見つめ，見方・考え方の変化に気づくための振り返りの場の設定

・自分で学んできたことを生かすことができるように，単元の振り返りでもう一度，缶を使って雑誌を燃やす活動を設定する。

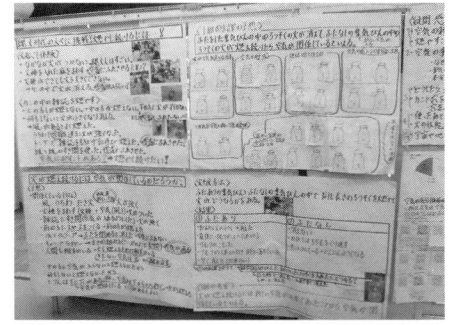

（参考）学習の流れを掲示

学習の流れは，模造紙にまとめて掲示し，いつでも振り返ることができるようにした。

7　本単元の指導計画と評価（13時間扱い）

	学習活動と内容・主な子どもの反応	☆テーマにせまるための具体的な手立て ＊指導上の留意点
第1次　問題づくり（2）	1・2 《見方・考え方》 **物が燃え続けるためには空気が関係しているかについて，問題を見いだす** ○缶で雑誌を燃やし，物が燃え尽きるまで燃やし続けるにはどうするかについて気づいたことをノートに書き発表する。 ・風を送ると火が強くなる。 ・端や上のほうしか燃えない。 ・何もしないとだんだん火が弱くなる。 ・下のほうは，火ばさみでひっくり返すと再び火が強くなった。 ・なぜ，全部燃やせなかったのだろう。 ・空き缶は上が開いているのになぜだろう。 ・七輪体験をしたときは，下に穴があいていたよね。 ・空気が入れ替わるからじゃないかな。 ・缶は下に空気の入り口がないから，燃えきらないのかもしれないね。 ・燃え続けるためには，どうすればいいのかな。 　物が燃え続けるためには，空気が必要なのだろうか。	☆物を燃やし続けるには新しい空気が必要なのではないかという仮説をもつことができるように，大きめの缶で木片や雑誌を燃やす活動をする。　〈教材と場①〉 ☆物が燃えるという現象に興味・関心をもつことができるように，缶で物を燃やし，物が燃えている様子をじっくりと観察する時間を確保する。　〈教材と場①〉 関① 　植物体を燃やしたときに起こる現象に興味・関心をもち，自ら物の燃焼の仕組みを調べようとしている。
第2次　物が燃える仕組み（10）	3・4 　物が燃え続けるためには，空気が必要なのだろうか。 《見方・考え方》 **物の燃え方と空気の関係について，空気の成分と通り道に着目して考える。** ○火が燃え続けるためには，新しい空気が必要なのかについて，予想を立てる。 ・新しい空気は必要だと思う。缶は新しい空気の出入りがないから燃え残ってしまったのではないか。 ○どうしたら予想を確かめられるのかを考え，実験の計画を立てる。 ・新しい空気を入れた状態と，入れない状態で燃えている様子を比べたらどうか。 ・新しい空気が必要ならふたをした入れ物の中では，物は燃えないはずだ。 ○実験をし，結果を共有して考察する。 ・新しい空気を入れた状態の物は火が燃え続け，	☆自分の予想に対する考えの変容や深化が見られるよう，予想と考察のイメージが比較できるような共通の図を用意する。　〈解釈・説明〉 ☆子どもの考えの深まりや，考えの変容がわかるように，予想を分類して板書する。 　〈解釈・説明〉 ☆子どもが主体的に活動し，実験結果について多面的に考えることができるように，一人一人実験をし，繰り返し実験をする場を設定する。 　〈教材と場②〉 思① 　物の燃焼と空気の変化を関連づけながら，物の燃焼の仕組みについて予想や仮説をもち，推論しながら追究し，表現している。 技② 　植物体の燃焼の様子や空気の性質を調べ，その過程や結果を記録している。 ☆空気の成分だけでなく，空気の通り道にも注目できるように，長さの違うろうそくを準備する。　〈教材と場①〉

　　　ふたをした入れ物は火が徐々に消えたので，
　　　火が燃え続けるためには新しい空気が必要。

> 物が燃え続けるためには，新しい空気が必要で
> あるが，しばらくすると消える。

・新しい空気と古い空気にはどんな違いがある
　のかな。
・新しい空気が上から入って燃え続けているの
　かな。でも，上があいている缶は燃え続けな
　かったよ。
・新しい空気の通り道が知りたいね。

> 新しい空気と使った後の空気では，どのような
> 違いがあるのか。

5・6

> 新しい空気と使った後の空気では，どのような
> 違いがあるのか。

○新しい空気と古い空気はどのような違いがある
　かについて予想を立てる。
・確かにあれだけ多くの割合を占める窒素が物
　が燃えることに関係していたら，大火事にな
　ってしまうね。
・酸素と二酸化炭素が関係していそうだね。
・人間と同じで火も燃えるためには酸素がいる
　のでは。
・酸素のほうが多いから物を燃やす働きがある
　と思う。
・二酸化炭素は，環境に悪いイメージがあるか
　ら，物を燃やせないんじゃないかな。
・酸素は物を燃やすときにすべて使われると思
　う。
・物が燃えた後は，酸素は二酸化炭素になるん
　じゃないかな。
○どうしたら予想を確かめられるのかを考え，実
　験の計画立てる。
・物を燃やす前の空気と燃やした後の空気の成
　分を調べて比べればいい。
・酸素が使われていれば，実験前に比べて酸素
　が減る。二酸化炭素が使われていれば，実験
　前に比べて二酸化炭素が減るはず。
・空気の成分の割合は決まっているから，酸素
　と二酸化炭素のどちらかが増えればどちらか
　が減るはずだよ。
○物が燃えるとき，新しい空気と使われた空気は
　どのように変化するのかを実験し，結果を共有
　して考察する。

☆自分の予想に対する考えの変容や深化が見られ
　るよう，予想と考察のイメージが比較できるよ
　うな共通の図を用意する。　　　〈解釈・説明〉
☆実験結果を空気の成分や空気の流れなど多面的
　にとらえ，物の燃焼と空気の変化を関連づけて
　推論できるように，矢印や図・絵・言葉で表現
　するように助言する。　　　　　〈解釈・説明〉

＊空気は，窒素・酸素・二酸化炭素などで構成さ
　れていることや空気の成分の配分について知ら
　せる。
＊窒素は，燃えることには関係していないことを
　押さえる。
☆一人一人が自分なりの根拠をもって予想したこ
　とを共有できるよう，ネームプレートを使って
　立場を明らかにする。　　　　　〈討論・協同〉
☆予想の共有をすることができるようにイメージ
　図を用いながら，板書の整理をしていく。
　　　　　　　　　　　　　　　　〈討論・協同〉
☆自分の予想に対する考えの変容や深化が見られ
　るよう，予想と考察のイメージが比較できるよ
　うな共通の図を用意する。　　　〈解釈・説明〉
☆子どもの考えが深まるように，ノートに書かれ
　た子どもの考えを価値づけし，次につながるよ
　うなコメントを書く。　　　　　〈解釈・説明〉
☆実験結果を空気の成分や空気の流れなど多面的
　にとらえ，物の燃焼と空気の変化を関連づけて
　推論できるように，矢印や図・絵・言葉で表現
　するように助言する。　　　　　〈解釈・説明〉

|思①|
物の燃焼と空気の変化を関連づけながら，物の
燃焼の仕組みについて予想や仮説をもち，推論
しながら追究し，表現している。

|技②|
植物体の燃焼の様子や空気の性質を調べ，その
過程や結果を記録している。

＊気体検知管や気体をはかるデジタルチェッカー
　について説明する。

・古い空気に比べると新しい空気には，酸素が多かった。

・古い空気は，酸素が減って二酸化炭素の割合が増えていた。

> 物を燃やすと，酸素は二酸化炭素に変わる。

・酸素だけで物を燃やす働きがあるのか確認したいな。

・二酸化炭素には物を燃やす働きはないのだろうか。

7

> 酸素だけで物を燃やす働きがあるのだろうか。

○酸素には，どのような働きがあるかについて予想を立てる。

・物を燃やした後，酸素の割合は減ったから，物を燃やす働きがあると思う。

・酸素だけで，燃やすことはできない。

○どうしたら予想を確かめることができるかを考え，実験の計画を立てる。

・びんの中を酸素だけにして，普通の空気のびんと比べればいい。

○実験をし，結果を共有して考察する。

・酸素を入れたびんは，火が激しくなった。

・酸素を入れないびんは，普通だった。

・酸素には，物を激しく燃やす働きがある。

> 酸素は，物を激しく燃やす働きがある。

・二酸化炭素は，どんな働きがあるのかな。

8

> 物を燃やしているとき，二酸化炭素はどのような働きがあるのだろうか。

○二酸化炭素は，どのような働きをしているのか，予想を立てる。

・酸素が物を燃やす働きをしているのだから，逆に火を消す働きがあるのでは。

・酸素と同じで物を燃やす働きがある。

・物を燃やすのを邪魔する働きがあるのではないか。

○どうすれば予想を確かめられるかを考え，実験の計画を立てる。

・酸素と同じ方法でいい。

○実験をし，結果を共有して考察をする。

・二酸化炭素を入れたびんの火はすぐに消えた。

思②
物の燃焼と空気の変化について，自ら行った実験の結果と予想や仮説を照らし合わせて，より妥当な考えをつくりだし表現している。

☆子どもの考えの深まりや，考えの変容がわかるように，予想を分類して板書する。
〈解釈・説明〉

☆自分の予想に対する考えの変容や深化が見られるよう，予想と考察のイメージが比較できるような共通の図を用意する。　〈解釈・説明〉

◎実験結果を空気の成分や空気の流れなど多面的にとらえ，物の燃焼と空気の変化を関連づけて推論できるように，矢印や図・絵・言葉で表現するように助言する。

・科学的に考えを深めることができるように，結果を数値化して表すことを大切にする。

◎様々な視点から物を燃やす前と燃やした後，物を燃やしているときの空気の様子の違いに気づけるように，実験はグループで行い，視点をもって見合い，話し合えるようにする。

技②
植物体の燃焼の様子や空気の性質を調べ，その過程や結果を記録している。

・二酸化炭素には，物を燃やす働きがない。

> 二酸化炭素には，物を燃やす働きはない。

・ふたをした集気びんで，短いろうそくが消え
たのは，二酸化炭素が関係していそうだね。
・燃えた後の二酸化炭素はどこにあるのかな。
二酸化炭素を追い出したいな。

9・10

> 物を燃やした後の二酸化炭素は，どこにあるの
> だろうか。

○物を燃やした後の二酸化炭素は，どこにあるの
かについて予想を立てる。
・暖かい空気は，上に上がるから，燃えた後の
二酸化炭素も上に上がるのでは。
・上から空気は入るから，二酸化炭素は，下に
たまる。
・びんの中の空気は一定だから，二酸化炭素も
全体にある。
・燃えた後の煙が上に上がって循環していたか
ら，真ん中にあるのでは。
○どうすれば，予想を確かめられるかを考え，実
験の計画を立てる。
・まず，びんの中の上の部分と下の部分の空気
の成分をはかってみればいい。
・ふた付きの集気びんの中で長さの違うろうそ
くを燃やし，消えるまでの時間をはかると二
酸化炭素がどのあたりにあるのかわかる。
・二酸化炭素が下にあれば，下のほうの火が先
に消えるはずだね。
○実験をし，結果を共有して考察をする。
・長いろうそくのほうが早く消えた。
・びんの上のほうが下のほうより二酸化炭素の
割合が高かった。
・びんの上も下も酸素の割合が減った。
・暖かい空気は上に行くから，燃えた後に発生
した二酸化炭素が上に上がり，火を消した。

> 燃えた後の空気が上に上がり，二酸化炭素は上
> にたまった。そのため，燃え続けることができ
> なかった。

・たまった二酸化炭素を外に出したい。
・もっと長く燃やしたいから酸素を入れたい。
・二酸化炭素がたまらないように，穴をあけた
いな。

技①
植物体が燃える様子を調べる工夫をし，気体検
知管や石灰水などを適切に使って安全に実験し
ている。
＊二酸化炭素を調べる方法として石灰水を紹介す
る。

☆一人一人が自分なりの根拠をもって予想したこ
とを共有できるよう，ネームプレートを使って
立場を明らかにする。　　　　　〈討論・協同〉
☆子どもの考えの深まりや，考えの変容がわかる
ように，予想を分類して板書する。
　　　　　　　　　　　　　　　〈解釈・説明〉
☆自分の予想に対する考えの変容や深化が見られ
るよう，予想と考察のイメージが比較できるよ
うな共通の図を用意する。　　　〈解釈・説明〉

思①
物の燃焼と空気の変化を関連づけながら，物の
燃焼の仕組みについて予想や仮説をもち，推論
しながら追究し，表現している。

☆実験結果を空気の成分や空気の流れなど多面的
にとらえ，物の燃焼と空気の変化を関連づけて
推論できるように，矢印や図・絵・言葉で表現
するように助言する。
☆科学的に考えを深めることができるように，結
果を数値化して表すことを大切にする。
☆様々な視点から物を燃やす前と燃やした後，物
を燃やしているときの空気の様子の違いに気づ
けるように，実験はグループで行い，視点をも
って見合い，話し合えるようにする。
☆結果からわかったことを空気の成分の変化から
総合的な視点でまとめられるようにするため
に，グループで考察を共有し，話し合う場を設
定する。　　　　　　　　　　　〈討論・協同〉
☆自分の考えを再構築できるように，個の考えを
グループや全体で共有し，個に考えを戻す場を
設定する。　　　　　　　　　　〈討論・協同〉

思②
物の燃焼と空気の変化について，自ら行った実
験の結果と予想や仮説を照らし合わせて，より
妥当な考えをつくりだし表現している。

11・12

> 物が燃え続けるためには，空気の出入り口をどこにつければいいのだろうか。

○物が燃え続けるためには，空気の出入り口をどこにつければよいか予想を立てる。
・二酸化炭素は，上にたまっていたから，上に穴をあけたい。
・真ん中に穴をあけると上にも下にも空気が行くからよく燃えるのではないか。
・七輪は，下に穴があった。空気は下から上に行くから，下と上にあければいい。
○どうすれば，予想を確かめられるかを考え，実験の計画を立てる。
・ペットボトルに穴をあけて実験をする。
・結果が検証できるように時間をはかる。
○実験をし，結果を共有して考察をする。
・物が燃え続けるためには，穴を2か所あけないと物は燃え続けない。
・新しい空気が下から入って，古い空気が上に抜けていくと物は燃え続ける。

> 物が燃え続けるには，新しい空気の入り口を下のほうに古い空気の出口を上のほうにつける。

思①
物の燃焼と空気の変化を関連づけながら，物の燃焼の仕組みについて予想や仮説をもち，推論しながら追究し，表現している。

☆自他の意見や感想を比較しながら見通しをもって実験をしたり結果を修正したりできるように，小グループ間での情報の共有を行う場を設定する。　〈討論・協同〉
＊線香の煙を使って，空気の流れを確認する。

☆自分たちの問題を主体的に追究できるように，実験はペットボトルや空き缶など，自分たちで計画し，自分たちで加工できるものになるように助言する。　〈教材と場②〉

第3次 振り返り ①	13　もう一度，物を燃やす活動をする中で学習したことを生かす。 **《見方・考え方》** **燃焼の仕組みについて，多面的に調べたことをもとによりよい方法について考える。** ○物が燃える仕組みについてわかったことをまとめる。 > 空き缶を使って，雑誌を燃やし尽くそう。 ○今まで学習したことを生かし，空き缶や雑誌を加工して，実際に燃やす。 ・空気の通り道を上と下の2か所に作ろう。 ・雑誌を広げて，空気を通そう。	☆自分で学んできたことを生かすことができるように，単元の振り返りにもう一度，缶を使って雑誌を燃やす活動を設定する。　〈振り返り〉 関② 物の燃焼の仕組みを適用し，身の回りの現象を見直そうとしている。 知① 植物体が燃えるときには，空気中の酸素が使われて，二酸化炭素ができることを理解している。 ☆自分たちの問題を主体的に追究できるように，実験はペットボトルや空き缶など，自分たちで計画し自分たちで加工したものになるように心がける。　〈教材と場②〉

〈子どもが学習を通して身に付ける概念や言葉〉

新しい空気・酸素・二酸化炭素・窒素・石灰水・物を燃やす働き

8　本時について

（1）本時の目標

　　長さの違うろうそくで実験をすることを通し，空気の成分の変化や空気の流れが物の燃焼に関係していることを自分なりの表現で説明しようとする。

（2）主に働かせる理科の「見方・考え方」→「質的・実体的」「多面的に考える」

（3）見方・考え方を働かせて考えを深め合う場

　　長さの違うろうそくが燃えた後の集気びんの中の様子について，実験結果をもとに，空気の成分の割合や空気の流れに着目して多面的にとらえ，イメージ図を用いながらグループで話し合い，考えを共有する場。

（4）本時の展開

学習活動と内容・ 主な子どもの反応　見方（着目点）・考え方	☆支援　評価
前時 1　学習問題を確認する。 　　物を燃やした後の二酸化炭素は，どこにあるのだろうか。 2　長さの違うろうそくをふたをした集気びんの中で燃やした後の二酸化炭素がどこにあるのかを予想する。 ⇒物の燃え方と空気の関係について，空気の成分と通り道に着目して考える。 ・暖かい空気は上に上がるから，燃えた後の二酸化炭素も上に上がるのでは。 ・上から空気は入るから，二酸化炭素は下にたまる。 ・びんの中の空気は一定だから，二酸化炭素も全体にある。 ・燃えた後の煙が上に上がって循環していたから，真ん中にあるのでは。 ・二酸化炭素は下にあり，短いろうそくのほうが早く消えると思う。 ・二酸化炭素は上にあり，長いろうそくのほうが早く消えると思う。	☆自分の予想に対する考えの変容や深化が見られるよう，予想と考察のイメージが比較できるような共通の図を用意する。　　　　　　　〈解釈・説明〉 ☆子どもの考えの深まりや，考えの変容がわかるように，予想を分類して板書する。　　〈解釈・説明〉 思① 物の燃焼と空気の変化を関連づけながら，物の燃焼の仕組みについて予想や仮説をもち，推論しながら追究し，表現している。
本時 3　実験方法を確認し，実験を行って結果を記録する。 ・長いろうそくは5秒で消えた。短いろうそくは18秒で消えた。 ・びんの上のほうが下のほうより二酸化炭素の割合が高かった。 ・びんの上のほうが下のほうより酸素の割合が少なかった。 4　結果からわかったことをイメージ図に描き，話し合う。（小グループから全体） ⇒物が燃えた後の集気びんの上の部分と下の部分の空気の成分の変化と空気の流れを結びつけて多面的にとらえ，より妥当な考えを出す。	☆科学的に考えを深めることができるように，結果を数値化して表すことを大切にする。 ☆実験結果を空気の成分や空気の流れなど多面的にとらえ，物の燃焼と空気の変化を関連づけて推論できるように，矢印や図・絵・言葉で表現するように助言する。 ☆様々な視点から物を燃やす前と燃やした後，物を燃やしているときの空気の様子の違いに気づけるように，実験はグループで行い，視点をもって見合い，話し合えるようにする。 ◎結果からわかったことを空気の成分の変化から総合的な視点でまとめられるようにするために，グループで考察を共有し，話し合う場を設定する。 　　　　　　　　　　　　　　　　　〈討論・協同〉

・暖かい空気は上に行くから，燃えた後に発生した二酸化炭素が上に上がり，火を消した。・びんの中では，二酸化炭素が増えた分，酸素が使われた。

> 燃えた後の空気が上に上がり，二酸化炭素は上にたまった。そのため，燃え続けることができなかった。

5　振り返りと次時の確認をする。
・たまった二酸化炭素を外に出したい。
・もっと長く燃やしたいから酸素を入れたい。
・二酸化炭素がたまらないように，穴をあけたいな。

思②
物の燃焼と空気の変化について，自ら行った実験の結果と予想や仮説を照らし合わせて，より妥当な考えをつくりだし，表現している。

（参考）

●気体センサーを使用

　2台の気体センサーを用いて，びんの内部の酸素と二酸化炭素の割合を測定した。

　びんの中の長いろうそくと短いろうそくでは，長いろうそくのほうが先に消えた。

　びんの上と下で酸素と二酸化炭素の割合の変化を，気体センサーで測定した。

　びんの上部の二酸化炭素濃度が下部よりも先に高くなるという数値を得た。

●観察した事実と数値の両面から考察

　観察した変化の様子と測定した数値の変化をもとに多面的に考察した。

第4節　理　科

第1　目　標

自然に親しみ，理科の見方・考え方を働かせ，見通しをもって観察，実験を行うことなどを通して，自然の事物・現象についての問題を科学的に解決するために必要な資質・能力を次のとおり育成することを目指す。

(1) 自然の事物・現象についての理解を図り，観察，実験などに関する基本的な技能を身に付けるようにする。

(2) 観察，実験などを行い，問題解決の力を養う。

(3) 自然を愛する心情や主体的に問題解決しようとする態度を養う。

第2　各学年の目標及び内容

〔第3学年〕

1　目　標

(1) 物質・エネルギー

① 物の性質，風とゴムの力の働き，光と音の性質，磁石の性質及び電気の回路についての理解を図り，観察，実験などに関する基本的な技能を身に付けるようにする。

② 物の性質，風とゴムの力の働き，光と音の性質，磁石の性質及び電気の回路について追究する中で，主に差異点や共通点を基に，問題を見いだす力を養う。

③ 物の性質，風とゴムの力の働き，光と音の性質，磁石の性質及び電気の回路について追究する中で，主体的に問題解決しようとする態度を養う。

(2) 生命・地球

① 身の回りの生物，太陽と地面の様子についての理解を図り，観察，実験などに関する基本的な技能を身に付けるようにする。

② 身の回りの生物，太陽と地面の様子について追究する中で，主に差異点や共通点を基に，問題を見いだす力を養う。

③ 身の回りの生物，太陽と地面の様子について追究する中で，生物を愛護する態度や主体的に問題解決しようとする態度を養う。

2　内　容

A　物質・エネルギー

(1) 物と重さ

物の性質について，形や体積に着目して，重さを比較しながら調べる活動を通して，次の事項を身に付けることができるよう指導する。

ア　次のことを理解するとともに，観察，実験などに関する技能を身に付けること。

(ア) 物は，形が変わっても重さは変わらないこと。

(イ) 物は，体積が同じでも重さは違うことがあること。

イ　物の形や体積と重さとの関係について追究する中で，差異点や共通点を基に，物の性質についての問題を見いだし，表現すること。

(2) 風とゴムの力の働き

風とゴムの力の働きについて，力と物の動く様子に着目して，それらを比較しながら調べる活動を通して，次の事項を身に付けることができるよう指導する。

ア　次のことを理解するとともに，観察，実験などに関する技能を身に付けること。

(ア) 風の力は，物を動かすことができること。また，風の力の大きさを変えると，物が動く様子も変わること。

(イ) ゴムの力は，物を動かすことができること。また，ゴムの力の大きさを変えると，物が動く様子も変わること。

イ　風とゴムの力で物が動く様子について追究する中で，差異点や共通点を基に，風とゴムの力の働きについての問題を見いだし，表現すること。

(3) 光と音の性質

光と音の性質について，光を当てたときの明るさや暖かさ，音を出したときの震え方に着目して，光の強さや音の大きさを変えたときの違いを比較しながら調べる活動を通して，次の事項を身に付けることができるよう指導する。

ア　次のことを理解するとともに，観察，実験などに関する技能を身に付けること。

(ア) 日光は直進し，集めたり反射させたりできること。

(イ) 物に日光を当てると，物の明るさや暖かさが変わること。

(ウ) 物から音が出たり伝わったりするとき，物は震えていること。また，音の大きさが変わるとき物の震え方が変わること。

イ　光を当てたときの明るさや暖かさの様子，音を出したときの震え方の様子について追究する中で，差異点や共通点を基に，光と音の性質についての問題を見いだし，表現するこ

と。
(4) 磁石の性質

磁石の性質について，磁石を身の回りの物に近付けたときの様子に着目して，それらを比較しながら調べる活動を通して，次の事項を身に付けることができるよう指導する。

ア　次のことを理解するとともに，観察，実験などに関する技能を身に付けること。
　(ア)　磁石に引き付けられる物と引き付けられない物があること。また，磁石に近付けると磁石になる物があること。
　(イ)　磁石の異極は引き合い，同極は退け合うこと。
イ　磁石を身の回りの物に近付けたときの様子について追究する中で，差異点や共通点を基に，磁石の性質についての問題を見いだし，表現すること。

(5) 電気の通り道

電気の回路について，乾電池と豆電球などのつなぎ方と乾電池につないだ物の様子に着目して，電気を通すときと通さないときのつなぎ方を比較しながら調べる活動を通して，次の事項を身に付けることができるよう指導する。

ア　次のことを理解するとともに，観察，実験などに関する技能を身に付けること。
　(ア)　電気を通すつなぎ方と通さないつなぎ方があること。
　(イ)　電気を通す物と通さない物があること。
イ　乾電池と豆電球などのつなぎ方と乾電池につないだ物の様子について追究する中で，差異点や共通点を基に，電気の回路についての問題を見いだし，表現すること。

B　生命・地球
(1) 身の回りの生物

身の回りの生物について，探したり育てたりする中で，それらの様子や周辺の環境，成長の過程や体のつくりに着目して，それらを比較しながら調べる活動を通して，次の事項を身に付けることができるよう指導する。

ア　次のことを理解するとともに，観察，実験などに関する技能を身に付けること。
　(ア)　生物は，色，形，大きさなど，姿に違いがあること。また，周辺の環境と関わって生きていること。
　(イ)　昆虫の育ち方には一定の順序があること。また，成虫の体は頭，胸及び腹からできていること。
　(ウ)　植物の育ち方には一定の順序があること。また，その体は根，茎及び葉からできてい

ること。
イ　身の回りの生物の様子について追究する中で，差異点や共通点を基に，身の回りの生物と環境との関わり，昆虫や植物の成長のきまりや体のつくりについての問題を見いだし，表現すること。

(2) 太陽と地面の様子

太陽と地面の様子との関係について，日なたと日陰の様子に着目して，それらを比較しながら調べる活動を通して，次の事項を身に付けることができるよう指導する。

ア　次のことを理解するとともに，観察，実験などに関する技能を身に付けること。
　(ア)　日陰は太陽の光を遮るとでき，日陰の位置は太陽の位置の変化によって変わること。
　(イ)　地面は太陽によって暖められ，日なたと日陰では地面の暖かさや湿り気に違いがあること。
イ　日なたと日陰の様子について追究する中で，差異点や共通点を基に，太陽と地面の様子との関係についての問題を見いだし，表現すること。

3　内容の取扱い
(1) 内容の「A物質・エネルギー」の指導に当たっては，3種類以上のものづくりを行うものとする。
(2) 内容の「A物質・エネルギー」の(4)のアの(ア)については，磁石が物を引き付ける力は，磁石と物の距離によって変わることにも触れること。
(3) 内容の「B生命・地球」の(1)については，次のとおり取り扱うものとする。
　ア　アの(イ)及び(ウ)については，飼育，栽培を通して行うこと。
　イ　アの(ウ)の「植物の育ち方」については，夏生一年生の双子葉植物を扱うこと。
(4) 内容の「B生命・地球」の(2)のアの(ア)の「太陽の位置の変化」については，東から南，西へと変化することを取り扱うものとする。また，太陽の位置を調べるときの方位は東，西，南，北を扱うものとする。

〔第4学年〕
1　目標
(1) 物質・エネルギー
① 空気，水及び金属の性質，電流の働きについての理解を図り，観察，実験などに関する基本的な技能を身に付けるようにする。
② 空気，水及び金属の性質，電流の働きについて追究する中で，主に既習の内容や生活経験を基に，根拠のある予想や仮説を発想する力を養

う。
③　空気，水及び金属の性質，電流の働きについ
て追究する中で，主体的に問題解決しようとす
る態度を養う。
(2)　生命・地球
①　人の体のつくりと運動，動物の活動や植物の
成長と環境との関わり，雨水の行方と地面の様
子，気象現象，月や星についての理解を図り，
観察，実験などに関する基本的な技能を身に付
けるようにする。
②　人の体のつくりと運動，動物の活動や植物の
成長と環境との関わり，雨水の行方と地面の様
子，気象現象，月や星について追究する中で，
主に既習の内容や生活経験を基に，根拠のある
予想や仮説を発想する力を養う。
③　人の体のつくりと運動，動物の活動や植物の
成長と環境との関わり，雨水の行方と地面の様
子，気象現象，月や星について追究する中で，
生物を愛護する態度や主体的に問題解決しよう
とする態度を養う。

2　内　容

A　物質・エネルギー
(1)　空気と水の性質
　　空気と水の性質について，体積や圧し返す力
の変化に着目して，それらと圧す力とを関係付
けて調べる活動を通して，次の事項を身に付け
ることができるよう指導する。
　　ア　次のことを理解するとともに，観察，実験
などに関する技能を身に付けること。
　　　(ア)　閉じ込めた空気を圧すと，体積は小さく
なるが，圧し返す力は大きくなること。
　　　(イ)　閉じ込めた空気は圧し縮められるが，水
は圧し縮められないこと。
　　イ　空気と水の性質について追究する中で，既
習の内容や生活経験を基に，空気と水の体積
や圧し返す力の変化と圧す力との関係につい
て，根拠のある予想や仮説を発想し，表現す
ること。
(2)　金属，水，空気と温度
　　金属，水及び空気の性質について，体積や状
態の変化，熱の伝わり方に着目して，それらと
温度の変化とを関係付けて調べる活動を通して，
次の事項を身に付けることができるよう指導す
る。
　　ア　次のことを理解するとともに，観察，実験
などに関する技能を身に付けること。
　　　(ア)　金属，水及び空気は，温めたり冷やした
りすると，それらの体積が変わるが，その
程度には違いがあること。

(イ)　金属は熱せられた部分から順に温まるが，
水や空気は熱せられた部分が移動して全体
が温まること。
　　　(ウ)　水は，温度によって水蒸気や氷に変わる
こと。また，水が氷になると体積が増える
こと。
　　イ　金属，水及び空気の性質について追究する
中で，既習の内容や生活経験を基に，金属，
水及び空気の温度を変化させたときの体積や
状態の変化，熱の伝わり方について，根拠の
ある予想や仮説を発想し，表現すること。
(3)　電流の働き
　　電流の働きについて，電流の大きさや向きと
乾電池につないだ物の様子に着目して，それら
を関係付けて調べる活動を通して，次の事項を
身に付けることができるよう指導する。
　　ア　次のことを理解するとともに，観察，実験
などに関する技能を身に付けること。
　　　(ア)　乾電池の数やつなぎ方を変えると，電流
の大きさや向きが変わり，豆電球の明るさ
やモーターの回り方が変わること。
　　イ　電流の働きについて追究する中で，既習の
内容や生活経験を基に，電流の大きさや向き
と乾電池につないだ物の様子との関係につい
て，根拠のある予想や仮説を発想し，表現す
ること。

B　生命・地球
(1)　人の体のつくりと運動
　　人や他の動物について，骨や筋肉のつくりと
働きに着目して，それらを関係付けて調べる活
動を通して，次の事項を身に付けることができ
るよう指導する。
　　ア　次のことを理解するとともに，観察，実験
などに関する技能を身に付けること。
　　　(ア)　人の体には骨と筋肉があること。
　　　(イ)　人が体を動かすことができるのは，骨，
筋肉の働きによること。
　　イ　人や他の動物について追究する中で，既習
の内容や生活経験を基に，人や他の動物の骨
や筋肉のつくりと働きについて，根拠のある
予想や仮説を発想し，表現すること。
(2)　季節と生物
　　身近な動物や植物について，探したり育てた
りする中で，動物の活動や植物の成長と季節の
変化に着目して，それらを関係付けて調べる活
動を通して，次の事項を身に付けることができ
るよう指導する。
　　ア　次のことを理解するとともに，観察，実験
などに関する技能を身に付けること。

（ア）　動物の活動は，暖かい季節，寒い季節などによって違いがあること。

（イ）　植物の成長は，暖かい季節，寒い季節などによって違いがあること。

イ　身近な動物や植物について追究する中で，既習の内容や生活経験を基に，季節ごとの動物の活動や植物の成長の変化について，根拠のある予想や仮説を発想し，表現すること。

(3)　雨水の行方と地面の様子

雨水の行方と地面の様子について，流れ方やしみ込み方に着目して，それらと地面の傾きや土の粒の大きさを関係付けて調べる活動を通して，次の事項を身に付けることができるよう指導する。

ア　次のことを理解するとともに，観察，実験などに関する技能を身に付けること。

（ア）　水は，高い場所から低い場所へと流れて集まること。

（イ）　水のしみ込み方は，土の粒の大きさによって違いがあること。

イ　雨水の行方と地面の様子について追究する中で，既習の内容や生活経験を基に，雨水の流れ方やしみ込み方と地面の傾きや土の粒の大きさとの関係について，根拠のある予想や仮説を発想し，表現すること。

(4)　天気の様子

天気や自然界の水の様子について，気温や水の行方に着目して，それらと天気の様子や水の状態変化とを関係付けて調べる活動を通して，次の事項を身に付けることができるよう指導する。

ア　次のことを理解するとともに，観察，実験などに関する技能を身に付けること。

（ア）　天気によって1日の気温の変化の仕方に違いがあること。

（イ）　水は，水面や地面などから蒸発し，水蒸気になって空気中に含まれていくこと。また，空気中の水蒸気は，結露して再び水になって現れることがあること。

イ　天気や自然界の水の様子について追究する中で，既習の内容や生活経験を基に，天気の様子や水の状態変化と気温や水の行方との関係について，根拠のある予想や仮説を発想し，表現すること。

(5)　月と星

月や星の特徴について，位置の変化や時間の経過に着目して，それらを関係付けて調べる活動を通して，次の事項を身に付けることができるよう指導する。

ア　次のことを理解するとともに，観察，実験などに関する技能を身に付けること。

（ア）　月は日によって形が変わって見え，1日のうちでも時刻によって位置が変わること。

（イ）　空には，明るさや色の違う星があること。

（ウ）　星の集まりは，1日のうちでも時刻によって，並び方は変わらないが，位置が変わること。

イ　月や星の特徴について追究する中で，既習の内容や生活経験を基に，月や星の位置の変化と時間の経過との関係について，根拠のある予想や仮説を発想し，表現すること。

3　内容の取扱い

(1)　内容の「A物質・エネルギー」の(3)のアの(ア)については，直列つなぎと並列つなぎを扱うものとする。

(2)　内容の「A物質・エネルギー」の指導に当たっては，2種類以上のものづくりを行うものとする。

(3)　内容の「B生命・地球」の(1)のアの(イ)については，関節の働きを扱うものとする。

(4)　内容の「B生命・地球」の(2)については，1年を通じて動物の活動や植物の成長をそれぞれ2種類以上観察するものとする。

〔第5学年〕

1　目　標

(1)　物質・エネルギー

①　物の溶け方，振り子の運動，電流がつくる磁力についての理解を図り，観察，実験などに関する基本的な技能を身に付けるようにする。

②　物の溶け方，振り子の運動，電流がつくる磁力について追究する中で，主に予想や仮説を基に，解決の方法を発想する力を養う。

③　物の溶け方，振り子の運動，電流がつくる磁力について追究する中で，主体的に問題解決しようとする態度を養う。

(2)　生命・地球

①　生命の連続性，流れる水の働き，気象現象の規則性についての理解を図り，観察，実験などに関する基本的な技能を身に付けるようにする。

②　生命の連続性，流れる水の働き，気象現象の規則性について追究する中で，主に予想や仮説を基に，解決の方法を発想する力を養う。

③　生命の連続性，流れる水の働き，気象現象の規則性について追究する中で，生命を尊重する態度や主体的に問題解決しようとする態度を養う。

2　内　容

A　物質・エネルギー

(1)　物の溶け方

　　物の溶け方について，溶ける量や様子に着目して，水の温度や量などの条件を制御しながら調べる活動を通して，次の事項を身に付けることができるよう指導する。

　ア　次のことを理解するとともに，観察，実験などに関する技能を身に付けること。

　　㋐　物が水に溶けても，水と物とを合わせた重さは変わらないこと。

　　㋑　物が水に溶ける量には，限度があること。

　　㋒　物が水に溶ける量は水の温度や量，溶ける物によって違うこと。また，この性質を利用して，溶けている物を取り出すことができること。

　イ　物の溶け方について追究する中で，物の溶け方の規則性についての予想や仮説を基に，解決の方法を発想し，表現すること。

(2)　振り子の運動

　　振り子の運動の規則性について，振り子が1往復する時間に着目して，おもりの重さや振り子の長さなどの条件を制御しながら調べる活動を通して，次の事項を身に付けることができるよう指導する。

　ア　次のことを理解するとともに，観察，実験などに関する技能を身に付けること。

　　㋐　振り子が1往復する時間は，おもりの重さなどによっては変わらないが，振り子の長さによって変わること。

　イ　振り子の運動の規則性について追究する中で，振り子が1往復する時間に関係する条件についての予想や仮説を基に，解決の方法を発想し，表現すること。

(3)　電流がつくる磁力

　　電流がつくる磁力について，電流の大きさや向き，コイルの巻数などに着目して，それらの条件を制御しながら調べる活動を通して，次の事項を身に付けることができるよう指導する。

　ア　次のことを理解するとともに，観察，実験などに関する技能を身に付けること。

　　㋐　電流の流れているコイルは，鉄心を磁化する働きがあり，電流の向きが変わると，電磁石の極も変わること。

　　㋑　電磁石の強さは，電流の大きさや導線の巻数によって変わること。

　イ　電流がつくる磁力について追究する中で，電流がつくる磁力の強さに関係する条件についての予想や仮説を基に，解決の方法を発想し，表現すること。

B　生命・地球

(1)　植物の発芽，成長，結実

　　植物の育ち方について，発芽，成長及び結実の様子に着目して，それらに関わる条件を制御しながら調べる活動を通して，次の事項を身に付けることができるよう指導する。

　ア　次のことを理解するとともに，観察，実験などに関する技能を身に付けること。

　　㋐　植物は，種子の中の養分を基にして発芽すること。

　　㋑　植物の発芽には，水，空気及び温度が関係していること。

　　㋒　植物の成長には，日光や肥料などが関係していること。

　　㋓　花にはおしべやめしべなどがあり，花粉がめしべの先に付くとめしべのもとが実になり，実の中に種子ができること。

　イ　植物の育ち方について追究する中で，植物の発芽，成長及び結実とそれらに関わる条件についての予想や仮説を基に，解決の方法を発想し，表現すること。

(2)　動物の誕生

　　動物の発生や成長について，魚を育てたり人の発生についての資料を活用したりする中で，卵や胎児の様子に着目して，時間の経過と関係付けて調べる活動を通して，次の事項を身に付けることができるよう指導する。

　ア　次のことを理解するとともに，観察，実験などに関する技能を身に付けること。

　　㋐　魚には雌雄があり，生まれた卵は日がたつにつれて中の様子が変化してかえること。

　　㋑　人は，母体内で成長して生まれること。

　イ　動物の発生や成長について追究する中で，動物の発生や成長の様子と経過についての予想や仮説を基に，解決の方法を発想し，表現すること。

(3)　流れる水の働きと土地の変化

　　流れる水の働きと土地の変化について，水の速さや量に着目して，それらの条件を制御しながら調べる活動を通して，次の事項を身に付けることができるよう指導する。

　ア　次のことを理解するとともに，観察，実験などに関する技能を身に付けること。

　　㋐　流れる水には，土地を侵食したり，石や土などを運搬したり堆積させたりする働きがあること。

　　㋑　川の上流と下流によって，川原の石の大きさや形に違いがあること。

　　㋒　雨の降り方によって，流れる水の量や速さは変わり，増水により土地の様子が大き

く変化する場合があること。

イ　流れる水の働きについて追究する中で，流れる水の働きと土地の変化との関係についての予想や仮説を基に，解決の方法を発想し，表現すること。

(4)　天気の変化

天気の変化の仕方について，雲の様子を観測したり，映像などの気象情報を活用したりする中で，雲の量や動きに着目して，それらと天気の変化とを関係付けて調べる活動を通して，次の事項を身に付けることができるよう指導する。

ア　次のことを理解するとともに，観察，実験などに関する技能を身に付けること。

(ア)　天気の変化は，雲の量や動きと関係があること。

(イ)　天気の変化は，映像などの気象情報を用いて予想できること。

イ　天気の変化の仕方について追究する中で，天気の変化の仕方と雲の量や動きとの関係についての予想や仮説を基に，解決の方法を発想し，表現すること。

3　内容の取扱い

(1)　内容の「A物質・エネルギー」の指導に当たっては，2種類以上のものづくりを行うものとする。

(2)　内容の「A物質・エネルギー」の(1)については，水溶液の中では，溶けている物が均一に広がることにも触れること。

(3)　内容の「B生命・地球」の(1)については，次のとおり取り扱うものとする。

ア　アの(ア)の「種子の中の養分」については，でんぷんを扱うこと。

イ　アの(エ)については，おしべ，めしべ，がく及び花びらを扱うこと。また，受粉については，風や昆虫などが関係していることにも触れること。

(4)　内容の「B生命・地球」の(2)のアの(イ)については，人の受精に至る過程は取り扱わないものとする。

(5)　内容の「B生命・地球」の(3)のアの(ウ)については，自然災害についても触れること。

(6)　内容の「B生命・地球」の(4)のアの(イ)については，台風の進路による天気の変化や台風と降雨との関係及びそれに伴う自然災害についても触れること。

〔第6学年〕

1　目　標

(1)　物質・エネルギー

①　燃焼の仕組み，水溶液の性質，てこの規則性

及び電気の性質や働きについての理解を図り，観察，実験などに関する基本的な技能を身に付けるようにする。

②　燃焼の仕組み，水溶液の性質，てこの規則性及び電気の性質や働きについて追究する中で，主にそれらの仕組みや性質，規則性及び働きについて，より妥当な考えをつくりだす力を養う。

③　燃焼の仕組み，水溶液の性質，てこの規則性及び電気の性質や働きについて追究する中で，主体的に問題解決しようとする態度を養う。

(2)　生命・地球

①　生物の体のつくりと働き，生物と環境との関わり，土地のつくりと変化，月の形の見え方と太陽との位置関係についての理解を図り，観察，実験などに関する基本的な技能を身に付けるようにする。

②　生物の体のつくりと働き，生物と環境との関わり，土地のつくりと変化，月の形の見え方と太陽との位置関係について追究する中で，主にそれらの働きや関わり，変化及び関係について，より妥当な考えをつくりだす力を養う。

③　生物の体のつくりと働き，生物と環境との関わり，土地のつくりと変化，月の形の見え方と太陽との位置関係について追究する中で，生命を尊重する態度や主体的に問題解決しようとする態度を養う。

2　内　容

A　物質・エネルギー

(1)　燃焼の仕組み

燃焼の仕組みについて，空気の変化に着目して，物の燃え方を多面的に調べる活動を通して，次の事項を身に付けることができるよう指導する。

ア　次のことを理解するとともに，観察，実験などに関する技能を身に付けること。

(ア)　植物体が燃えるときには，空気中の酸素が使われて二酸化炭素ができること。

イ　燃焼の仕組みについて追究する中で，物が燃えたときの空気の変化について，より妥当な考えをつくりだし，表現すること。

(2)　水溶液の性質

水溶液について，溶けている物に着目して，それらによる水溶液の性質や働きの違いを多面的に調べる活動を通して，次の事項を身に付けることができるよう指導する。

ア　次のことを理解するとともに，観察，実験などに関する技能を身に付けること。

(ア)　水溶液には，酸性，アルカリ性及び中性のものがあること。

㋑　水溶液には，気体が溶けているものがあること。

㋒　水溶液には，金属を変化させるものがあること。

イ　水溶液の性質や働きについて追究する中で，溶けているものによる性質や働きの違いについて，より妥当な考えをつくりだし，表現すること。

(3)　てこの規則性

てこの規則性について，力を加える位置や力の大きさに着目して，てこの働きを多面的に調べる活動を通して，次の事項を身に付けることができるよう指導する。

ア　次のことを理解するとともに，観察，実験などに関する技能を身に付けること。

㋐　力を加える位置や力の大きさを変えると，てこを傾ける働きが変わり，てこがつり合うときにはそれらの間に規則性があること。

㋑　身の回りには，てこの規則性を利用した道具があること。

イ　てこの規則性について追究する中で，力を加える位置や力の大きさとてこの働きとの関係について，より妥当な考えをつくりだし，表現すること。

(4)　電気の利用

発電や蓄電，電気の変換について，電気の量や働きに着目して，それらを多面的に調べる活動を通して，次の事項を身に付けることができるよう指導する。

ア　次のことを理解するとともに，観察，実験などに関する技能を身に付けること。

㋐　電気は，つくりだしたり蓄えたりすることができること。

㋑　電気は，光，音，熱，運動などに変換することができること。

㋒　身の回りには，電気の性質や働きを利用した道具があること。

イ　電気の性質や働きについて追究する中で，電気の量と働きとの関係，発電や蓄電，電気の変換について，より妥当な考えをつくりだし，表現すること。

B　生命・地球

(1)　人の体のつくりと働き

人や他の動物について，体のつくりと呼吸，消化，排出及び循環の働きに着目して，生命を維持する働きを多面的に調べる活動を通して，次の事項を身に付けることができるよう指導する。

ア　次のことを理解するとともに，観察，実験

などに関する技能を身に付けること。

㋐　体内に酸素が取り入れられ，体外に二酸化炭素などが出されていること。

㋑　食べ物は，口，胃，腸などを通る間に消化，吸収され，吸収されなかった物は排出されること。

㋒　血液は，心臓の働きで体内を巡り，養分，酸素及び二酸化炭素などを運んでいること。

㋓　体内には，生命活動を維持するための様々な臓器があること。

イ　人や他の動物の体のつくりと働きについて追究する中で，体のつくりと呼吸，消化，排出及び循環の働きについて，より妥当な考えをつくりだし，表現すること。

(2)　植物の養分と水の通り道

植物について，その体のつくり，体内の水などの行方及び葉で養分をつくる働きに着目して，生命を維持する働きを多面的に調べる活動を通して，次の事項を身に付けることができるよう指導する。

ア　次のことを理解するとともに，観察，実験などに関する技能を身に付けること。

㋐　植物の葉に日光が当たるとでんぷんができること。

㋑　根，茎及び葉には，水の通り道があり，根から吸い上げられた水は主に葉から蒸散により排出されること。

イ　植物の体のつくりと働きについて追究する中で，体のつくり，体内の水などの行方及び葉で養分をつくる働きについて，より妥当な考えをつくりだし，表現すること。

(3)　生物と環境

生物と環境について，動物や植物の生活を観察したり資料を活用したりする中で，生物と環境との関わりに着目して，それらを多面的に調べる活動を通して，次の事項を身に付けることができるよう指導する。

ア　次のことを理解するとともに，観察，実験などに関する技能を身に付けること。

㋐　生物は，水及び空気を通して周囲の環境と関わって生きていること。

㋑　生物の間には，食う食われるという関係があること。

㋒　人は，環境と関わり，工夫して生活していること。

イ　生物と環境について追究する中で，生物と環境との関わりについて，より妥当な考えをつくりだし，表現すること。

(4)　土地のつくりと変化

土地のつくりと変化について，土地やその中に含まれる物に着目して，土地のつくりやでき方を多面的に調べる活動を通して，次の事項を身に付けることができるよう指導する。

ア　次のことを理解するとともに，観察，実験などに関する技能を身に付けること。

　(ｱ)　土地は，礫（れき），砂，泥，火山灰などからできており，層をつくって広がっているものがあること。また，層には化石が含まれているものがあること。

　(ｲ)　地層は，流れる水の働きや火山の噴火によってできること。

　(ｳ)　土地は，火山の噴火や地震によって変化すること。

イ　土地のつくりと変化について追究する中で，土地のつくりやでき方について，より妥当な考えをつくりだし，表現すること。

(5)　月と太陽

月の形の見え方について，月と太陽の位置に着目して，それらの位置関係を多面的に調べる活動を通して，次の事項を身に付けることができるよう指導する。

ア　次のことを理解するとともに，観察，実験などに関する技能を身に付けること。

　(ｱ)　月の輝いている側に太陽があること。また，月の形の見え方は，太陽と月との位置関係によって変わること。

イ　月の形の見え方について追究する中で，月の位置や形と太陽の位置との関係について，より妥当な考えをつくりだし，表現すること。

3　内容の取扱い

(1)　内容の「A物質・エネルギー」の指導に当たっては，2種類以上のものづくりを行うものとする。

(2)　内容の「A物質・エネルギー」の(4)のアの(ｱ)については，電気をつくりだす道具として，手回し発電機，光電池などを扱うものとする。

(3)　内容の「B生命・地球」の(1)については，次のとおり取り扱うものとする。

ア　アの(ｳ)については，心臓の拍動と脈拍とが関係することにも触れること。

イ　アの(ｴ)については，主な臓器として，肺，胃，小腸，大腸，肝臓，腎臓，心臓を扱うこと。

(4)　内容の「B生命・地球」の(3)については，次のとおり取り扱うものとする。

ア　アの(ｱ)については，水が循環していることにも触れること。

イ　アの(ｲ)については，水中の小さな生物を観察し，それらが魚などの食べ物になっていることに触れること。

(5)　内容の「B生命・地球」の(4)については，次のとおり取り扱うものとする。

ア　アの(ｲ)については，流れる水の働きでできた岩石として礫（れき）岩，砂岩，泥岩を扱うこと。

イ　アの(ｳ)については，自然災害についても触れること。

(6)　内容の「B生命・地球」の(5)のアの(ｱ)については，地球から見た太陽と月との位置関係で扱うものとする。

第3　指導計画の作成と内容の取扱い

1　指導計画の作成に当たっては，次の事項に配慮するものとする。

(1)　単元など内容や時間のまとまりを見通して，その中で育む資質・能力の育成に向けて，児童の主体的・対話的で深い学びの実現を図るようにすること。その際，理科の学習過程の特質を踏まえ，理科の見方・考え方を働かせ，見通しをもって観察，実験を行うことなどの，問題を科学的に解決しようとする学習活動の充実を図ること。

(2)　各学年で育成を目指す思考力，判断力，表現力等については，該当当学年において育成することを目指す力のうち，主なものを示したものであり，実際の指導に当たっては，他の学年で掲げている力の育成についても十分に配慮すること。

(3)　障害のある児童などについては，学習活動を行う場合に生じる困難さに応じた指導内容や指導方法の工夫を計画的，組織的に行うこと。

(4)　第1章総則の第1の2の(2)に示す道徳教育の目標に基づき，道徳科などとの関連を考慮しながら，第3章特別の教科道徳の第2に示す内容について，理科の特質に応じて適切な指導をすること。

2　第2の内容の取扱いについては，次の事項に配慮するものとする。

(1)　問題を見いだし，予想や仮説，観察，実験などの方法について考えたり説明したりする学習活動，観察，実験の結果を整理し考察する学習活動，科学的な言葉や概念を使用して考えたり説明したりする学習活動などを重視することによって，言語活動が充実するようにすること。

(2)　観察，実験などの指導に当たっては，指導内容に応じてコンピュータや情報通信ネットワークなどを適切に活用できるようにすること。また，第1章総則の第3の1の(3)のイに掲げるプ

ログラミングを体験しながら論理的思考力を身に付けるための学習活動を行う場合には，児童の負担に配慮しつつ，例えば第2の各学年の内容の〔第6学年〕の「A物質・エネルギー」の⑷における電気の性質や働きを利用した道具があることを捉える学習など，与えた条件に応じて動作していることを考察し，更に条件を変えることにより，動作が変化することについて考える場面で取り扱うものとする。

⑶ 生物，天気，川，土地などの指導に当たっては，野外に出掛け地域の自然に親しむ活動や体験的な活動を多く取り入れるとともに，生命を尊重し，自然環境の保全に寄与する態度を養うようにすること。

⑷ 天気，川，土地などの指導に当たっては，災害に関する基礎的な理解が図られるようにすること。

⑸ 個々の児童が主体的に問題解決の活動を進めるとともに，日常生活や他教科等との関連を図った学習活動，目的を設定し，計測して制御するという考え方に基づいた学習活動が充実するようにすること。

⑹ 博物館や科学学習センターなどと連携，協力を図りながら，それらを積極的に活用すること。

3 観察，実験などの指導に当たっては，事故防止に十分留意すること。また，環境整備に十分配慮するとともに，使用薬品についても適切な措置をとるよう配慮すること。

索　引

〔編著者〕

森本　信也　　横浜国立大学 名誉教授

森藤　義孝　　福岡教育大学教育学部 教授

〔著　者〕（五十音順）

大貫　麻美　　白百合女子大学人間総合学部 准教授

小川　哲男　　元昭和女子大学人間社会学部 特任教授

小野瀬倫也　　国士舘大学文学部 教授

甲斐　初美　　福岡教育大学教育学部 准教授

加藤　圭司　　横浜国立大学教育学部 教授

黒田　篤志　　関東学院大学教育学部 教授

坂本　憲明　　福岡教育大学教育学部 教授

佐藤　寛之　　早稲田大学教育学部 准教授

辻　　健　　　筑波大学附属小学校 教諭

宮野　純次　　京都女子大学発達教育学部 教授

三好　美織　　広島大学大学院人間社会科学研究科 准教授

八嶋真理子　　玉川大学教師教育リサーチセンター 客員教授

和田　一郎　　横浜国立大学教育学部 教授

渡辺　理文　　北海道教育大学教育学部札幌校 准教授

小学校理科教育法

2018年（平成30年）4月10日　初 版 発 行
2022年（令和4年）2月10日　第5刷発行

編 著 者	森	本	信	也
	森	藤	義	孝
発 行 者	筑	紫	和	男
発 行 所	株式会社 建帛社 KENPAKUSHA			

〒112-0011　東京都文京区千石4丁目2番15号
TEL（03）3944-2611
FAX（03）3946-4377
https://www.kenpakusha.co.jp/

ISBN 978-4-7679-2110-5　C3037
© 森本信也，森藤義孝ほか，2018.
（定価はカバーに表示してあります）

信毎書籍印刷／田部井手帳
Printed in Japan